臺灣史研究名家論集

（三編）

尹章義　林滿紅　林翠鳳

武之璋　孟祥瀚　洪健榮

張崑振　張勝彥　戚嘉林

許世融　連心豪　葉乃齊

趙祐志　賴志彰　闞正宗

蘭臺出版社

作者簡介（依姓氏筆劃排序）

尹章義　社團法人臺灣史研究會理事長、財團法人福祿基金會董事、財團法人兩岸關係文教基金會執行長。中國文化大學民國 106 年退休教授，輔仁大學民國 94 年退休教授，東吳、臺大兼課。出版專書 42 種（含地方志 16 種）論文 358 篇（含英文 54 篇），屢獲佳評凡四百餘則。

　　　　赫哲人，世居武昌小東門外營盤（駐防），六歲隨父母自海南島轉進來臺，住臺中水湳，空小肄業，四民國校、省二中、市一中畢業，輔仁大學學士，臺灣大學碩士，住臺北新店。

林滿紅　專攻歷史學，國立臺灣大學歷史學系學士與碩士、國立臺灣師範大學歷史研究所博士、美國哈佛大學歷史與東亞語文研究所博士；1990 年之後擔任中央研究院近代史研究所研究員與國立臺灣師範大學歷史學系教授，2008-2010 年間曾任中華民國國史館館長，2015 年迄今擔任中央研究院與陽明醫學大學合開人文講座課程兼任教授，2021 年轉任中央研究院近代史研究所兼任研究員；研究課題包括：近代中國或臺灣的口岸貿易與腹地變遷、晚清的鴉片觀與國內供應、十九世紀中國與世界的白銀牽繫、亞太商貿網絡與臺灣商人（1860—1961）、亞太歷史與條約：臺海，東海與南海等。

林翠鳳　臺灣彰化人。國立中山大學中文研究所博士，國立臺中科技大學應用中文系教授。曾任國立臺中科技大學應用中文系主任。主要研究方向：臺灣文學、民俗信仰等。著作：《陳肇興及其陶村詩稿之研究》《黃金川集》《鄭坤五及其文學研究》《施梅樵及其漢詩研究》等專書。主編《臺灣旅遊文學論文集》《宗教皈依科儀彙編》等十餘種。擔任《田中鎮志》《大里市史》《媽祖文化志》《登瀛書院簡史》等史志單元編纂。已發表期刊論文數百篇。

武之璋　河南孟縣（現孟州市）人，1942 年生，1949 年七歲隨父母赴台，淡江大學外文系畢業，曾經營紡織、營造業多年，從商期間自修經濟學，常發表財經論文，為當局重視，曾擔任台北市界貿易中心常務董事、行政院經濟改革委員會務顧問，多次參與台灣財經政策討論，後從商場退休，專心治學，範圍遍及中國近代史、台灣史及儒家學說，曾經出版《二二八真相解密》、《策馬入林》、《中庸研究》、《解剖民進黨》、《台灣光復日產接收研究》、《二二八真相與謊言》、《原來李敖騙了你》、《武之璋論史》、《外省人的故事》等書，近年

致力兩岸和平統一，強力反對民進黨文化台獨，並組織「藍天行動聯盟」，從文化、思想各方面與民進黨展激烈戰鬥。

孟祥瀚　國立中興大學歷史學系兼任副教授，國立臺灣師範大學歷史系博士，曾任臺灣古文書學會理事長。研究領域為臺灣區域史、臺灣原住民史、台灣方志學與台灣古文書研究等。主要關注議題在於清代與日治時期國家力量對於地方與族群發展的影響，如清末至日治初期，國家政策對於東台灣發展的形塑，清代封山禁令下番界政策對於中台灣東側番界開發的影響等。方志與古文書的研究，則是企圖透過在地生活的豐富紀錄，以思考與探討台灣基層社會運作的實際面貌。本書所收各篇，大致回應了上述的學思歷程。

洪健榮　臺灣臺南市人，籍貫澎湖縣。省立臺南一中畢業，輔仁大學歷史學系學士、清華大學歷史碩士、臺灣師範大學歷史博士。曾任僑生大學先修班、臺師大歷史學系、明志科大通識教育中心、中央大學歷史研究所、臺北科大通識教育中心、輔大歷史學系兼任教師、國立故宮博物院圖書文獻處助理研究員，現職國立臺北大學歷史學系教授兼海山學研究中心主任。主要研究領域為臺灣社會文化史、臺灣方志學、臺灣區域史、臺灣族群史，著有《龍渡滄海：清代臺灣社會的風水習俗》、《西學與儒學的交融：晚明士紳熊人霖《地緯》中的世界地理書寫》，發表相關學術論文五十餘篇，另曾主編《五股志》、《延平鄉志》、《新屋鄉志》、《續修五股鄉志》、《續修新竹縣志卷九‧人物志》。

張崑振　1970 年生於台北木柵，成大建築系畢業，成大建築博士，現任北科大建築系副教授，兼文化部、台北市及地方政府文資委員。曾擔任北科大創意設計學士班創班主任 2005-2008、北科大建築系主任 2016-2019。專長為建築史與理論、傳統建築與風土、遺產與都市保存，二十多年來一直從事台灣文化資產的保存、修復研究工作，主持六十餘件古蹟、聚落、文化景觀、產業遺產、遺址等類型文化資產調查研究計畫，近年也擔任古蹟修復設計及再利用策展工作。近年著有 2020《再尋冷戰軌跡-臺糖南北平行預備線文化資產價值研究》、2016《找尋曾經艱困的時代輪廓》、2015《傳家—新埔宗祠的故事》、2015《關渡宮—宮廟與文化景觀》等書。

張勝彥　臺灣大學歷史學學士、碩士，日本京都大學博士。先後任東海大學歷史系教授、日本京都大學文學部外國人招聘教授、中央大學歷史研究所教授兼所長、日本私立關西大學經濟學部外國人招聘教授、臺北大學歷史系教授兼民俗藝術研究所所長、及人文學院院長等教職。此外曾任臺灣歷史學會會長、內政部古蹟評鑑小組委員、臺中

縣志總編纂、續修臺中縣志總編纂、續修臺北縣志總編纂等職。現為臺北大學兼任教授、續修新竹縣志總編纂。已出版之學術著作有《南投開拓史》、《清代臺灣廳縣制度之研究》、《認識臺灣（歷史篇)》、《臺灣開發史》、《台中市史》、《臺灣史》等著作。

戚嘉林　Dr. Chi Chia-lin，中國統一聯盟前主席，1951 年生於台灣（原籍湖北沔陽/仙桃），輔仁大學商學士、中國文化大學經濟研究所碩士、南非首都比勒陀利亞大學（University of Pretoria）國際關係學博士。台灣外事人員特考及格，任職駐外單位、退休后曾任中國統一聯盟主席、並在世新大學授課。現為《祖國》雜誌發行人兼社長，社團法人台灣史研究會理事長，著有《台灣史》《台灣二二八大揭秘》《李登輝兩岸政策十二年》《台灣史問與答》《謝南光-從台灣民眾黨到中國共產黨》，及主編《坎坷復興路》等書。

許世融　雲林縣口湖鄉人，1966 年生，臺灣師範大學歷史學系博士，現任臺中教育大學區域與社會發展學系副教授兼系主任。先後於嘉義農專、國空大、建國科大、清華大學歷史研究所擔任兼任講師、助理教授；陸續進行過科技部諸多專題研究案。2011-2013 年並參與京都大學經濟學部堀和生教授主持的「東アジア高度成長の史的研究一連論から東アジア論へ一」跨國研究計畫。主要學術專長：臺灣經濟史、社會史、族群史等。博士論文〈關稅與兩岸貿易（1895-1945）〉曾獲得彭明敏文教基金會臺灣研究最佳博士論文獎。

連心豪　福建省仙遊縣人，1954 年 3 月生於安溪縣文廟廖厝館，旋移居泉州市區。廈門大學歷史學碩士，歷任廈門大學歷史學系教授，廈門大學中國海關史研究中心主任，福建省連橫文化研究院院長，福建省文史研究館研究館員，中國海關博物館顧問。專攻中國近代海關史，兼治閩臺關係史、閩南民間信仰與譜牒學。著有《近代中國的走私與海關緝私》、《水客走水》、《中國海關與對外貿易》，主編《閩南民間信仰》、《福建連氏志》、《仙遊鳳阿阿頭連氏譜牒》等書。

葉乃齊　1960 年出生於嘉義。1982 年自文化大學建築系畢業，1987-1989年曾就讀於台灣大學土木研究所交通乙組，1989 年曾於文化大學造園景觀系兼任執教，1990-1993 年服務於行政院文建會，從事古蹟保存業務。1993 年就讀台灣大學建築與城鄉研究所博士班，2002年 7 月獲台大城鄉所博士學位，曾擔任南亞技術學院建築系專任助理教授及華梵大學建築學系專任助理教授。2005 年 8 月接任華梵大學建築學系主任、所長，於 2008 年 1 月卸任。曾參與王鴻楷教授主持之研究案有《澎湖天后宮之彩繪》等五案。及夏鑄九教授主

持之研究案有《新竹縣三級古蹟新埔褒忠亭整修計畫》等七案。專
業研究規劃案有近二十五本著作，個人代表著作有博士論文《台灣
傳統營造技術的變遷初探--清代至日本殖民時期》，碩論《古蹟保存
論述之形成—光復後台灣古蹟保存運動》及近百篇論文與著述。

趙佑志　1968 年，臺北人，臺灣師範大學歷史系學士、碩士、博士。現任
新北高中教師兼任學務主任、清華大學歷史研究所兼任助理教授、
真理大學人文與資訊學系兼任助理教授、淡江大學師培中心兼任助
理教授，曾參與《沙鹿鎮志》、《梧棲鎮志》、《桃園市志》、《續修臺
北縣志》、《高中歷史教科書》的編纂。著有：《日據時期臺灣商工
會的發展(1895—1937)》、《日人在臺企業菁英的社會網絡(1895—
1945)》、《續修臺北縣志》卷八文教志、〈躍上國際舞臺—清季中國
參加萬國博覽會之研究〉等近百篇論文。

賴志彰　臺灣彰化人，逢甲建築系學士，國立臺灣大學建築與城鄉研究所
碩、博士，長期參與文化資產保存工作，從最早的內政部到目前幾
個市縣的文化資產諮詢委員，深入研究霧峰林家的歷史與建築，研
究臺灣地方民居（包括新北、桃園、苗栗、臺中縣、彰化、嘉義市
等），碩博士論文攢研臺中市的都市歷史，研究過新莊迴龍樂生療
養院、臺灣古地圖、佳冬蕭宅、彰化縣志的公共藝術與工藝篇等。
目前服務於國立臺南大學文化與自然資源學系臺灣文化碩士班，担
任副教授，指導超過 180 篇以上的碩士論文。

闞正宗　1961 年出生於臺灣嘉義，成功大學歷史學博士。1985 年起年從事
新聞編採工作，進而主持佛教出版社、雜誌社。長年從事佛教寺院
及文物的田野調查，二十餘年間完成有關佛寺、人物田野調查專
著、合著十餘冊。1996 年起先後出版《臺灣佛寺導遊》九冊、《臺
灣佛教一百年》、《臺灣佛寺的信仰與文化》、《重讀臺灣佛教——戰
後臺灣佛教（正續編）》、《臺灣佛教史論》、《中國佛教會在臺灣—
—漢傳佛教的延續與開展》、《臺灣日治時期佛教發展與皇民化運動
——「皇國佛教」的歷史進程（1895-1945）》、《臺灣佛教的殖民與
後殖民》、《臺灣觀音信仰的「本土」與「外來」》等學術著作。除
臺灣佛教史研究之外，研究領域尚延伸至臺灣宗教、中、臺、日三
邊佛教交涉、日本文化等研究領域。曾任法鼓佛教學院、玄奘大學
宗教研究所兼任助理教授，現任佛光大學佛教學系副教授。

《臺灣史研究名家論集》——總序

《臺灣史研究名家論集》即將印行，忝為這套叢刊的主編，依出書慣例不得不說幾句應景話兒。

這十幾年我個人習慣於每學期末，打完成績上網登錄後，抱著輕鬆心情前往探訪學長杜潔祥兄，一則敘敘舊，問問半年近況，二則聊聊兩岸出版情況，三則學界動態及學思心得。聊著聊著，不覺日沉西下，興盡而歸，期待半年後再見。大約三年前的見面閒聊，偶然談出了一個新企劃。潔祥兄自從離開佛光大學教職後，「我從江湖來，重回江湖去」（潔祥自況），創辦花木蘭出版社，專門將臺灣近六十年的博碩士論文，有計畫的分類出版，洋洋灑灑已有數十套，近年出書量及速度，幾乎平均一日一本，全年高達三百本以上，煞是驚人。而其選書之嚴謹，校對之仔細，書刊之精美，更是博得學界、業界的稱讚，而海峽對岸也稱許他為「出版家」，而不是「出版商」。這一大套叢刊中有一套《臺灣歷史文化叢刊》，是我當初建議提出的構想，不料獲得彼首肯，出版以來，反應不惡。但是出書者均是時下的年輕一輩博、碩士生，而他們的老師，老一輩的名師呢？是否也該蒐集整理編輯出版？

看似偶然的想法，卻也是必然要去做的一件出版大事。臺灣史研究的發展過程，套句許雪姬教授的名言「由鮮學經顯學到險學」，她擔心的理由有三：一、大陸學界有關臺灣史的任務性研究，都有步步進逼本地臺灣史研究的趨勢，加上廈大培養一大批三年即可拿到博士學位的臺灣學生，人數眾多，會導致臺灣本土訓練的學生找工作更加雪上加霜；二、學門上歷史系有被社會科學、文學瓜分，入侵之虞；三、在研究上被跨界研究擠壓下，史家最重要的技藝——史料的考訂，最後受到影響，變成以理代証，被跨學科的專史研究壓迫得難以喘氣。另外，中研院臺史所林玉茹也有同樣憂慮，提出五大問題：一、是臺灣史研究受到統獨思想的影響；二、學術成熟度仍不夠，一批缺乏專業性的人可以跨行教授臺灣史，或是隨時轉戰研究臺灣史；三、是研究人力不足，尤其地方文史工作者，大多學術訓練不足，基礎條件有限，甚至有偽造史料或創

造歷史的情形，他們研究成果未受到學術檢驗，卻廣為流通；四、史料收集整理問題，文獻資料躍居成「市場商品」，竟成天價；五、方法問題，研究者對於田野訪查或口述歷史必須心存警覺和批判性。

　　十數年過去了，這些現象與憂慮仍然存在，臺灣史學界仍然充滿「焦慮與自信」，這些焦慮不是上文引用的表面問題，骨子裡頭真正怕的是生存危機、價值危機、信仰危機，除此外，還有一種「高平庸化」的危機。平心而論，臺灣史的研究，不論就主題、架構、觀點、書寫、理論、方法等等。整體而言，已達國際級高水準，整個研究已是爛熟，不免凝固形成一僵硬範式，很難創新突破而造成「高平庸化」的危機現象。而「高平庸化」的結果又導致格局小、瑣碎化、重複化的現象，君不見近十年博碩士論文題目多半類似，其中固然也有因不同學門有所創見者，也不乏有精闢的論述成果，但遺憾的是多數內容雷同，資料重複，學生作品如此；學者的著述也高明不到哪裡，調研案雖多，題材同，資料同，析論也大同小異。於是乎只有盡量挖掘更多史料，出版更多古文書，做為研究創新之新材料，不過似新實舊，對臺灣史學研究的深入化反而轉成格局小、理論重複、結論重疊，只是堆砌層累的套語陳腔，好友臺師大潘朝陽教授，曾諷喻地說：「早晚會出現一本研究羅斯福路水溝蓋的博士論文」，誠哉斯言，其言雖苛，卻是一句對這現象極佳註腳。至於受統獨意識形態影響下的著作，更不值得一提。這種種現狀，實在令人沮喪、悲觀，此即焦慮之由來。

　　職是之故，面對臺灣史這一「高平庸化」的瓶頸，要如何掙脫困境呢？個人的想法有二：一是嚴守學術規範予以審查評價，不必考慮史學之外的政治立場、意識形態、身分認同等；二是返回原點，重尋典範。於是個人動了念頭，很想將老一輩的著作重新整理，出版成套書，此一構想，獲得潔祥兄的支持，兩人初步商談，訂下幾條原則，一、收入此套叢書者以五十歲（含）以上為主；二、是史家、行家、專家，不必限制為學者，或在大專院校、研究機構者；三、論文集由個人自選代表作，求舊作不排除新作；四、此套書為長期計畫，篩選四、五十位名家代表

作，分成數輯分年出版，每輯以二十位為原則；五、每本書字數以二十萬字為原則，書刊排列起來，也整齊美觀。商談一有結論，我迅即初步擬定名單，一一聯絡邀稿，卻不料潔祥兄卻因某些原因而放棄出版，變成我極尷尬之局面，已向人約稿了，卻不出版了。之後拿著企劃書向兩家出版社商談，均被婉拒，在已絕望之下，幸得蘭臺出版社盧瑞琴女史遞出橄欖枝，願意出版，才解決困局。但又因財力、人力、市場的考慮，只能每輯以十人為主，這下又出現新困擾，已約的二十幾位名家如何交代如何篩選？兩人多次商討之下，盧女史不計盈虧，終於同意擴大為十五位，並不篩選，以來稿先後及編排作業為原則，後來者編入續輯。

我個人深信史學畢竟是一門成果和經驗累積的學科，只有不斷累積掌握前賢的著作，溫故知新，才可以引發更新的問題意識，拓展更新的方法、理論，才能使歷史有更寬宏更深入的研究。面對已成書的樣稿，我內心實有感發，充滿欣喜、熟悉、親切、遺憾、失落種種複雜感想。我個人只是斗膽出面邀請同道之師長友朋，共襄盛舉，任憑諸位自行選擇其可傳世、可存者，編輯成書，公諸同好。總之，這套叢書是名家半生著述精華所在，精彩可期，將是臺灣史研究的一座豐功碑及里程碑，可以藏諸名山，垂範後世，開啟門徑，臺灣史的未來新方向即孕育在這套叢書中。展視書稿，披卷流連，略綴數語以說明叢刊的成書經過，及對臺灣史的一些想法、期待與焦慮。

卓克華

2016.2.22 元宵　於三書樓

《臺灣史研究名家論集》——推薦序

　　《臺灣史研究名家論集》這套書本身就是一種臺灣史研究。其性質與意義，可以我擬編的另一套書來做說明。

　　相對於大陸，臺灣學界個性勝於群性，好處是彰顯個人興趣、自由精神；缺點是不夠關注該學科的整體發展，很少人去寫年鑑、綜述、概括、該學科的資料彙編或大型學人論著總集。

　　所以我們很容易掌握大陸各學科的研究發展狀況，對臺灣則不然。比如哲學、文學、社會學、政治學都各有哪些學派、名家、主要著作，研究史又如何等等，個中人也常弄不清楚，僅熟悉自己身邊幾個學校、機構或團體而已。

　　本來名家最該做這種事，但誰也不願意做綜述、概括這等沒甚創見的勞動；編名家論集嘛，既抬舉了別人，又掛一漏萬得罪人，何必呢？

　　我在學生書局時，編過一些學科綜述，頗嘗甘苦。到大陸以後，也曾想在人文與社會學科中，每學科選二十位名家，做成論文集，以整體呈現臺灣二十世紀下半葉的學術成果，遷延至今，終於未成。所以我看卓克華兄編成的這套《臺灣史研究名家論集》特有會心、特深感慨。

　　正如他所說，現在許多學科都面臨大陸同行的參與，事實上也是巨大的壓力。大陸人數眾多，自成脈絡。臺灣如果併入其數量統計中去，當然立刻被淹沒了。他們在許多研究成果綜述中，被視野和資料所限，也常不會特別關注臺灣。因此我們自己的當代學術史梳理就特別重要、格外迫切。

　　《臺灣史研究名家論集》從這個意義上說，本身就是一種臺灣學術史的建構。所選諸名家、各篇代表作，足以呈現臺灣史這個學科的具體內容與發展軌跡。

　　這些名家，與我同時代，其文章寫作之因緣和發表時之情境，讀來歷歷在目，尤深感慨。

　　因為「臺灣史」這個學科在臺灣頗有特殊性。

　　很多人說戒嚴時期如何如何打壓臺灣史研究，故臺灣史尟有人問津；

後來又如何如何以臺灣史、臺灣文學史為突破口，讓臺灣史研究變成了顯學。克華總序中提到有人說臺灣史從「鮮學變成顯學」，然後又受政治影響，成了險學，就是這個意思。

但其實，說早年打壓臺灣史，不是政治觀點影響下的說詞嗎？卷帙浩繁的《臺灣風物月刊》、《臺北文獻季刊》、《臺灣文獻季刊》、臺灣銀行《臺灣文獻叢刊》等等是什麼？《臺灣文獻季刊》底下，十六種縣市文獻，總計就有四億多字，怎麼顯示五十年代到八十年代中期政府打壓了臺灣史的資料與研究？我就讀的淡江大學，就有臺灣史課程，圖書館也有專門臺灣史料室，我們大學生每年參加臺灣史蹟源流會的夏令營，更是十分熱門。我大學以後參與鄉土調查、縣誌編撰、族譜研究，所感受的暖心與熱情，實在不能跟批評戒嚴時期如何如何打壓臺灣史研究的說詞對應起來。

反之，對於高談本土性、愛臺灣、反殖民的朋友所揭櫫的臺灣史研究，我卻常看到壓迫和不寬容。所以，他們談臺灣文學時，我發現他們想建立的只是「我們的文學史」。我辦大學時，要申辦任何一個系所都千難萬難，得提前一兩年準備師資課程資料及方向計畫去送審；可是教育部長卻一紙公文下來，大開後門，讓各校趕快開辦臺灣史系所。我們辦客家研討會，客家委員會甚至會直接告訴我某教授觀點與他們不合，不能讓他上臺。同樣，教師在報端發表了他們不喜歡的言論，各機關也常來文關切……。這時，我才知道有一個幽靈，在監看著臺灣史研究群體。

說這些，是要提醒本叢刊的讀者：無論臺灣史有沒有被政治化，克華所選的這些名家，大抵都表現了政治泥沼中難得的學術品格，勤懇平實地在做研究。論文中七噌不驚，而實際上外邊風雨交加。史學名家之所以是名家，原因正要由此體會。

但也由於如此，故其論文多以資料梳理、史實考證見長。從目前的史學潮流來看，這不免有點「古意盎然」。他們這一輩人，對現時臺灣史研究新風氣的不滿或擔憂，例如跨學科、理論麾指史料、臺灣史不盡

為史學系師生所從事之領域等等，其實就由於他們古意了。

　　古意，當然有過時的含義；但在臺灣，此語與老實、實在同意。用於臺灣史研究，更應做後者理解。實證性史學，在很多地方都顯得老舊，理論根基也已動搖，但在臺灣史這個研究典範還有待建立，假史料、亂解讀，政治干擾又無所不在的地方，卻還是基本功或學術底線。老一輩的名家論述，之所以常讀常新，仍值得後進取法，亦由於此，特予鄭重推薦。

龔鵬程

《臺灣史研究名家論集》——推薦序

臺灣，在許多大陸人看來是一個地域相對狹小、自然資源有限、物產不夠豐富、人口不夠眾多且孤懸於海外的一個島嶼之地。對於這座寶島的歷史文化、社會風貌、民間風俗以及人文地貌等方面的情況知之甚少。然而，當你靜下心來耐心地閱讀由臺灣蘭臺出版社出版的《臺灣史研究名家論集》（已出版三編）之後，你一定會改變你對臺灣這個神奇島嶼的認知。

《臺灣史研究名家論集》到目前為止，已經輯錄了近五十名研究臺灣史的專家近千萬字的有關臺灣史的研究成果。這些研究成果大都以臺灣這塊獨特的地域空間為載體，以發生在這塊神奇土地上的歷史事件、人物故事、社會變遷、宗教信仰、民間習俗、行政建制、地方史志、家族姓氏、外族入侵、殖民統治、風水習俗以及建築歷史等等為研究內容，幾乎囊括了臺灣的自然與社會生活的方方面面。例如，尹章義的《臺灣移民開發史上與客家人相關的幾個謎題》，林滿紅的《清末臺灣與我國大陸之貿易型態比較（1860-1894）》，林翠鳳教授的《臺灣傳統書院的興衰歷程》，武之璋先生的《從純史學的角度重新檢視二二八》，洪健榮的《明鄭治臺前後風水習俗在臺灣社會的傳佈》，張崑振的《清代臺灣地方誌所載官祀建築之時代意義》，張勝彥的《臺灣古名考》，戚嘉林的《荷人據台殖民真相及其本質之探討》，許世融的《日治時期彰化地區的港口變化與商貿網絡》，連心豪的《日本據臺時期對中國的毒品禍害》，葉乃齊的《臺灣古蹟保存技術發展的一個梗概》，趙佑志的《日治時期臺灣的商工會與商業經營手法的革新（1895—1937）》，賴志彰的《台灣客家研究概論—建築篇》，闞正宗的《清代治臺初期的佛教（1685-1717）——以《蓉洲詩文稿選集》、《東寧政事集》為中心……

上述各類具體的臺灣史研究，給讀者全面、深刻、細緻、準確地瞭解臺灣、認知臺灣、理解臺灣、並關注臺灣未來的發展，提供了「法國年鑒學派」所說的「全面的歷史」資料和「完整的歷史」座標。這套叢書給世人描摹出一幅幅臺灣社會、文化、經濟、生態以及島民心態變遷

的風俗畫。它們既是臺灣社會的編年史、也是臺灣的時代變遷史，還是臺灣社會風俗與政治文化的演變史。

《臺灣史研究名家論集》在史學研究方法上借鑒了法國年鑒學派以及其他現代史學流派的諸多新的研究方法，給讀者提供了新的研究視角，使得史學研究能夠從更加廣闊、更加豐富的空間與視角上獲取歷史對人類的啟示。《臺灣史研究名家論集》的許多研究成果，印證了中國大陸著名歷史學家章開沅先生對史學研究價值的一種「詩意化」的論斷，章開沅先生曾經說過，「**從某種意義上說，史學應當是一個沉思著的作者在追撫今夕、感慨人生時的心靈獨白。史學研究的學術的價值不僅在於它能夠舒緩地展示每一個民族精神的文化源流，還在於它達到一定境界時，能夠闡揚人類生存的終極意義，並超越時代、維繫人類精神與不墮……**」

閱讀《臺灣史研究名家論集》，能夠讓讀者深切感受到任何一個有限的物理空間都能夠創造出無限的精神世界，只要這塊空間上的主人永遠懷揣著不斷創造的理想與激情。我記得一位名叫唐諾（謝材俊）的臺灣作家曾經說過，由於中國近代歷史的風雲際會，使得臺灣成為一個十分獨特的歷史位置。「**在很長一段時間裡，臺灣是把一個大國的靈魂藏在臺灣這個小小的身體裡面……**」，的確，近代以來的臺灣，在某種程度上來講成就驚人。它誕生過許多一流的人文學者、一流的史學家、一流的詩人、一流的電影家、一流的科學家。它曾經是「亞洲四小龍」之一。

臺灣之所以能夠取得如此驚人的文化成就，離不開諸如《臺灣史研究名家論集》裡的這些史學研究名家和**臺灣蘭臺出版社**這樣的文化機構以及**一大批「睜眼看世界」**的仁人志士們持之以恆的辛勤耕耘和不畏艱辛的探索。是這些勇敢的探尋者**在看得見的地域有限物理空間拓展並創造出了豐富多彩的浩瀚精神宇宙。**

為此，我真誠地向廣大讀者推薦《臺灣史研究名家論集》這套叢書。

王國華　2021 年 6 月 7 日於北京

《臺灣史研究名家論集》——編後記

　　我在〈二編後記〉中曾慨嘆道，編此《論集》有三難：邀稿難、交稿難、成書難。在《三編》成書過程中依然如此，甚且更加嚴重，意外狀況頻頻發生，先是新冠肺炎疫情耽誤了近一年，而若干作者交稿、校稿拖拖拉拉，也有作者電腦檔案錯亂的種種問題，也有作者三校不足，而四校，五校，每次校對又增補一些資料，大費周章，一再重新整理，諸如此類狀況，整個編輯作業延誤了近一年，不得已情商《四編》的作者，將其著作提前補入《三編》出版，承蒙這些作者的同意，才解決部分問題。

　　如今面對著《三編》的清樣，心中無限感慨，原計畫在我個人退休前將《臺灣史研究名家論集》四輯編輯出版完成，而我將於今年（2021）七月底退休，才勉強出版了《三編》，看來又要耗費二年歲月才能出版《四編》，前後至少花了十年才能夠完成心願，十年，人生有多少個十年？！也只能自我安慰，至少我為臺灣史學界整理了乙套名家鉅作，留下一套經典。

卓克華　　于三書樓

2021.6.7

葉乃齊

臺灣史研究名家論集

蘭臺出版社

目　錄

台灣建築歷史散策

　　我無意寫一本臺灣建築的通史，那種皇皇巨著，只配屬於我的老師輩李乾朗們的豐功偉業。我只想在臺灣建築史的道路上，在路旁去探尋一些五彩繽紛，自認為是珍異奇石的寶貝，來珍藏玩賞。

　　臺灣人研究臺灣建築史的發軔，嚴格地說，是起於鄉土運動時期，時間上與臺灣的古蹟保存運動息息相關。我在此選了兩篇文章來說明臺灣古蹟保存的發展歷程。然而孕育古蹟保存起源的鄉土運動最精彩的故事部分，卻早已在我的碩論 中交代過了，在此便不再贅述。然而另一部份則是聚落保存與社區總體營造起源。這篇曾登載於大陸研討會論文，卻因為大陸的言論尺度問題而遭到剪裁，在這裡我才能披露啟動臺灣草根力量的真實底蘊。

　　一般而言，建築史家喜歡拿精緻建築作為 Key Monuments，來發展建築演進的脈絡；但較少從建築類型的系譜來看待建築的變遷。然而在臺灣的閩南建築所面對狀況是，一方面快速的社會變遷，只見紜紜眾多的民居被拆除，文獻記錄的建築大量傾圮荒蕪，另一方面更缺乏建築匠師技藝紀錄，結果只能有少數被指定的「古蹟」登得上建築史臺面。因此我的一篇有關大木結構的文章，則是著眼於如是種種現象，意圖繼承洪文雄有關竹木穿鬥式結構系統研究　，重新鋪陳這閩南的建築的系譜與流脈。

　　此外，一般研究建築史的觀點，總不自決地採建築師、設計者的重視外型角度，看待事物。我特地的改採木工具的觀察視野，以便顛覆常規觀點，甚至更意圖透過建築營造的線索，從認識論去破解以往認為神秘的「篙尺」與營造禁忌之謎。同時，透過木工具研究，更令人驚奇地發現，殖民現代化對於傳統營造所造成的鯨吞蠶食過程。

　　至於現代化課題，是個曖昧的課題。建築形式的變遷從來不是源於自身的因素，而是在社會、歷史與文明的骨子裡發生了天翻地覆的風暴。軍事建築的礮臺，最有機會回答這個問題。此外民居民宅類型，卻也無疑是直接了當地回應了時代浪潮的變遷。至於公共建築與官廳方面，有

關他們的研究者則冠蓋雲集，無需再增添我個人的叨絮不休。

另外，穀倉是個冷僻卻有趣的課題，它是個殖民鬥爭的戰場。像個精巧機器的「組合倉」，是在殖民時期透過臺灣左派份子，策動地主、鄉紳的出資，結合佃農的勞動生產，共同生產剩餘，來對抗殖民剝削。間接地協助勞動佃農積累資本，達到階級翻身的社會革命目的。穀倉在這裡是個殖民鬥爭的場域，比起中共為了奪權所採取的鬥地主、大外宣手段，臺共顯得高尚無私而令人敬佩。只可惜在戰後臺共幾乎被消滅殆盡，而組合倉是誰設計，這般鬥爭手段源自於誰手，現今已難以考究。

庭園則是另一組珍奇有趣的課題。在中國園林的傳統裡，庭園總充滿著文人們吟詩作對與杯桃交錯的痕跡，這無疑是文人、官僚、富紳之間，運作社會實踐的空間場域。然而令人驚奇的是，古人在這個場域裡，竟是運用詩情與畫意作為馳騁空間想像力的飛天馬車。這項發現，著實將帶給現代建築師一個不小的震撼。

另一個相彷彿的課題是馬祖研究，這是在與蕭百興老師合作的華梵師生集體研究經驗。馬祖列嶼，則是仰賴寄託在對一連串神話故事的敘述裡，來奔放如夢似幻的空間想像力，並構築起撲朔迷離的場所吸引力，最後形塑出猶抱琵琶半遮面的地方美感。這種手法，無疑能夠對於地方經營，提供一種嶄新的具有爆發性潛力的觀點。我熱切地期望這些篇章，能提供專業界一扇看見世界新視野的窗口，同時也提供非專業界一些看待建築界的新目光。

幾年前，路上巧遇郭肇立老師，他鼓勵說：「你們這些做建築史研究的朋友，應該要多寫一些研究給建築人看，以便多多活絡他們的思路。」期望我正是邁向這個目標的其中一份子。

徐　序

　　認識乃齊是我在台大土研所都市計畫研究室（建築與城鄉研究所前身）攻讀博士之時，當時的乃齊還是王鴻楷教授的研究助理，我對乃齊的第一印象，是一個整天在研究室內穿梭，不辭辛勞協助研究，熱忱到令人動容的助理。

　　乃齊參與的研究案大部份都與歷史保存和社區營造相關，他的興趣恰巧也與之契合，這是他後來發表許多建築史和文化保存調查研究成果的重要原因。「聚落保存」是乃齊極為擅長的領域，他早年參與九份、卯澳漁村以至於澎湖二崁聚落保存活化，都是他淬煉出爾後紮實能力的聚落保存實務個案，基本上，我覺得作為一個「腳踏實地，做多於說」的學者而言，他實是當之無愧。

　　傳統構造技術和匠藝的研究，其實是乃齊較有興趣的另一個領域，對於大木作工具、操作匠藝、架棟結構以至於匠幫組織營建體系等皆有多角度的涉獵，因而造就出在「構造技術史」領域的另一專長。

　　相對於單純的學術工作者而言，乃齊曾經擔任過文化建設委員會（文化部前身）的公務員，推動過「文化資產保存法」的修法、「澎湖二崁聚落保存」的社區總體營造重要案例以及籌設國家級文化資產研究所等工作，對於文化建設的國家政策、法令制度變遷過程和效益評估，具有身歷其境的深入感知，這正是一般學者所欠缺的經歷，也是乃齊不可多得的對文化政策和制度的觀照能力。

　　乃齊學術能力的養成過程相當艱辛，但也肇致他治學務實的特性，在台大攻讀碩博士前後 9 年，更曾擔任長達 6 年的研究助理，追隨過王鴻楷教授、夏鑄九教授。在其學力育成期間，適逢台灣文化資產保存運動蓬勃興盛之時，親身參與許多保存運動推展的重要事件，親炙關鍵人物和活動，在台灣文化保存發展歷程中，可說是無役不與，由其鋪陳脈絡、回顧台灣保存史事，乃齊可說是極為稱職的「故事人」。

　　時值乃齊綜理多年著作、彙集成編發表宏論之際，依我多年與其同

業共事所知，受囑為序。

華梵大學教授
徐裕健
謹序

第一篇

保存滄桑

第一章、臺灣古蹟保存技術發展的一個梗概[1]

提要

臺灣的古蹟保存工作，起自於 60 年代的觀光發展角度，保存範圍僅限於荷蘭、明鄭時期遺構。然而古蹟保存制度化的建立，則源自於 70 年代帶的「鄉土建築運動」，由一群建築與歷史文獻界的愛好者所推動。事項運動，重新肯定臺灣地方性傳統建築的價值，認定它們即為中華本土文化的一部份，並且具備古蹟價值。於是在論述上則出現了《臺灣建築史》一書，作為賦予傳統民居、「鄉土建築」成為「古蹟」的身份證明。同時，更透過官方營造程序的建築師←→營造廠關係，重建一套學界←→傳統工匠的機制，以取得合法性。為期克服建築師與營造廠間的契約問題，發展出一套能詳細記錄木構造的測繪圖法，以及解體構材的登錄標記程序。此外，更有文史團體、出版社持續廣為宣傳，以爭取社會同好支持，減低不當拆除。

臺灣當局認識到「鄉土建築運動」的意義之後，正式訂定了《文化資產保存法》，內政部對於指定古蹟，給予修復經費全額補助的優惠，並於工程發包前後，訂有調查研究與嚴格的審查程序。並透「修復調查研究」、「修復記錄」等報告書，提供有跡可尋的脈絡資料。此外，文化建設委員會（簡稱「文建會」）也逐年辦理「古蹟修護技術研討會」，並籌備成立「文化資產研究中心」，以提升保存科學能力。

關於國外引進的保存觀念，早年則自構造方式類似的日本引進木

---

[1] 〈臺灣古蹟保存技術發展的一個梗概〉一文，曾於 2002，08，27-29 於，中國北京舉辦之「紫禁城學會第四次學術研討會」中發表過。然而對大陸同胞發表的，他們是不可能理解和同情臺灣那段波瀾壯闊的「鄉土運動」過程。為了保護這些運動前輩，而不被誤解為臺獨，所以只能在該研討會討論技術層面的發展歷程。若看官欲知古蹟的「鄉土運動」詳情，可以參考拙著：《古蹟保存論述之形成--光復後臺灣古蹟保存運動》，1989，臺大土木究所碩士論文。

構造的原貌保存原則。包括：大解體、小解體、局部整修，三種層次的修復方式；也包括環氧樹脂的使用；甚至包括「素屋根」（工作棚架）的使用。近年來，由於城市、聚落保存的興起，也相繼引進義大利波隆納（Bologna）的整合性保存、日本妻籠宿的町並保存（造町運動）以及動態保存觀念，於是促成臺灣「社區總體營造」的興起。但無論如何，這都有別於早先官方制式的古蹟保存政策。

晚近的保存科技發展，除了測繪圖邁向電腦化外，對木料腐朽之非破壞性檢測亦成為一時興起的課題。此外，對於磚石的防潮工程，則從上保護漆到潑水劑，以至於以防水層、電極保護。蟲蟻防治工程亦從噴灑、披覆蒸燻、藥液灌注，到防蟻盾、生態工法，而已有重要突破。

一、 臺灣古蹟保存制度的建立

1-1、光復後的建築範型

光復後，國民政府對於臺灣的地方性文化有所忽略，因而造古蹟、鄉土建築的日漸傾頹。[2]同時，國民政府也帶來了南京建都的一套建築語言——「宮殿式」建築。威權統治時期的臺灣，「宮殿式」建築被視為理所當然。在建築的論述則是以「宮殿式」的面貌出場。科學館、中山樓、圓山大飯店、中國文化大學、故宮博物院甚至殯儀館等，都藉以中西合璧為由，紛紛以這類風格出現。[3]

「宮殿式」風潮對於臺灣最嚴重的影響，就是造成「變臉的古蹟」。臺灣地方性建築語言被以「宮殿式」形式所取而代之。例如：在過去代表最崇高的閩南式燕尾所；在這時候便被清式官方的琉璃瓦正

---

[2] 葉乃齊，1989，《古蹟保存論述之形成--光復後臺灣古蹟保存運動》p.23，碩士論文，臺大土木究所。

[3] 華昌宜，1962，〈仿古式風格集其在臺灣〉（上）（下）《建築雙月刊》（3）：10-15，（4）：36-41，臺中。

吻所取代。更糟的是，在整修古蹟時，竟把它華南式建築整修成華北
官方的「宮殿式」了。臺南的延平郡王祠，臺北東門、南門、小南門
都遭到這種誤解式的修改。

1-2、觀光取向的保存工作

韓戰帶來臺灣觀光利益，當時臺灣社會對於觀光旅遊仍屬奢談，
但是駐臺的美軍顧問團的假日旅遊已經促成了觀光業的萌芽。[4]之後
1956 年，美國捲入越戰，臺灣除了成為補給站之外，更成為渡假美軍
的觀光據點之一。

圖 1　「宮殿式」造成「變臉的古蹟」。臺南的延平郡王祠，就遭到這種誤解
式的整修。

圖 2 在缺乏充分歷史資料下，觀
光部門誤把日據時期海關當作安
平古堡來整修。

圖 3　彰化孔子廟在房地產壓力下，
差一點遭拆除。在有力人士的搶救
下，被保存下來。

4 夏鑄九，1988，《臺灣北部溫泉規劃—臺灣溫泉旅遊之分析與政策擬議》。

　　此外 1956 年後，韓國、臺灣、香港陸續成為國際市場勞力密集的代工基地，臺灣此時開始步入工業化和經濟起飛階段。工業化與都市化同時促成觀光發展的動力，「異質空間」（Heterotopia）[5]開始有了市場需求。因此臺灣的觀光業，此時形成國際觀光與國內旅遊的雙線發展。

　　60-70 年代，值得外賓觀光的古蹟區，要算是以荷蘭、明鄭時期即已開發的臺南市為主。於是 1966 年觀光事業委員會成立後，1970 年則開始推動臺南府城故都的名勝古蹟整建方案。其中的幾個主要修復的古蹟點，則包括：安平古堡、赤崁樓、億載金城、延平郡王祠、孔廟、鹿耳門鄭成功登陸紀念地等處。其中，除了延平郡王祠已經於 1965 年錯修，而赤崁樓也已被改 RC.結構之外，其餘計畫也仍多出現媚俗作法。比方說：將安平古堡地區的日據時期海關瞭望塔，改建為觀光塔等等。

　　然而值得稱許的是，億載金城—安平大鯤鯓砲臺的整建案，並未按原計畫設置沈葆禎紀念館，和闢建江南園林。相反地，在觀光課長的努力下，從文獻委員會、中央圖書書館臺灣分館等處調取老照片，然後依原樣參酌復原。這可以說是臺灣首次，透過歷史資料，開始有考證依據的保存工作。

　　在此之後，同樣具有歷史名聲的鹿港、彰化，也陸續展開了古蹟保存行動。彰化孔子廟也在房地產開發的壓力下，差一點遭拆除。透過有力人士的搶救下，被保存下來。但是基於地利之便，主要則委託臺中的東海大學來協助。東海建築系漢寶德主任，則連續主持了鹿港龍山寺、鹿港保存區以及彰化孔子廟等等的修復計畫。

1-3、鄉土建築運動

　　鄉土運動在 70 年代是個世界性的潮流，臺灣鄉土運動可以包括：

---

[5] 陳志梧，1988，〈不同空間的正文與上下文（脈絡）〉夏鑄九編譯《空間的文化形式與社會理論讀本》，pp.225-234，臺北：明文書局。

鄉土文學、素人藝術、雲門舞集、鄉土建築以及校園民歌……等等運動。然而影響到古蹟保存的發展，其實應算是鄉土建築運動的這一支。建築的鄉土運動，嗣後則被選擇性作為文化政策的一部份，開拓了文化資產保存的這條新路。

　　當代建築的論述相當程度是受到國際潮流的影響，而鄉土建築運動基本上則是世界性的建築論述的典範移轉。臺灣的鄉土建築運動是有幾個不同的脈絡：建築學界、臺灣省文獻委員、《漢聲》雜誌，亦有同好團體、鄉土藝術家。之前，建築的鄉土運動者難得有機會齊聚一堂，交換經驗、心得；而林安泰事件為此揭開了序幕。

1-4、林安泰事件促成保存論述的成型

1-4-1、林安泰事件

　　林安泰古厝是清代臺北安溪聚落──大安庄上的一棟精美民宅，又稱「榮泰」古厝，地方上素有「偌有榮泰富，也無榮泰厝」[6]的讚語。這做宅邸呈現了咸豐年間的閩南建築勝貌，其木架棟雕刻圓熟細緻，以及住宅特殊格局，至今仍獨步全臺。然而 1976 年 11 月間，這座古厝則因為臺北市的敦化南路拓寬工程，而面臨被拆命運。於是「榮泰」古厝該不該原地保存的課題，即引發保存派與拆除派兩派人馬的激烈辯論。

---

[6] 「若有榮泰厝，也無榮泰富；若有榮泰富，也無榮泰厝。」為臺北盆地大安庄一帶稱讚林安泰古厝（榮泰厝）之美的一句俗語，引自馬以工編，1978，《再見林安泰》p.97，皇冠雜誌社，臺北。

圖 4　東海大學客座教授狄瑞德（Reed Dillingham）、華昌琳帶領學生進行田野調查，讓臺灣建築界了解：所謂的鄉土建築，在臺灣其實就是鄉間那些不起眼的古厝。

圖 5　林安泰古厝保存爭議，引發了鄉土建築運動社會力的匯聚，促成古蹟保存運動產生，以及制度性的落實化。

圖 6 《漢聲》運用數期版面,在文化國寶和古蹟的標籤下,順利地把鄉土建築推銷出去。

圖 7 席德進則建立出一套對鄉土建築細部、造型和空間的直觀性欣賞方法。

圖 8　林衡道及文獻委員會自 1970 年起，即透過「臺灣史蹟源流研習會」
凝聚鄉土建築的欣賞群及同好團體，並使他們認同他們所參觀的鄉土建築及聚
落，即是史蹟。

圖 9　擅長於攝影與建築圖繪的李乾朗，於 1979 年出版了《臺灣建築史》，此書影響重
大，它使鄉土建築被賦予出身證明，並得以榮登「古蹟」的舞臺，因而獲取了文化霸
權。

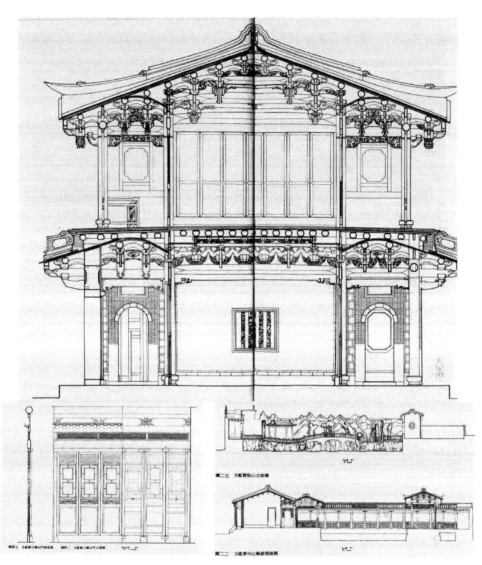

圖 10 臺大夏鑄九先生以平、立、剖的圖面建立了復原圖和施工圖
的雙軌制，為古蹟修復，建立了一套精細的表達花紋、線條及尺寸
的圖面論述，使古蹟發包施工之圖面變得可行。

圖 11　林安泰拆遷案，建築師李重耀以及慶仁營造廠老闆林瑞雄，開始使用一種編號系統來登記拆卸下來的建築構件。

　　論戰的結果，保存派雖然於道理上佔上風，然而面對「林安泰不是法定古蹟」以及「都市計畫不可任意變更」兩項結構性問題時，事情便似乎陷入毫無轉寰餘地之處境。[7]於是，最後只勉強能接受市政府「擇地遷建」的折衷決議。

　　這時候保存派大家痛定思痛發現：過去在雜誌文章中討論鄉土建築並沒有辦法保護鄉土建築，必須借助合法「古蹟」的保護傘才有可能。鄉土建築不能馬上被人認同為「古蹟」，需要在論述上再加以潤色和調整，重新賦予它新的意義。一套有關鄉土建築的「建築史」論述必須儘快建立。同時，測繪、保護和維修這些鄉土建築的論述必須產生，也就是，「古蹟保存」的技術必須被生產出來。

---

[7] 馬以工前揭書。

1-4-2、保存論述的凝聚

因此，在這種新的壓力和需求下，不同的社會角色開始扮演他們在運動中，建立新論述的推動者（agents）角色了：

文獻委員會過去自 1970 年起，即透過「臺灣史蹟源流研習會」凝聚鄉土建築的欣賞群及同好團體，並使他們認同他們所參觀的鄉土建築及聚落即是史蹟。

對於以藝術家身份的席德進而言，他則建立出一套對鄉土建築細部、造型和空間的直觀性欣賞方法。這種的鄉愁式影像，頗能投合建築界、藝術界人士的口味，成為廣告界與媒體的寵兒。日後成了古蹟一支屬於「藝術觀點」的脈絡。[8]

漢聲雜誌則以《漢聲》以數期版面，就人文歷史的角度，探索清代臺灣鄉土建築。[9]《漢聲》將愛護鄉土建築的關懷從學界、專業界介紹給一般社會大眾，並且在「文化國寶」和「古蹟」的標籤下，將鄉土建築與大中華民族主義結合起來，巧妙避開臺獨意識的嫌疑，順利地把鄉土建築推銷出去。

建築界人士則亟須努力建立起保存的方法，以及對鄉土建築的了解。田野調查的方法，則由東海大學客座教授狄瑞德（Reed Dillingham）、華昌琳引進臺灣[10]。1979 年李乾朗出版了《臺灣建築史》[11]一書。這本書的影響重大，它掌握了古蹟保存論述的文化霸權（Cultural Hegemony）。透過本書，歷史文化價值被重新建立，而使得鄉土建築賦予出身證明，並得以榮登「古蹟」的舞臺。

然而更細緻性的修復程序，則必須仰賴一套施工制度。此時，雖

---

[8] 席德進，1978，〈臺灣古建築體驗〉《藝術家》6 卷（1）：67-73，7 卷（1）：67-75，（2）：118-125，（3）：140-149，（4）：88-97，（5）：98-105，（6）：66-73。

[9] 1980，〈國民旅遊（下）〉《漢聲》（6）。1981，〈我們的古蹟〉《漢聲》（9）。1981，〈古蹟之旅（上）〉《漢聲》（10）。1981，〈古蹟之旅（下）〉《漢聲》（11）。

[10] 華昌琳，狄瑞德，1971，《臺灣傳統建築之堪察》臺中：東海大學。

[11] 李乾朗，1979，《臺灣建築史》臺北：北屋。

有官方既定的一套建築工程發包制度，然而在 1977 年板橋林家花園修復時發生了困難。發包時營造廠因以施工圖說不足為由，拒絕漢寶德建築師規定的「依原樣修復」的施工條款。於是不得已之下，在觀光局馬以工推薦下改委託臺大夏鑄九先生負責復原技術部份，重行調製復原圖面；嗣後仍由漢寶德擔任監造建築師。[12]

夏氏則以平、立、剖的圖面建立了復原圖和施工圖的雙軌制，一套作為歷史考證的想像復原，然後在調製一套標示尺寸及施工指示修復施工圖，以作為發包之用。這項測繪圖畫法，同時為古蹟修復，建立了一套精細的表達花紋、線條及尺寸的圖面論述[13]。由於當時對於傳統營造技術的慣例，尚未有充分之研究，因此對於每件建築構件的造型與尺寸，是靠著一寸一寸的測量所繪製出來的。歷史考証，則邀歷史學者許雪姬撰寫，這使得古蹟保存的實踐論述，透過建築與歷史界的雙方合作而建立起來。

此外，他們還面臨一項困難，板橋林本源園林在當時已經坍作一堆瓦礫，必須從這當中恢復原有建築的尺寸、形貌。夏鑄九團隊則是依李乾朗、陳志梧先前於恆春城的考證經驗，運用崛越三郎運用透視法來逆推老照片的復原技術[14]，並配合測繪瓦礫堆裡的殘蹟、構件，重新建構了園林中的若干建築物的想像復原圖[15]。這種方法為臺灣的古蹟保存技術劃下了里程碑。換言之，以板橋林本源園林修復作為分水嶺，在此之後臺灣任何已經毀損的古蹟，只要有充分的遺跡、遺構、老照片作

---

[12] 馬以工，1981，〈馬以工談林家花園的修復〉《漢聲》（10），pp.68-72。

[13] 夏鑄九主持，1980，《板橋林本源園林研究與修復》觀光局委託，臺北：臺大土研所都計室。

[14] 崛越三郎，1929，《明治初期の洋風建築》東京：丸善株式會社。這種倒拉透視圖法，基本上要配合至少一張老照片，以及從地面殘蹟上所獲得的平面圖，然後運用透視圖原理，顛倒步驟求出該建築的立面圖來。此法在臺灣的首次運用，應是在李乾朗、陳志梧於恆春城考證經驗。板橋林家花園案例中，更有力的是，在地面上不僅有斷垣殘壁的遺跡，更有遺落地面的建築構件，可供復原參考。又見於葉乃齊，1988，〈古蹟保存工作中的測繪圖〉《（第二次）古蹟修護技術研討會》臺北：文建會。

[15] 夏鑄九前揭書。

為基礎，復原舊貌在技術上都是可行的。

透過參與林安泰拆遷案，建築師李重耀以及慶仁營造廠老闆林瑞雄，開始使用一種編號系統來登記拆卸下來的建築構件—雖然耗損仍是很多。慶仁更運用林瑞雄自己原本為木匠出身的人脈，在營造廠內安置若干傳統營造匠師，使得古蹟保存在建築圖面與歷史研究的論述之外，在營造部門上得以能夠完美地銜接。

鄉土運動，讓臺灣得古蹟保存工作，憑添許多民間社會同好團體的支持力量。在林安泰之前，每一組社會角色都有他們獨特的經歷和對鄉土建築的認知方式；然而是林安泰運動令他們彼此串連、結識、結盟，而產生集結性的社會力量。故因此，知識、文化消費與社會生產的環節方能串連，彼此分工合作，彼此相互需要，成為古蹟保存之完整生產體系。無論從知識研究、調查，到測量、繪圖、整理、施工……等等，文獻界與建築界更在實務上整備了專業實踐的可能性，空間生產的鏈結已幾近完成，建築界已有充份準備，從事這項文化資產的生產線工作，只等待古蹟保存立法制度化時代的來臨。

1-5、古蹟保存制度的誕生

臺灣在 60 年代、70 年代，常民文化消費活動僅有「臺灣史蹟源流研習會」。而此後大規模文化消費，則由政府部門策劃推動。1979 年起一連串的「藝術季」、「音樂季」、「國際藝術節」等活動，結果大受歡迎，充分表露了民眾對精緻文化的饑渴，文化消費的時代於是乎宣告來臨。有鑑於這種趨勢，1977 年蔣經國內閣就將文化建設納入國家政策。1981 年底文化建設委員會正式成立，並陸續頒布古蹟保存相關法令，業務劃歸內政部主管，初期由文建會暫代古蹟指定事項，依序展開各項保存工作。

圖 12　「國際藝術節」1980 年海報，使用臺南祀典武廟的紅牆做主題，明白地表示對鄉土的認同。同時紅牆開出藍天白雲的窗戶，更暗示著青天白日滿地紅與中華民國在臺灣。

二、文建會與古蹟保存修復技術

　　有鑑於過去的「古蹟保存」，曾經出過頗為難堪的差池；制度化之後的保存工作，必須在專業性及技術能力上有所突破。於是，在文建會協助下，十多年間持續舉辦了數屆的「古蹟修護技術研討會」，用以提供臺灣學者專家與國際專家於技術觀摩、交流與學習的機會。此外，文建會還對於各重要古蹟委託做修復工作的施工記錄，以便累積修復技術經驗。然而文建會仍致力於籌設「文化資產研究所」，以促進這項技術在臺灣的進步提升。

2-1、古蹟修護技術研討會

2-1-1、各屆研討會

　　數屆的「古蹟修護技術研討會」當中，都有不同的收穫。1983 年6 月 2 的第一屆會議中，邀請日本東京文化財研究所的岩崎友吉與奈良

木造建築修復專家高端政雄來臺，介紹日本的木構造建築修復技術，諸如：「大解體、小解體、局部整修」的層級概念，「素屋根」（工作棚架）的使用，環氧樹脂（Epoxy）修補腐蝕木料等等技術，都透過研討會裡傳到臺灣。同時由於他們的技術成果豐盛，使得臺灣方面對於日後能夠自行成立一個與日本東京文化財研究所、奈良文化財研究所類似的「文化資產研究機構」，寄予厚望。

1987 年 2 月的第二屆會議，則邀請德國達瑟博士（Dr. Karl Ludwig Dasser）蒞臺，於研討會中發表論文。達瑟氏則以石材與木材兩種文物保存為題，提供了德國的保存科學經驗。其中，有關因現代工業空氣污染受損的石材文物，對其表面結黑皮硬塊之修復方式，頗令人印象深刻。[16]先以水或蒸汽清洗，然後灌注以矽酸乙脂，再灌注除水媒，留下矽膠來膠結於石材粒子之間。過程中密閉鋼槽中進行，以便控制溫、濕度及反應速率等等。有關木雕方面，則是提到如何恢復碎裂的木質纖維，運用紅外線透視壁畫底層，以及運用電子顯微鏡觀察木質表面漆料色彩等等。[17]

第二屆會議，其實現場臺灣並未提任何研討報告，但事後文建會仍對與會者邀稿，而獲有六篇文稿。其中，李乾朗的一篇檢討當時之古蹟修復問題，似乎有意從修復實務中探索可供保存依據的理論。[18]該文中多所討論的，大抵是現代化補強的施工法，這些往往都造成一些日後無法還原的遺憾。此外，又提到工作鋼棚架，可用以吊住主脊，這種運用似乎是受到日本「素屋根」影響。筆者亦提供一文談論測繪圖，同時討論到「復原圖」的意義，對於「原有風貌」意義固定於一個斷代的作法提出質疑，認為那將抹煞其他豐富的文化積累。[19]此外，尚有楊仁江對於古蹟攝影的討論，以及閻亞寧延續林安泰遷建事件的

---

[16] 達瑟，1988，〈巴伐利亞石材保存方法〉《古蹟修護技術研討會》臺北：文建會。
[17] 達瑟，1988，〈木製雕刻品的修護與保存〉《古蹟修護技術研討會》臺北：文建會。
[18] 李乾朗，1988，〈臺灣古蹟修護技術的探討〉《古蹟修護技術研討會》臺北：文建會。
[19] 葉乃齊，1988，〈古蹟保存工作中的測繪圖〉《古蹟修護技術研討會》臺北：文建會。

思路，對於建材編號問題提出看法。

　　第三屆會議於 1988 年 6 月舉行，其中邀請兩位日本專家及兩位尼泊爾專家與會。兩位日本專家所提論文，與第一屆會議所獲技術相近，較無新意。其中一位尼泊爾專家所提製磚技術相當有趣，在現代化技術與傳統技術的爭端中，他們發現製磚傳統技術竟然運用黴菌纖維作為磚的骨材，燒出比現代磚品質更高的磚塊。[20]臺灣方面，閻亞寧就當時大致底定的保存制度流程，提了一篇文稿。[21]李乾朗則由古建築解體技術，間接來談大木構架的榫接技術。[22]薛琴則對當時修復淡水紅毛城所新發現的構造狀況，提出一篇報告。楊仁江仍然談古蹟攝影。比較有趣的是王蜀嘉、簡顯光的古蹟攝影測量，是利用航空測量的視差法，在地面以測量照相機拍攝古蹟，來求取測繪圖的辦法。[23]但是，由於所畫出的測繪圖實在品質不佳，無法與當年板橋林家花園測繪圖水準相比，因此即使使用了高科技，似乎也乏人問津。另外還有陳信樟對於大木結構耐震結構的分析。[24]

　　第四屆會議於 1991 年 1 月舉行，邀請之國外學者專家包含日、韓、法、美（華裔）籍人士，也包含方擁、王世仁兩位未能到場的大陸學者。其中日本受邀的學者是泰斗級的建築史家村松貞次郎，他在文章中提到當時日本歷史保存與活用的哲學性思考，其實正是當時日本在保存上所遭遇的種種問題。[25]他不僅提到使用新的結構工法強化，

---

[20] Shrestha, Hari B.，1990，〈尼泊爾傳統建材 Telia 磚修護技術〉《第三次古蹟修護技術研討會專輯》臺北：文建會。

[21] 閻亞寧，1990，〈臺灣地區古蹟修護技術問題之研究〉《第三次古蹟修護技術研討會專輯》臺北：文建會。

[22] 李乾朗，1990，〈臺灣古建築大木結構解體技術初探〉《第三次古蹟修護技術研討會專輯》臺北：文建會。

[23] 王蜀嘉、簡顯光，1990，〈應用地面攝影測量於古蹟測繪工作之研究〉《第三次古蹟修護技術研討會專輯》臺北：文建會。

[24] 陳信樟，1990，〈有限元素法於傳統大木構架耐震分析之運用〉《第三次古蹟修護技術研討會專輯》臺北：文建會。

[25] 村松貞次郎，1992，〈日本近代建築的保存與活用〉《第四次古蹟修護技術研討會專輯臺北：文建會。

以提供新的室內使用的近代建築；也提到房地產交換價值的催逼下，有些建築只能保留立面皮相，內部卻加蓋帷幕牆高樓；更提及當時方興未艾的民家、町並保存（聚落市街的保存），但為了居民的實際生活機能，保存之外必須有再利用的設計。凡此種種，幾乎都是當時非常新的觀念。此外，華裔美國人的黃鐵嶼的論文，提到都市保存如何運用容積移轉（TDR），提高私有古蹟業主的保存意願，同時又能夠替市政府賺進土地增值的稅收。[26]大陸的兩位學者：王世仁談古塔的維修技術，方擁則論泉州開元寺的修復。[27]相對的，臺灣的王鎮華則嚴肅地檢討兩岸古蹟修復的得失，同時利用修前、修後的對照照片，指出許多修錯、修壞的地方。[28]這其實給大家平添許多壓力和責任。其他的論文則包括有：閻亞寧、洪文雄、李乾朗等人。

　　第五屆會議則於 1992 年 6 月舉行，以聚落保存」為主題，總共 12 篇文章，包括美、日、澳三國專家。由於主題落在聚落保存，論文又多，整個會議性質像是研習營，而非研討會。三天的會議，學員於會議地點的九份金礦村中，嘗試著進行聚落保存的各項準備工作，包括如何動員民眾參與，訪談兒童對家鄉的印象等等。這對嗣後文建會所投入的「社區總體營造」政策[29]，似乎起著預示的作用。[30]

　　第六屆會議則於 1993 年舉行，這次以「傳統工匠」為主題，但仍邀請學者專家提論文，惟會終之時邀請國家民族藝術藝師的黃龜理司

[26] 黃鐵嶼，1992，〈以增值房地產稅與開發權轉讓資助都市古蹟之維護〉《第四次古蹟修護技術研討會專輯》臺北：文建會。

[27] 王世仁，1992，〈古塔維修技術研討綜述〉《第四次古蹟修護技術研討會專輯》臺北：文建會。方擁，1992，〈福建泉州開元寺修建工程概述〉《第四次古蹟修護技術研討會專輯》臺北：文建會。

[28] 王鎮華，1992，〈兩岸古蹟維修的主要問題〉《第四次古蹟修護技術研討會專輯》臺北：文建會。

[29] 「社區總體營造」政策，1994 年以後，為當時文建會副主委陳其南所推動。其意義即社區—共同體的「經營」與「創造」。社區總體營造需從發掘社區的「寶貴價值」開始，發掘社區裡「地、產、人、文、景」各方面的具體特色。進而透過合作及地方文化特色，用以振興地方產業，從而重建地方人心價值。

[30] 1993，《第五次古蹟修護技術研討會專輯》臺北：文建會。

傳，現場表演木雕手藝，並指導傳藝生們雕刻工作。

　　第七屆會議則於 1994 年 6 月舉行，所有的論文皆為臺灣學者專家所發表，討論的多為制度面，應該算是比較枯燥的一次會議。其中，薛琴總結若干大陸的技術研究，出了一份古蹟維修的施工說明書。[31]較重要的是徐明福的一篇探討古蹟維修匠師制度的文章。[32]但是，其證書與考試制度的提議，可能不利於現役匠師們的適應與轉型，而恐將造成反淘汰。

　　之後，由於「社區總體營造」政策的大力推動，第八屆會議則更名為「文化資產、古蹟保存與社區參與研討會」，於 1995 年 1 月舉行，報告及演講共計 19 篇。[33]原本擬邀請義大利波隆尼亞（Bologna）左派市政府的主席規劃師柴飛拉提（Pier Luigi Cervellati）蒞臺演講，只可惜他年歲過長，不克前來。不過，透過夏鑄九、黃永松代為詮釋，[34]柴飛拉提所主張的「保存的再發展」、「整合性保存」、「建築類型學」的種種保存觀點，卻瀰漫著整個會場。而參與過第五屆會議的東大教授西村幸夫，以及來自日本町並保存起點的妻籠宿的小林俊彥，二人成為會場中少數的外國人。

---

[31] 薛琴，1995，〈古蹟工程施工說明書〉《第七次古蹟修護技術研討會專輯》臺北：文建會。

[32] 徐明福，1995，〈臺灣古蹟修護匠師制度建立及運作探討〉《第七次古蹟修護技術研討會專輯》臺北：文建會。

[33] 1996，《文化資產、古蹟保存與社區參與研討會論文集》臺北：文建會。

[34] 夏鑄九、黃永松，1996，〈都市保存的歐洲先行者〉《文化資產、古蹟保存與社區參與研討會論文集》臺北：文建會。

圖 13　自日韓學習而來的「素屋根」使用，除了修復中用以避免風雨水侵蝕，並作卸構材的棚架外，在臺灣最重要的是作為吊車之用，是用來作吊撐燕尾屋脊曲線。

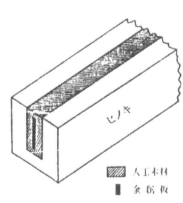

圖 14　「環氧樹脂」修補在日本為修補蛀蝕木料的主要手藝。

圖 15　德國達瑟博士提供了德國的保存科學經驗。在密閉鋼槽中灌注以矽酸乙脂，再灌注除水媒，留下矽膠來膠結於石材粒子之間。

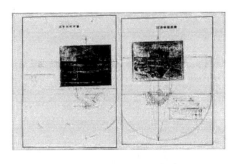 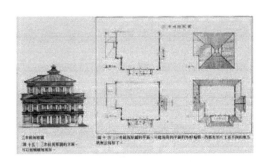

圖 16　筆者談論「測繪圖」與「復原圖」一文，引介崛越三郎，1929，
《明治初期の洋風建築》所提及，透過老照片，倒拉透視圖的方法，
藉以推斷復原古建築物的原貌。此法為李乾朗、陳志梧所用過。

2-1-2、交流與誤差

前述「大解體、小解體、局部整修」、「素屋根」、「環氧樹脂」的修復方式，都成為日後臺灣古蹟修復工作的基本概念。在日本文化財大修即意謂「大解體」，必須解開每個榫頭，檢查每個木構件是否完好。然而在臺灣的實際執行上，由於官方執行業績的壓力，幾乎永遠沒有充分的時間進行大解體，更何況一旦解體看到朽蝕，非處理不可時，又得辦理「變更設計」「變更預算」，這是官方邏輯最不樂見的。反而「非破壞檢測」，是在調查研究階段，官方比較期望，但實際技術上又不容易做到的工作。

同時「素屋根」的使用，除了用以避免雨水侵蝕修復中的棟架外，在臺灣最重要的不是用以作為除放拆卸構材的棚架，也不是作為吊車之用，而是用來作吊撐燕尾屋脊曲線。這是因為燕尾屋脊曲線，最難重做得與原貌一模一樣，最後只好把它吊起來保留到修復完工。這項影響，恐怕是日本專家無始料所未及的。

此外，「環氧樹脂」修補在日本幾乎成為一項精巧的手藝，在修補蛀蝕的木料後，司傅總要依照原木料雕刻上木紋，並要塗漆化妝。但在臺灣，在廟方業主多傾向使用新料的情況下，修補木料使用「環氧樹脂」越來越少；然在於磚、石構造上，甚至是地震裂縫的補強，反而有

較多使用情形。

2-2、文化資產研究中心

　　於見到日本的文化財研究所之時，其實文建會就想自己成立一個這樣的研究機構了。臺灣同樣的夠份量的保存科學研究機構，只有故宮博物院的科技室。但是單位實在太小，工作能量有限，只能重點地照顧故宮文物；更不可能回頭照顧古蹟。於是，文建會對於文化資產研究中心的籌設，其實非常熱切。

　　其籌設行動，遠自 1985 年即開始計畫評估，1990 年獲准設置籌備小組，1995 年籌備處才成立。預計 2002 年底，方能真正開始運作。其組織功能則分為五組，分掌：古蹟維護、文物維護、保存科技、保存修護、教育推廣等事項。文建會期望透過這個中心，能真正發展符合本地文化資產特質的保存科學。

圖 17　建築史家村松貞次郎提到當時日本歷史保存與再活用的種種問題，在房地產市場壓力下，有些建築只能保留立面皮相，內部卻加蓋帷幕牆高樓。

圖18　建築史家村松貞次郎提更提及當時方興未艾的民家、町並保存，但為了居民生活機能，保存之外必須有再利用的設計。

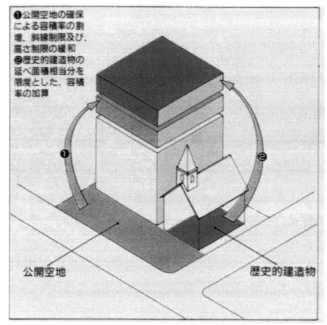

圖19 黃鐵嶼的論文，提到都市保存如何運用容積移轉 (TDR)，提高私有古蹟業主的保存意願，同時又能夠替市政府賺進土地增值的稅收。

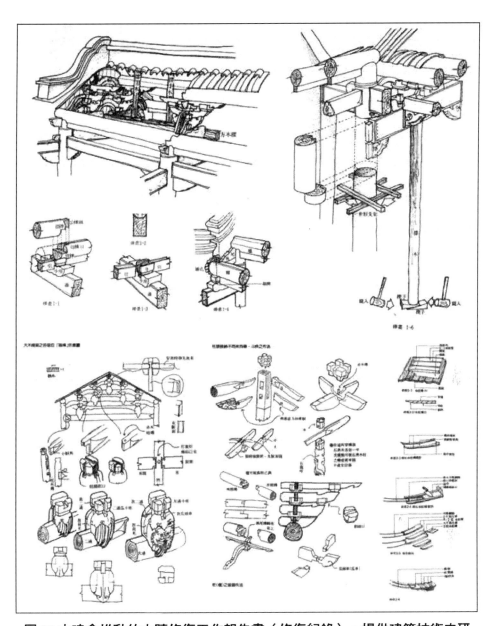

圖 20 文建會推動的古蹟修復工作報告書（修復紀錄），提供建築技術史研究，相當重要的史料。

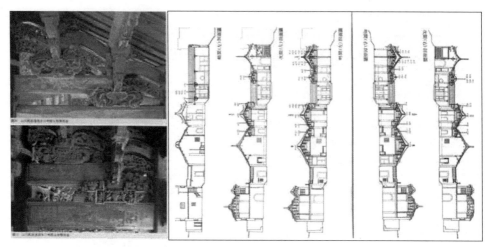

圖 21　文建會推動的古蹟修復工作報告書（修復紀錄），提供建築技術史研究，
　　　　　相當重要的史料。

圖 22　蟲蟻、腐朽菌防治工程的兩種探測儀器：一為聲音偵測方式，另一為撞
　　　　　針式探測方式。

圖 23 三種傳統蟲蟻、腐朽菌，使用藥液防治工程：噴塗法（左上），浸泡法（左下），灌注法（右）。

三、 保存實務中所發展的技術

在臺灣，古蹟的真實主管機關是內政部，然而其實務工作的行政相當繁重，以致於發展技術方面的工作，內政部實在無力顧及。因此，實務性的倒存技術發展，通常是靠業界自行尋求發展。這不僅涉及學術單位、建築師，也更涉及下游廠商的自行技術研發。

3-1、測繪圖、施工圖

臺灣大學對於從板橋林家花園到霧峰林家，龐大的測繪工作量，無法購置簡顯光所謂的測量照相機的高科技測繪技術，但也自己發展出中間科技的技術。如：若相機鏡頭焦距 F，相片出洗的放大率為 4

倍，而相機、被攝物距離為 D，則可拍出[35]圖面比例尺為〔4F/（D-2F）〕。其實這是在測繪過程中的無意間的發現，原本拍攝出來之照片竟可作為套描測繪圖之用，尤其是裝飾圖樣，因而進一步摸索照相機攝影操控性能，並由光學公式相互推導，最後實際可供運用的方法其實已不只一種。傻瓜相機的普及化，已使得測繪工作的工讀生們，可以人手一臺，自由操作。現今數位相機已逐漸全面普遍化，相信不久將來，所謂「地面近景攝影」的測繪技術更可以輕鬆電腦化。近年來更有 3D 雲點掃描，中國科大陳昶良已將之運用於街道立面測繪，只是技術基礎尚未純熟，所建立資料尚嫌粗造，老街保存之建築師仍拒絕使用。

　　此外，由於 AutoCAD 的發展，也使得古蹟測繪圖邁入電腦化。電腦繪圖的熟手，其實能夠輕鬆以電腦刻板的圓弧、橢圓弧，拼湊出自然曲線圖樣來。繪製裝飾圖案，已非技術上可不可行的問題，而是畫一張圖究竟值得花費多少時間。所以在臺灣，甚至到古蹟修復發包作業的施工圖，也普遍見到 AutoCAD 所繪製的圖面。

---

[35] 以下方法為筆者所發明：設：F=鏡頭焦距，O=物距，I=像距，由於相機鏡片對焦移動時，O，I值皆無法測得故設 D 值，即相機底部與被攝物之距離，D=O+I　已知：1/F=（1/O）+（1/I）∴F=OI/（O+I）…①放大率=I/O　∵假設：1）製圖　Scale=1/X，2）以 135 底片沖印 3″×5″ 相片計算，相片為底片的 4 倍∴放大率=I/O=1/4x ∴O=4XI，I=O/4X…②　D=I+O…③計算依據②代入①：F=OI/（O+I）=4XI2/（4X+1）I=4XI/（4X+1）∴I=〔（4X+1）/4X〕×F…④依據②，④代入③：D=I+O=（4X+1）I=（4X+1）（4X+1）F/4X=〔（16X2+8X+1)/4X〕× F=4X+2+（1/4X）〕×F∵其中（1/4X）≒0　∴D≒〔4X+2〕×F ∴X≒〔D-2F〕/4F

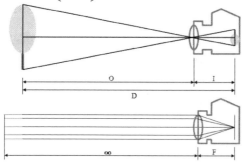

3-2、防潮工程

壁面的白華，通常來自三個方向的滲水，一是屋面，一則是地面，另一則是外面。屋頂防水除了傳統工法之外，自早期起油毛氈、PU 防水層等等，就都經常是修復時所添加的防水材料。至於地面的防潮，則是使用各種防水層，阻斷自牆基往牆身因虹吸作用而上升的水分潮氣。昔時有埋入防水毯的工法，近年則有在牆基面等距離鑽孔灌注防水劑的方法。也有人以埋入電極的方式，分解水中的電解質，來防止白華產生。至於外牆防潮，早期在紅毛城修復工程即有多項嘗試。原本嘗試以表面防水保護層塗刷，但是唯恐屆時表面結成硬塊，不能呼吸，狀況會更糟。因此採用具透氣性的潑水劑，該藥劑可滲入磚石壁體內留存，一遇水則分子迅速膨脹，能立即阻斷水分子的入侵。[36]

3-3、蟲蟻、腐朽菌防治工程

1980 年初期的蟲蟻、腐朽菌防治工程，大都採取舊料以噴灑方式，新料則用浸泡方式，藥劑則用從可樂丹到除蟲菊。1990 年則遇到披覆蒸薰法與藥液灌注法相互競爭的年份。事後證實，對於臺灣的古建築而言，藥液灌注法比較徹底有效。披覆蒸薰大約只適合雨淋板建築。對於新木料，則置入蒸薰鋼槽內，用鉻銅砷劑（chrome copper arsenate， CCA）以真空高壓法注入藥液。凡此種種都是對木料本身的處理方式。

---

[36] 前者為倫敦化學公司 Flexthan 的矽膠塗劑。後者為藍福公司（Blue Circle Co.）編號 WP20 潑水劑。

圖 24 「防蟻盾」工法，藥液注入網管，來阻斷蟻后與工蟻的交通。

圖 26 臺灣家白蟻棲群生活史，蟻后與工蟻需相聯繫。

圖 25 枯木白蟻習性直接棲息於枯木。

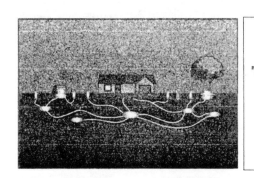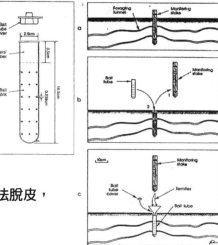

圖 27「誘餌滅巢」工法，透過埋設誘餌使白蟻誤食六伏隆等藥劑，致蟲體無法脫皮，因而全巢相繼死亡。

　　近年來有不同的主張，有人主張 CCA 具有殘毒，燃燒時將釋出毒性，有害環保。故主張取代以烷基銅銨化合物（ACQ）、銅硼化合物

（CuAz）木材防腐劑。也有主張新材直接採用天然樹脂中具有抗腐抗蟻效果的紅檜、杉木等高級木料，或直接以樹脂作為抗腐抗蟻之灌注藥劑。也有主張直接烹煮木料，讓水分脫出，保持乾燥，即為簡便良好的抗腐抗蟻手段。

此外，也有透過環境工法的。如臺北保安宮用的「防蟻盾」工法，透過藥液注入網管，來阻斷蟻后與工蟻的交通。也有更斷然的「誘餌滅巢」工法，透過埋設誘餌使白蟻誤食六伏隆等藥劑，致蟲體無法脫皮，因而全巢相繼死亡。[37]

四、 結語──一點反思

古蹟保存技術發展，至今為止也日新月異。在聚落保存「大稻埕特定區」保存期間，由於警察大學消防系教授簡賢文的協助下，開始對於相關都市與公共安全問題，可以選擇非固定文字法規的審議式方式。這就是後來古蹟保存所規定的，有關消防、結構安全等等上，所需要古蹟保存計畫中提出的「因應計畫」。透過「因應計畫」的審議，得以排除現行法規的若干限制，但仍保障古蹟、都市及公共安全。

古蹟保存工作中，依靠亮眼的保存科學技術，自然是令人稱羨。但是保存的本身仍有其深刻的文化、哲學意涵。若是保有精湛的保存科學技術，但匠師手藝卻全然喪失，那麼也將枉然。然而，匠師手藝的保存則是制度性問題，而非技術或科學性問題，卻也超過本文討論的主題。

---

[37] ①披覆蒸薰：乃用一塑膠天幕披覆整座建築，預先置入一鐵罐，內藏樣蟲一隻，然後灌入汽化藥劑 7 天，嗣後檢查屋內樣蟲是否死亡。殆其死，灌入中和劑解毒，再撤除天幕。②藥液灌注：木料上下左右相距一米，各釘上灌注導管，由下灌注至上管溢出，即為灌滿藥液。37 臺大森林系，2002，《古蹟及木構造建築安全、有效、環保的防治蟲蟻研討會》臺北：農委會。

第二章、澎湖二崁聚落保存[1]

二崁是政府有計畫有政策推動的聚落保存案，他論述形成一定的影響效應。但是在二崁之前，必須談到的九份、鹿港、三峽三個案例。這三個案例的成敗經驗，影響二崁保存論述。

一、前期案例一：九份

九份是個自前清即已知名的金礦村落，1980 年代有一個胎死腹中的「藝術村」計畫，在藝術家未能聚集之前，即因房價飆漲而失敗。

1-1、大竿林社區規劃

然而這類繁華褪散的頹廢礦村，在這種年代通常是地方建設的邊陲，脫落的偏鄉地帶。1989 年的春夏之際，九份大竿林社區的民代和地方頭人們，一齊來到臺灣大學土木研究所找夏鑄九教授。他們說：過去建設經費微薄，每個里每年僅足費用塗國旗。今年好不容易透過各里輪流，累積了數年和幾個里的建設經費，湊到三百萬元，期望夏教授能幫他們在大竿林社區做一個比較像樣的地方建設規劃，而不要再只是塗國旗、寫標語了。

夏鑄九一感動，就當場答應接這項工作，並且承諾不收設計規劃費用。我當時是夏老師的研究生，他這一答應，可把我害慘了，巧婦需為無米之炊。我先找到淡大研究生朋友張興國（其實這群居民之所以會來臺大，都是由他牽的線），還找到兩位熱心的前後屆臺大研究生同學：吳瓊芬和顏忠賢，一齊來當免費義工。另外，還向張景森老師借暑期工讀生名額，張老師也爽快答應，給了我們兩名淡大學生，其中一位即是顏亮一。模型紙板，是我從其他案子的剩餘舊料中取

---

[1] 〈澎湖二崁聚落保存〉一文，曾於 2016，03 刊載於《建築師》（495），pp.96-103。

材；模型底板是自腳踏車棚的廢料堆中找到的。至於，最後報告書的印刷費是怎麼墊支的，我真是記不得了。

夏老師的規劃方法是，先掌握地方特色，先着手一系列的現地調查。小規模的調查結果，是用「建築模式語彙」來發現地方空間品質。規劃報告書最主要的內容，就是九份大竿林地區的「建築模式語彙」。在這時候，發現九份街道紋理竟然是隱性的格子結構，雖有垂直等高線與平行登高線兩種道路，但是同一地點卻可透過不同的格子路徑到達。家屋是沿著等高線興建的，屋前的空地留下過道及平臺，平臺的門口庭經常是極佳的觀景點，居民經常在此種樹、設座椅、涼棚，作為鄰里交誼空間。「櫛比鄰次的家屋」，還透過「我家的屋頂即你家的陽臺」的方式，讓每一家戶都擁有對外賞景的視野。為了期望對九份空間脈絡有更深入的理解，夏老師鼓勵張興國，以九份聚落史研究作為論文主題。

主要實施基地落在五番坑口處，那裏沿輕便路有一片小空地，東西南三面崖壁上緣是較高的基山路，北邊面海。東崖上有一棟可愛的兩層樓紅磚屋，二樓大門開向基山街，一樓緊貼崖壁，有露臺可遠眺北邊海景，並有石階通到樓上基山街。我們的計畫要做一道階梯，將基山街與輕便路，這一高一低的兩條路串聯起來，而階梯的畫龍點睛之處，即是小紅磚屋以及它的遠眺露臺。除此之外，在崖壁下，我們繪製了簡單的社區導覽地圖，至今雖然已湮沒，却成為日後九份導覽地圖的濫觴。

然而社區建設的實質計畫，着實令我們吃足了苦頭。實質計劃需在三百萬元內完成，於是我們草案模型雖然做了涼亭，但是卻忍痛刪除。張興國負責現場監造，結果施工者並未遵照原設計按圖施工，施工結果是走樣的帶回。我們在地方政治與理想之間初嚐苦果。

1-2、九份觀光發展規劃

夏鑄九的免費社區設計，獲得臺北縣長林豐正的讚許，於是撥了四百萬給臺灣大學，期望夏老師能進行「九份觀光發展計畫」。夏老師喜出望外，這個案子錄用了九位助理，數十位工讀生進行了暑期調查工作。當時，我、吳瓊芬，剛提完論文畢業，與張興國一同興致勃勃地重新投入九份工作。

這個案子，夏老師似乎刻意在陪養新血，摒除門派之見地廣納成大、中原、淡江、文化等校的助理和工讀生。日後如許伯元、朱文弘、林鍫、王元山、顏忠賢、顏亮一等等人，都是當時陪養的人才，日後他們都步入實務界、學界成為重要人物。整個團隊，分散住社區各處，幾位主成員住在聖明宮戲臺的地下室。由於住在當地，再加上先期計劃，團隊成員與居民有日常性密切溝通，相處非常好，甚至張興國與王元山二人，幾乎被認為是九份的子孫，甚至阿媽們會呼喚阿山哥（王元山）幫忙家事。同時，團隊也期望社區居民能夠自己組織起來。於是，夏老師似乎太放心了，整個暑假不見主持人到場，他把整個團隊的統御交給張興國、吳瓊芬和我三人。吳瓊芬為統合工作團隊的向心力，設計了一套 T 恤，由團隊成員認購。衣服書寫「夏住九份工作隊」，每一位成員都相視而笑，因為夏天住在九份的隊伍，就是不見夏鑄九。我們把 T 恤帶到臺大，夏老師欣喜望外，立刻說要訂若干件；但須臾間立即發現被開了一個玩笑，他也就無可奈何地苦笑了。

規劃過程，我們曾就九份的遠景去請教許博允、吳念真等文化人。但他們兩位都對此案不抱太大的期望。他們都擔心純樸的九份，失去純樸面貌。不過這與夏老師對於「高級化」「縉紳化」的擔憂，其實是相同的。同時，我們身邊經常跟了一位記者--王晶文，經常參與規劃團隊的討論。他曾經是「戀戀風塵」的男主角，該片的場景也取自九份，相信他對此地也有一份特殊的感情。我也相信，許多九份的

宣傳文字，應該是靠他居中穿針引線的。

　　不過時間過得很快，所有的調查工作都逼近需提出規劃方案的階段。我們幾個成員為了九份的定位爭執不下。過去對於老村落，我們的策略大都是採「民宿小旅館」、「保存修景」等策略。九份礦村，固然少不了「黃金博物館」，但要媒體及旅遊市場上致勝，仍有落差；地方居民也有若干疑慮。朱文弘提出「大學城」構想，讓人耳目一新，也讓當地居民讚許。這個大學城，其實是期望當初擬設立的臺北大學。

　　然而，我們再一次被地方政治打敗。結案報告時，臺北縣縣長換人了，我們於是向新縣長尤清提報告。尤縣長聽完簡報後，大吐苦水，說：縣府庫沒有錢，又抱怨我們沒有提詳細的財務報表，於是基本上是所有的方案都被否認了。此外，由於整座九份礦山屬於臺陽公司的產權，然而臺陽並未管制山坡地上建築的安全問題，我們又對建築管制就教縣長與鎮長。結果，他們針對法令權責相互推托。當然，這結果令規劃團隊是挫折到極點，於是相互討論「我們應為居民留下些什麼？」。

1-3、後規劃時期的九份

　　基於在聖明宮戲臺地下室的經驗，當年九份只有一家麵館，錯過時間我們就得餓肚子。經常我們要先自購食材，然後用王元山的登山炊具煮食。預期因應服務未來的遊客群需求，於是向九份國小旁邊的的阿柑姨進行遊說。因為她那裏有很好的觀景平臺，又經常煮食小湯圓給放學的小朋友當點心吃。同時基隆山腳下，更有一些老榮民種植「芋仔蕃薯」。於是，因就這些資源統合起來，我們請阿柑姨發展多口味的「九份芋圓」，以因應未來的遊客吃的需求，於是九份特色飲食的濫觴於焉開始。

　　九份真正天翻地覆的改變，是在「悲情城市」電影票房暴漲之後。在我們團隊撤離之前，已經看到遊客提着相機，四處探頭探腦的

情境。然而此時遊憩資源卻極度缺如。臺史蹟協會的好友羅濟崑當時
蟄居於此，憑藉他的攝影本領，開始擔任九份的古蹟解說員。於是這
除了張興國、王元山的碩士論文外，又多了一種素人觀點的景觀詮
釋。同時，作為社區居民的一份子，羅濟崑會傳達原規劃的理念，形
成我們的無形助力，直到他返回宜蘭定居為止。

不久後，一位來自臺北的洪志勝老闆，在豎崎路與基山街交口
「翁山英故居」，改造了一棟老屋作「九份茶坊」。他的服務人員不
僅都穿上古色古香的唐裝，他更把平日蒐藏的古董都投入茶藝館的裝
潢布置，我在他店裡廁所見過青花瓷的尿斗和蹲式馬桶。嗣後他還找
來一些藝術家，來發展創意陶瓷茶具。這個茶藝館是個好的開始，他
讓九份人對自己故鄉的景觀產生信心，也讓他們逐步瞭解遊客的消費
品味。

延續著規劃時期，多次與九份社區成員的互動，社區有組織的自
動自發活動，亦逐步展開。九份義工隊開始自我打掃行動，這項活動
跨越了即有的鄰里系統，一時使得里長們非常緊張，以為自己的地位
將被架空。

日後，透過林鍪在劉可強老師的城鄉基金會，不改初衷的努力
下，才將九份與金瓜石作了聯盟，仿日本「佐渡金山」，由許伯元担
任建築師建造了金瓜石「金礦博物館」，同時也修復了殘破的「昇平
戲院」。當年規劃書的其中之一的旅遊發動機，才算真正落實。但
是，事實上，九份的觀光吸引力，早已經不需靠金礦的傳奇，才聲名
遠播了。

圖 1 九份山城(照片取材自網路
http://chenseanho.blogspot.tw/2012/
03/blog-post_5004.html

圖 2 九份遠眺海景(李麗雅攝影)

圖 3 九份基山街(照片取材自網路
http://tour.tpc.gov.tw/page.aspx?w
tp=1&wnd=136&id=1248cd0f0e00

圖 4 九份豎崎路(照片取材自網路
http://0224966363.tranews.com/S
how/images/News/3271992_1.jpg)

圖 5 金瓜石黃金博物館（照片取材自網路 http：
//www.levitevillage.net/map/21.htm）

　　對照今日的九份繁華情景，當時我們規劃報告被打槍，新縣長拒絕前縣長的承諾，從縣府到鎮公所無一願意承擔，我們必須承認在地方政治的環境下，規劃是徹底失敗了。然而九份真正天翻地覆的改變，卻是當時最不願它改變的吳念真，他的「悲情城市」電影一手促成，讓九份失去昔日純真。九份的故事無法一天說完，但它日後沒有走樣得太離譜，事實上是靠着眾人的持續關心，和如同接力賽的長跑下去。然而這種持續關心，事實上與規劃過程的民眾參與，以及夏老師願意廣納百川有關，以便讓日後各種社會力量能夠適時地自行發展出來。

二、前期案例二：鹿港

　　九份規劃後，我接到文建會為籌備文化資產研究所的聘約。我必須說，當時頗受器重，除了籌備文化資產研究所外，還協助一處二科

（文化資產科）的古蹟業務。當時的黃素娟科長，凡是有古蹟危急問題，都會找我參與協助，我則與有榮焉。

　　有一回，保存規劃許多年的鹿港發生問題。先是保存區發生淹水，令居民苦不堪言，再者房屋修復狀況不佳，缺乏紗窗、遮陽，路燈不足，修復的舖面、窗櫺用了北方式取代了當地形式，等等不勝枚舉。凡此種種激怒當地居民，於是集體上臺北來包圍文建會陳情。當年的集會遊行尚未成熟，雙方都十分緊張，因此那天我們下班，是無法從辦公大樓的門口出門的，只能從地下車庫門口出去，文建會同事們都備感壓力。其實，文建會對文化資產的主管是「綜合性業務」，鹿港保存修復工程不佳，應不屬於文建會的業管範圍。「鹿港古蹟保存區」當初也不屬古蹟主管的內政部業務。而保存區第一期的瑤林街、埔頭街是則由當年的臺灣省政府劃設，係屬省政府主管業務範圍。當然，民眾包圍的是文建會，內政部和省政府當時是採噤聲觀望的態度。

圖 6 漢聲雜誌為當年的鹿港事件
所做的專輯插圖

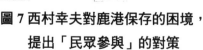

圖 7 西村幸夫對鹿港保存的困境，
提出「民眾參與」的對策

　　鹿港一案，文建會雖然不是業管單位，但行政院長卻責成文建會善後。文建會於是就「綜合性業務」廣邀內政部、省政府，以及學者專家、民間團體一同下鹿港會診。當時，樂山基金會執行長邱如華，特別邀請了日本町並保存專家西村幸夫教授來臺，一同參與鹿港會勘。一番觀察後，西村指出「民眾參與」是鹿港這類聚落保存的良方。同時，指出僅派一名駐地監工，絕對無法有效地進行社區溝通。於是，夏鑄九與西村以及鹿港案的規劃者閻亞寧三人，針對鹿港未來的修復保存策略細節，作了許久的交換意見與討論。這些經驗後來都積累到文建會的《古市街與傳統聚落保存方式之研究》一書裡。當時，我特意問西村一個問題：「民眾參與，對於町並保存有什麼特殊的文化意義嗎？」他用不解的表情回顧說我：「那是屬於他們的財產和文化呀！」這讓我見識到了日本式的民主，是深入到文化保存層次了，值得我們省思。

　　至今，鹿港老市街逢年過節，遊客如織的程度，不亞於府城臺南。參與修復保存工作的建築師，也不再只限於當年閻亞寧所屬的漢光事務所。但似乎當年的問題，已經透過良好的民眾溝通，而獲得徹底解決。

三、澎湖西嶼二崁村：

　　雖然內政部對於「澎湖民俗村」一案，雖已選定西嶼二崁村，然而正在評估而猶豫不決之時，文建會主委郭為藩似乎急欲有所表現，立即認養下這項工作，並且指示新成立的「文化資產研究所籌備小組」着手策劃，於是這項工作就落到我身上了。正好這時郝伯村內閣正要推出「六年國家建設計畫」，我於是就把二崁村的工作內容編入「國家建設中長程計畫」。在撰寫這項計畫時，正逢李登輝總統提出「生命共同體」文告之時，而我個人認為若要達成「生命共同體」，民眾參與的民主歷程是絕對必要的。即然總統發了話，我的計畫就會

如此落實。而計畫裡須先三項先期主要工作項目：

（1）蒐集和積累國內外古市街與聚落保存的經驗與理論

在當時，無論九份、鹿港都不能算是成功典範，但是就以日本西村幸夫教授就帶來了許多成功的有趣案例，廣納保存經驗和累積理論是首要工作。

（2）修正文化資產保存法

當時的文化資產保存法只有籠統的古蹟一項，對於涉及眾多民宅，景觀控制，城鄉領域，甚至居民生活的部份，並無充分的法令工具，亟需修法才能方便政策實施。

（3）西嶼二崁現地的保存規劃

保存規劃需有幾個層面，一是全區性整體計畫，劃出需修復的地方、需重建的地區、需改善修景的地方等等。一是保存修復的準則，透過建築史與民俗研究，瞭解一組完整的房屋及生活空間，需投入那些人造設施，並且充分與地方工匠合作。一是示範計畫，基於九份與鹿港的經驗，先進行一兩棟示範性修復，讓鄰居們品頭論足，有助於修正原本的設計錯誤，更有助於社區爭相仿效與政策的推行。同時營造過程，需由地方傳統工匠參與施工。一是管理營運計畫，旨在培育社區經營能力，意圖在於政府實質建設完成後，社區能順利接管。凡此種種，都許要一組長期駐地的工作團隊，所以邀標書中（RFP），有一條就是要求設立「駐地工作站」。

究竟當時我是菜鳥公務員，經驗欠缺又文筆不佳，中長程計畫提出後沒多久，就因為計畫寫得不好被打回票。但是，不久後又透過澎湖籍立法委員陳奎淼等人的戮力幫忙，才將這一項澎湖縣唯一的六年國家建設計畫，爭取回來。

這三項工作，本來應是要依照 1.經驗與理論研究 2.修法 3.實質規劃的次序，但是六年國建所提供的時程不多，我們必須三路同時進行。計畫總算上馬，二崁三支箭應要逐步實現。然而修法是文建會自己的事，即使郭主委非常急切，但當年在立法院通過法案是一條崁坷

之路，事實證明修法時程是漫長的，直到我離開文建會後，還在民間力量和政界的協助下，由私有古蹟促進會的李嚴秀峰女士帶領，通過了若干條的「民間版文化資產保存法」，修法才獲階段性成果。於是，另外兩項工作就先行展開了，我採取了委託研究方式。

第一個委託研究是「古市街與傳統聚落保存方式之研究」，有臺大組（夏鑄九）淡大中原組（米復國、喻肇青合作）兩組來競標，結果臺大組得標。第二個委託研究是實質規劃，結果只有淡大米復國組來投標，本來預期會來的漢光建築師事務所（閻亞寧）以及成大（傅朝卿）都放棄沒來，於是就由淡大組得標承辦。

3-1、古市街與傳統聚落保存方式之研究

有關古市街與傳統聚落的保存，在日本稱作「町並」保存，當時日本觀光協會等，已流傳兩種保存的教戰守策。此外，Donald Appleyard 的 "The Conservation of European Cities" 是都市計畫界的經典。

對於保存方法的知識性追求，其實是我的一點小小的私心。原本為籌備文化資產研究所，除了依據前位計畫外，就很想委託翻譯幾本經典保存論著，作為創設新機構的基本藍圖，但都沒有成功；但《古市街與傳統聚落保存方式之研究》算是為這件事積累的第一本了。

這本報告書內容架構，除第一章前言外，第二章起，分別蒐集國外：義大利伯隆拿、日本妻籠宿、美國紐約小義大利區、南韓東河回樂安邑城、新加坡牛車水等個案，國內：鹿港、三峽、迪化街、九份、卯澳、澎湖、舊好茶、野銀等個案。第三章，則探討制度性課題，第四章提出制度性建議。

實質上的健議，大約可約略歸結為以下各點：

（1）文化資產保存，應視為城鄉均衡的社會與經濟政策的一環。

（2）古市街與傳統聚落保存，應重視民眾老屋再利用的需求，以及公共設施更新的投入。

（3）應運用民眾參與作為保存過程中的溝通工具，化阻力為助力，並培養鄉土意識。

（4）保存工作應尊重集體記憶和當地固有的常民生活文化，避免主流文化或中原中心的偏見。

（5）保存計畫須考慮地方的振興，須因應地方發展與建設的需求，並對保存所產生的限制作完善的補償。

（6）保存計畫須依循地方性營造體系，並提升傳統工匠地位。

（7）保存行政體系應統合各單位的本位主義，並簡化煩瑣的手續。

這本研究，為避免研究結果偏差，我採取以前宜蘭縣政府對委託案的監督策略，每個月至少兩次參與受託研究單位的匯報。所以基本上的架構，並無偏離文建會，能真正支援制度性改革的要求。只可惜，報告中所歸納出來的建議修法條文，在現實上，能夠真正落實到修法條文中的，實在很有限。但是，若就各國案例的蒐集，以及國內經驗的彙整而言，應該至今仍具參考價值。

3-2、二崁保存的實質計畫

實質計畫是由淡江大學的米復國承擔主持人，當時他才剛經歷三峽古市街保存的敗積，能夠承擔二崁案，我滿心期待他能在本案反敗為勝。米老師另選擇了臺灣大學的劉可強為協同主持人，又選了具有九份案經驗的吳瓊芬作為專案負責人。米復國團隊依約設立了駐地工作站，在當地租賃民宅，駐地團隊成員大部份時間待在澎湖，需辦理公文等事才回臺北。然而前述整個實質計畫是分作若干部份，以下分作敘述：

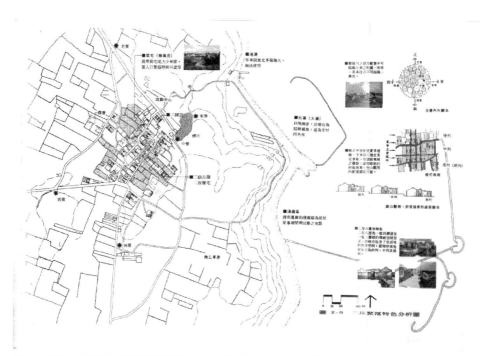

圖 8 二崁村古厝群以及周遭相關的文化地景元素，如：五營旗、石滬、菜宅等，也都是應保
護對象

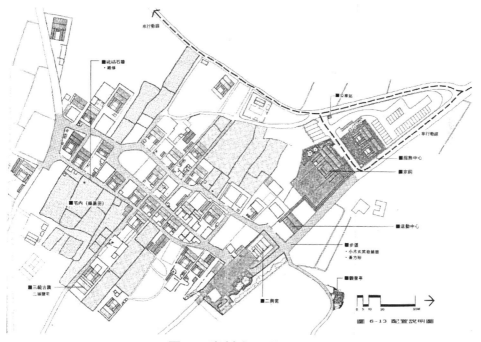

圖 9 二崁村古厝群配置圖

3-2-1、二崁全區保存計畫與保存修復準則

　　米復國是擅長建築類型學的學者，在制訂保存修復準則方面便能發揮所長。他先針對二崁全區篩選出應保存修復者，應重建者與應改建者，作出標示區別。然後研究二崁當地古厝民居的傳統形式、興建歷程。透過興建歷程的研究，他發現二崁民居量體的成長歷程：一落二欅頭、一落四欅、三界廊等等，逐步擴張。於是米老師便將這類型演化成形態學圖譜，透過這圖譜，修復建築師可與屋主商談擬修復的規模和形式，而商談的基礎正是歷史的建築類型學元素。這種做法，正符合 1975 年伯隆拿採用的歐洲典範。

　　此外，米復國還更深入地模擬出各種生活設施，建築構造，立面造型的種種，變成可供選擇替代的空間元素。例如：見光半截的牆面，臺度可採用七包石或五包石或龜殼紋等等選項。這些都是二崁當地曾經用過的元素，於是，不再會犯鹿港用同一種外地窗櫺形式，套用在所有在地古厝的缺點。這樣可供選替的空間元素的方法，在日本的倉敷市保存區也曾運用過。

　　米復國還特別注意到，二崁村的周遭與民俗及產業相關的文化地景元素，諸如：五營旗、石滬、菜宅（蜂巢田老咕石牆）等等，也是應保護對象。

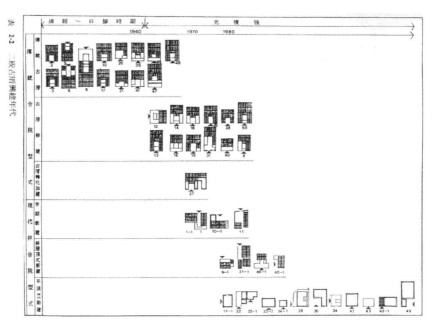

圖 10 二崁村古厝興建年代與建築形態變化

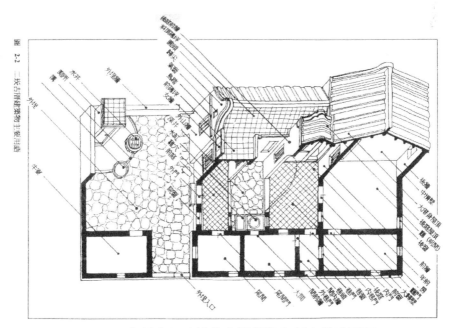

圖 11 二崁村古厝建築物空間部位名稱之當地用語

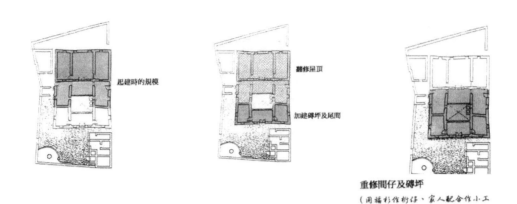

圖 12 二崁村古厝興築修改建歷程案例舉隅

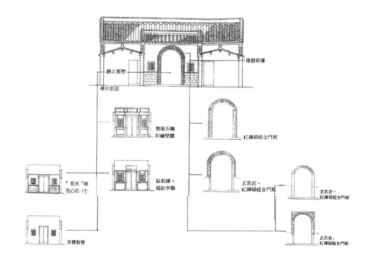

圖 13 二崁村古厝立面建築空間元素（1）

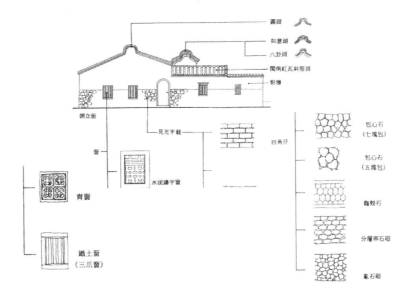

圖 14 二崁村古厝立面建築空間元素（2）

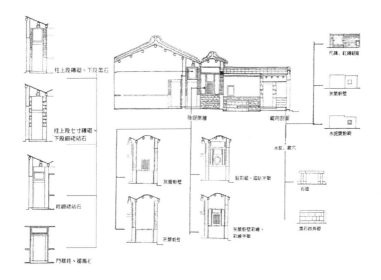

圖 15 二崁村古厝立面建築空間元素（3）

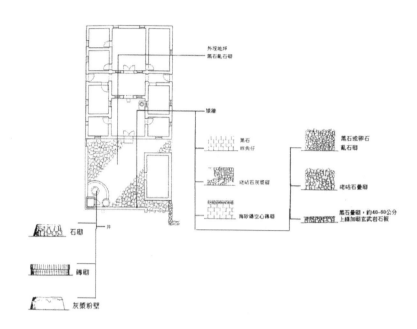

圖 16 二崁村古厝立面建築空間元素（4）

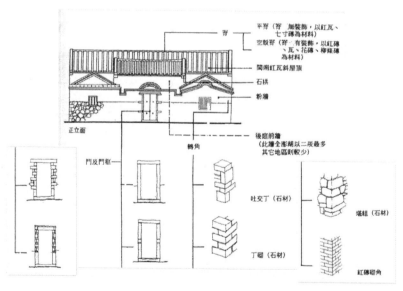

圖 17 二崁村古厝庭院設施建築空間元素（1）

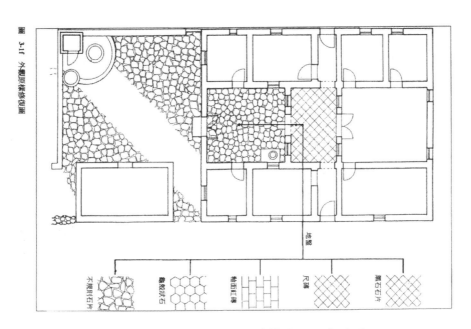

圖 18 二崁村古厝庭院設施建築空間元素（2）

3-2-2、二崁各別家屋的保存修復與傳統匠師選聘

　　不過，修復工作真正重任，仍需落在優秀的傳統工匠身上，探訪當地能承擔營造任務的傳統匠師便成一件重要的事。在這方面，吳周維崇，由於他的興趣與投入，幫上了大忙。先是訪尋到李扶師，他已經七十多歲高齡，但他承諾願為本鄉當顧問。於是團隊再到鄰村小池角訪尋到烏龍師，但烏龍師也屆六十歲之譜，他仍承諾本案，並推薦當時年約四十歲的徒弟顏必亮來承攬工程。顏必亮有營造業土木包工牌照，再承攬執業上方便許多。

　　李扶師年事已高，不再方便實做，於是他透過做模型來傳授技術給兩位比他年輕的司傳，並且教授大木口訣，如：「大廳一丈五尺八尺，前後桁筒一丈加四五。」修復時，石牆很容易倒塌，烏龍師則示範如何砌石牆，他能很快在在地面羅列的一堆石頭中，找到最適應當的一顆石頭，立即砌在牆頭上而且不倒。李扶師不久過世後，就靠烏龍師師徒二人來進行二崁的修復營造工作。

　　找到傳統匠師，直接承攬修復工作，在二崁是個特例。先期計畫由漢光建築師估算每戶古厝修復費用是，全修 150 萬元，半修 90 萬元，小修 60 萬元，但是似乎估得太低。剛完成之三級古蹟二崁陳宅，預算是 3,400 萬元，實際修復經費則是還要逐年追加。但是那是古蹟，不是傳統聚落古厝，細緻程度自然不可同日而語。規劃團隊初步估價一座二崁古厝家屋的費用約 340 萬元，縣府壓低底價為 300 萬元，而顏必亮則最後以 250 萬元修復一棟的價錢得標；而另一家競標營造廠，則以 400 萬元落敗。

　　尋訪地方傳統匠師參與修復，不僅可以讓傳統工藝得以傳承，傳統匠師得有生計，而且還可以罇節經費。只可惜顏必亮司傅在二崁第一期完成後，第二期沒再能承攬，日後他卻在金門聚落保存工作得意。

圖 19 當年內政部的三峽古市街保存失敗，後來文建會的二崁案成功，而主持人都是米復國。

圖 20 當年三峽保存失敗後的「告別三峽老街」專輯

圖 21 二崁在 1994 年的「全國文藝季」「菊島古蹟頌」中嶄露頭角，米復國一雪前恥

3-3、二崁模式成為文建會模式

至目前為止沒有談到的是，二崁個案是地方社區力量如何被撼動起來，衰老的小村又如何重新充滿朝氣活力。平心而論，真實的在地文化，仔細品味起來是不輸給殿堂文化的，端看這股力量如何被誘發出來。

1994 年的「全國文藝季」輪由澎湖縣辦理，澎湖縣以「菊島古蹟頌」策劃系統活動。於是團隊提出建議：何不利用文藝季時，讓臺北的文化人來到二崁村，見識到地方文化的熱情。劉可強也從臺大城鄉所帶來的一群專長於社區規劃的研究生，沈又斌、吳欣隆等人，來協助這些工作。

　　原本懵懵懂懂的居民，被責備一頓後若有所悟，於是一堆地方性點子就如泉湧而出。鄰里開始分工合作，「二崁媽媽」全部出列，每家每戶提供不同食材，做出各種糕粿、炸棗、土豆粿等等，為「二崁之夜」準備晚餐美食。同時也透過吳瓊芬的鼓舞，居民也組織了康樂隊，演練晚會節目，包括戲劇和歌唱表演。同時旅臺鄉親也協助聯絡廟會節目的團體。

　　1994 年 3 月 5 日至 6 日的「全國文藝季」，澎湖縣政府策劃的「菊島古蹟頌」系統活動，以 5 日早上的「古市街與傳統聚落的保存座談會」為開場，文建會申學庸主委、陳其南副主委、陳以超處長皆在場。傍晚則驅車到達二崁，開啟了「二崁之夜」晚會，居民熱情地提供各種地方點心作為晚餐，同時上演了自編戲劇、歌仔戲、褒歌等康樂節目，表現出真摯的內涵。當時我已離開文建會會一段時間，吳瓊芬在晚會上，向大家介紹了我，說是本案幕後策劃人。夜間，大家分別夜宿各戶民家。6 日的早上在二崁村二興宮廟埕，「菊島古蹟頌」正式開幕，二崁又展現精彩的舞獅站梅花椿，以及王船祭等節目，美不勝收。

　　但是 5 日夜晚，大家已經感覺到二崁民間力量的暴發力。這不正是李總統「生命共同體」所期望的民間力量嗎？作為李總統文膽的陳其南副主委能沒有感覺嗎？於是他私下把我拉到一旁，緊張地說：「乃齊，我們做對了嗎？」「副座，你說的當然是對了！」我回答，於是他對這「二崁模式」滿意地微笑了。6 日早上的開幕典禮，申學庸主委於是宣布大會的成功，並且說，從此以後「二崁模式就是文建會模式」。

　　在此後不久，文建會的「社區總體營造」政策就上馬了，這對於我和二崁團隊而言都有一個默契，「二崁模式」其實就是「社區總體營造」的前身。而對於內政部古蹟科趙文傑科長而言卻有不平之鳴。因為內政部指定的三峽古市街保存失敗，主持人是米復國；而文建會的二崁案成功，主持人仍然是米復國。這不暗示了內政部的行政能力

不及文建會嗎？趙文傑說：「三峽是都市，二崁是鄉下，不可同日而語。」但他還是不知道文建會二崁案成功真正的秘訣在那裏。

3-4、灰姑娘的南瓜車—二崁的經營管理計畫

文藝季是讓二崁風光了，但是背後是靠著文建會出資源支持。但是若無這資源，二崁仍能否自存？這考驗這個保存計畫，是否真的讓村民自覺了？真的把社區動員起來了？而這事情的真實考驗，就在二崁案的後期發生。郝內閣下臺後，六年國建計畫被重新檢討，許多案被刪減預算，二崁案也不能豁免。在預算縮減下，二崁許多原本的計畫都停滯，駐地團隊也被撤了。

二崁於是沈寂了一陣子，二崁協進會理事長陳榮一很有挫折感，於是報請了陳氏祠堂的修建案，竟然被批准了。因為有祠堂案，老搭檔的周維崇可以藉監工的機會，重新來到二崁。於是兩人在二崁有密切交流的機會，一次交談中，陳榮一便不停追問周維崇如何重新振興二崁經濟，周於是回答說：以前大家討論過的點子和策略，都紀錄在「經營管理計畫」的報告書裡，是該拿出來用的時候了。

嗣後陳榮一在蘊釀一陣子後，開始在每一家戶門口寫了一些「褒歌」體的解說牌。作為私塾教師兒子的陳榮一，褒歌都用閩南語的律詩絕句或對聯寫出來，雅俗共賞，又十分貼切。在裝炸棗（當地每一位婦女都會做的一種小點心）的牛皮紙包裝袋上，用印章蓋上廣告詞：「金光蹦蹦丸，唐山過臺灣，著靠這兩丸。」逗趣又不俗。此外更為各家各戶用瓦片寫解說牌，其結果是吸引了許多遊客來參觀。他為二崁這個以採漢藥材起家的村落所寫的解說牌裡，涉及臺南參藥行老闆故鄉故事，引發所有旅遊團體的興趣，竟成為參觀澎湖群島必到的旅遊景點之一。

一旦有遊客就有了財源，「二崁媽媽」於是發揮作用，比村裡意見領袖的叔伯們都有用，點心做了 100 點，一個早上就賣光，花菜乾成為名菜，土豆粿也不在話下。二崁媽媽都開始懂得做生意，產品與

攤位如雨後春筍。而陳榮一幫忙大做生意的方法，就是褒歌館，解說員和解說牌。

　　當然，社區裡除了二崁媽媽外，也有一些創意手藝不足的老人家。於是由二崁陳姓宗親會各房統籌成立公司，第一次募資 100 萬元，開始思索文化創意產品的創發與生產。因為過去二崁陳氏宗親從事漢藥材業的關係，所以創意發展就從兩種產品，一是二崁傳香，一是杏仁茶。杏仁茶是傳承村裡漢方配方，風味特別。二崁傳香則是由天人菊、艾草和海芙蓉等草藥製成的蚊香，有一個船形香盤，蚊香薰完須關門窗，因為它只能薰昏蚊子，殺不死蚊子，因此是一種環保概念的蚊香。這些都是遊客伴手紀念商品，而且它可以聚集社區老人們一齊來搓蚊香，能讓無手藝的村民賺取零星的生活費，讓地方產業產生下帶作用，利益均霑。

　　此外，逐步也有旅外青年陸續回村，甚至如陳進時曾經學過懷石料理，同時用祖先的方子，研發了如今著名的二崁杏仁茶。如今每年旺季，平均每天有 20-40 輛遊覽車來二崁村參觀，不僅古厝民居提供民宿，宗祠後落也都須開放住宿，供不應求，經濟規模已堪自給自足。二崁已走出先前的低潮陰霾。

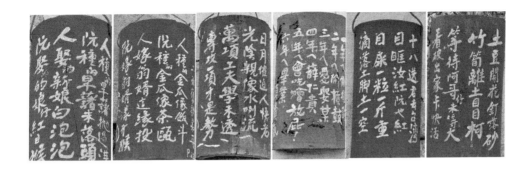

圖 21 二崁家戶門口用瓦片書寫的閩南語褒歌解說牌，述說二崁的動人故事
（照片取材自網路 http：//maluchunchun.pixnet.net/blog/post/89151547-
%E3%80%90%E6%BE%8E%E6%B9%96%E3%80%91%E8%A5%BF%E5
%B6%BC%E3%80%82%E4%BA%8C%E5%B4%81%E8%A4%92%E6%AD
%8C%E9%A4%A8%EF%BD%9E%E4%BE%86%E4%BA%8C%E5%B4%8
1%E3%80%80%E5%94%B8%E8%A4%92%E6%AD%8C）

圖 22 二崁傳香是發揚固有知能，又能結合本鄉父老鄉親勞動力的創新產品
（照片取材自網路 http：//www.pcstore.com.tw/z-come-go/M11120812.htm）

四、結語—秘訣在哪裡

若說二崁經驗有何值得誇耀之處？我必須說，在我而言「二崁模式就是文建會模式」，而文建會模式其實就是「社區總體營造」。也就是說二崁經驗，為日後通行全臺灣的社區總體營造版本的鄉村建設政策，並為此建立了經驗基礎。

然而二崁經驗要訣不外乎《古市街與傳統聚落保存方式之研究》所強調的：均衡城鄉落差、老屋再利用及公共設施、民眾參與、尊重集體記憶、振興地方產業、並且聘用傳統工匠施工、簡化煩瑣的古蹟保存手續。然而它與九份案命運相同，雖有點不幸卻是大幸之處，在於他們居民都受政府政策中途斷炊的衝擊。這使得當地居民，及早能真正自覺，必須拒絕政府的奶水，自求多福，嗣後竟然自己闖出一片天地來。然而居民的信心，關鍵點來自於當初的駐地規劃團隊與社區居民長時間互動與鼓舞，這種陪伴過程是振衰啟蔽不可免的共同經驗。

若對於共產黨而言，在地工作團隊、民眾參與，下一步則是鬥地主，造反搞革命。但對我們保存工作者而言，無論伯隆拿「整合性保存」的主張是：人與石頭一併被保存；或是日本「町並保存」強調造町運動則是：街道的房屋與人都要一起被造就。我們不砍掉任何一個階級，而是整個社區的居民都保存下來。這時的「人」似乎是個新鮮話題，有形文化資產的保存的硬體建設，原來要跟著「人的自覺」的社會建設綑綁再一起；只有地方居民存在，聚落才是活的。這也許是「生命共同體」的真諦所在。

第二篇

建築物語

第三章、臺灣閩南建築的大木作架棟結構特色[1]

一、閩南人與閩南建築

臺澎地區建築，素稱以閩南式建築為大宗，而閩南建築在地區風格上有其獨特性。臺灣的閩南式建築，隨著福建移民閩南族群傳入，與相鄰的潮汕、客家風格相近似；與閩東福州地區、閩北建州較為不同；與廣東建築，甚或江浙、徽州等地區，則差異更為。本文所要強調的是，大木架棟上使用瓜筒，的這一組地方風格。在此，本文意圖從人群談起，以期界定閩南族群與閩南建築。

1-1、閩中漢人移居歷史

歷史上的福建，在漢武帝時期，閩越國數度叛變，亂平後人民被強迫遷往江浙地區，閩中人口一度空虛。東晉永嘉年間，士族南遷，但主要落足於江南平原；閩中等山區人口依然稀少[2]。唐末黃巢之亂，穿仙霞嶺而入閩中，但劫掠而過嶺南，未作停留。而淮陽人於唐末動亂之際，吏軍成群自光州、壽州沿贛州南下，出潮州而抵漳、泉，定居於福建。以往歷史中，遷往福建之移民多越過分水關，以定居閩北建州為主。而此次移民自潮州、漳州、泉州而至福州，以福建南部為主，而且遷入之人口佔當時福建總人口約 1/5，帶入北方文化，促成影響不小，亦成為「閩南」文化的濫觴[3]。唐末至五代初期，福建的統治王朝為淮陽固始人，王潮、王審知、王審邦三兄弟所建立的閩國。前

1 〈臺灣閩南建築的大木作架棟結構特色〉一文，曾於 2014，09，10-12，南投中寮舉行之「2014 建築史研究會」發表過。
2 徐曉望 主編，2006，《福建通史》1 卷，pp.113-118，pp.211-215，福建人民出版社，福州。
3 徐曉望，2004，〈北方移民與閩南人的形成〉《閩南史研究》，pp.16-38，海風出版社，福州。

後統治 52 年歷史，曾經有斐然的政績。尤其以，被唐冊封為瑯琊王、忠毅王的王審知，其統治期間為最盛世[4]。

　　唐朝曾有陳政、陳元光父子開闢漳州的歷史，陳元光被民間稱做「開漳聖王」，而其所對抗的是南福建的少數民族—蠻獠，或稱為畬族。但是南宋至元代，因為抗元或天災，大量漢民移入山區，漢畬兩族共處，甚至一起合作抗元。兩族相處期間，必定產生許多文化融合，甚至建築技術之交流。

---

[4] 徐曉望 主編，2006，《福建通史》2 卷，pp.66-94，福建人民出版社，福州。

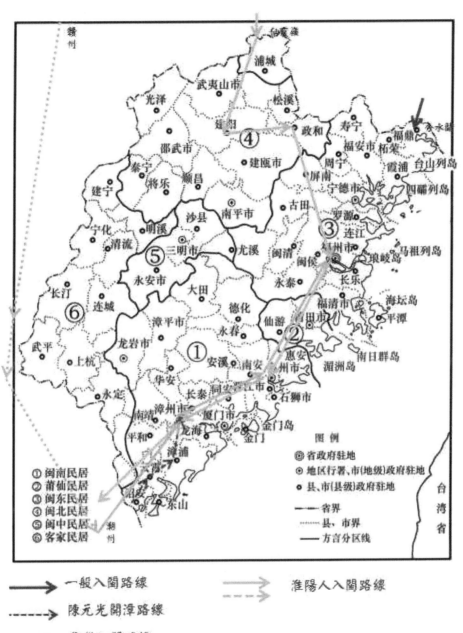

圖 1 各時期漢人入閩路線

1-2、閩南建築的幾個先期案例

（1）　福州華林寺大殿

閩國時期，並未留下建築遺構，但在五代時期福建的下一個統治者—吳越國的統治時期，留下了福建最早的木結構建築—福州華林寺大殿。其面闊三間，進深五間，用十八根大柱，用通柱造，橫枋縱橫穿入柱中，而非纏柱造或插柱造，用鋪作帶轉換上下兩根柱子。華林寺大殿採廳堂造做法，而非殿堂造，極為特別。

圖 2 福州華林寺大殿

圖 3 日本長崎黃檗宗崇福禪寺

圖 4 柱子腳茨類型(白河)

圖 5 架筒茨類型(頭圍、白河)

圖 6 大茨類型(金包裏)

圖 7 廟堂類型(臺南)

（2）日本的奈良東大寺大佛樣建築

再者，據傳為福建地區傳入日本的奈良東大寺大佛樣建築[5]。其特色也是用通柱造，橫枋縱橫穿入柱中。此外，奈良東大寺南大門，其斗拱用偷心造插拱，拱出七跳，栱按跳數增加承斗數。此種做法，後代較為少見。

（3）日本長崎黃檗宗崇福禪寺

另者，日本長崎有一座約於明代傳入的建築--崇福禪寺，據傳是自福州地區黃檗山地區傳入的建築[6]，但是建築風格不似清代以後的福州建築，反倒接近的閩南建築風格[7]。換句話說，明代以前福州地區建築以閩南風格為主。

1-3、 人類學角度的建築發展軌跡

洪文雄意圖從人類學角度討論建築文化發展軌跡[8]，而以（1）柱子腳茨（2）架筒茨（3）大茨（4）廟堂，四個層次來說明這套構造系統，連綴出由簡而繁的一個發展歷程。然而這項發展，在真實的歷史

[5] 中川 武 編，1990，《日本建築みどころ事典》，pp.146-147，東京堂，東京。

[6] 中川 武 編，前揭書，pp.240-241。

[7] 葉乃齊，2013，JUN，22，〈從福建到臺灣的建築木結構〉，2013 臺灣建築史論壇，主題：「亞洲涵構中的臺灣建築與都市」，東海大學，臺中。

[8] 洪文雄，1983，〈從現存實例及臺灣工匠探討中國傳統穿鬥式屋架的演變〉《東海學報》24卷，pp.547-602，東海大學，臺中。

裡，需尋找到可對應的史事。經由前述移住民史的耙梳，我們或可發現，元代志明初，漢畬交處的年代裡，或許有一個粗獷文明與精緻文明交流的機會，經由文化交流到文化融合，逐漸孕育出一套新的構造系統，而不同於前代。我們前述排比的三個關鍵案例，似乎也提供類似的答案。

二、閩南式建築之木構造形式章法

本文所討論使用瓜筒的大木架棟，則都屬於廟堂層次。結構上總歸是，幾道平行的大壁系統，支撐著屋桁。若就閩南式大木架棟系統的構造及結構作用的特色而言，大約可歸納成幾項重點：

（1）用木架棟形成大壁系統，去支撐屋面桁檁，形成結構的系統，也形成空間的組織基礎。

（2）樑枋使用穿榫，貫穿柱心，強化柱樑節點剛性。因此大壁之木架棟，採用格子形門架，放棄斜形構件，是一個形式重點。圓形通樑兩端削成扁形斷面，以魚尾叉納入柱子的矩形榫口，是另一個形式重點。

（3）遇有斜向應力需求時，則有以下構件，

1.斗栱：用於柱子、瓜筒與壽樑上；

2.花材插角、員光（彎拱）：用於樑與柱之間；

3.束、彎板：用於前後桁檁間；

（4）木架棟樑柱之間用榫接，只能產生鉸接點，但於門架需用剛節點時，則需用多層次的鉸節點，來形成類似的剛節點。因此我們在對一個節點判斷它結構作用時，必須觀察整組架構，才能做最後的理解。

出榫與出步

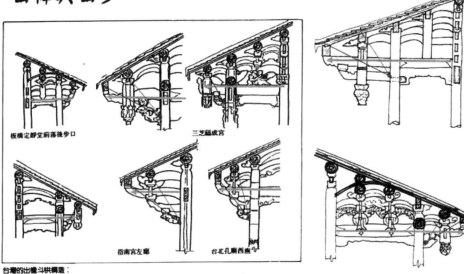

圖7 簷口、步口是出榫、出步結構表現之處，目的在於以栱（榫）及後帶步通梁提供彎矩力，並以疊栱、插栱將出挑的屋簷載重收束到柱身，如標線所示（底圖引自李乾朗，1995，p.72）

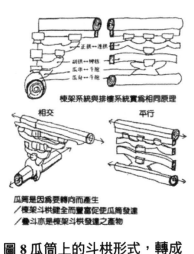

圖8 瓜筒上的斗栱形式，轉成為「五彎連枋」的形式（李乾朗，1995，p.66）

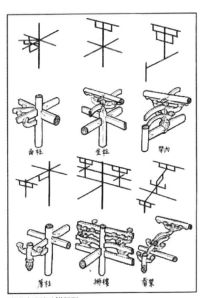

圖9 斗栱是柱子上枝枒的隱喻。
（李乾朗，2001，p.14）

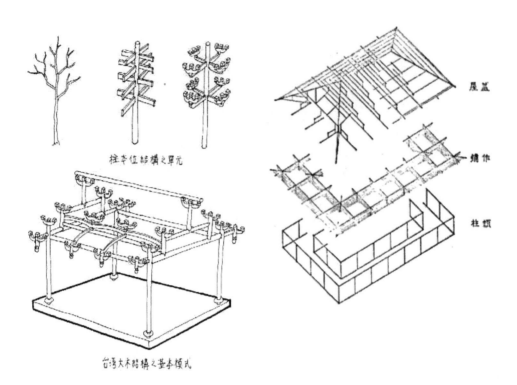

圖 10 閩南式建築整棟建築用通柱，是座森林的隱喻。(李乾朗，2001，p.13)

圖 11 北方官式的殿堂式建築是採屋蓋、鋪作、柱額三段式結構。(圖引自陳明達，1981，圖版 p.XIX)

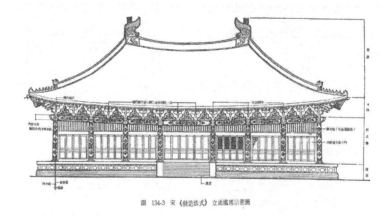

圖 12 宋式北方官式建築大抵是蓮花的隱喻。屋簷起翹為蓮花瓣隱喻，鋪作為蓮花朵朵的象徵，柱身為蓮花莖，柱礎刻有蓮瓣，臺基的束帶上下則各刻有仰覆蓮。（圖引自劉敦楨，1980，p.232）

（5）用前述的方法，形成大壁的門架、排樓面門架、屋桁面門架等，總體性的穩定。

1.大壁的門架：

Ⅰ.架內架棟：瓜筒與金柱、樑間，採用束、插角、員光，做門架的斜向穩定，瓜筒騎在圓形通樑之上，是一個形式重點。

Ⅱ.步口架棟：瓜筒、斗座、束、步通、步柱，形成架內架棟的側翼穩定。

Ⅲ.簷口斗栱出挑：栱、束，多層偷心造斗栱出挑，形成三角形力線，將簷口荷重轉向柱子。

2.排樓面門架：將簷口斗栱出挑的形式，轉成側向的一斗三升，成為「五彎連枋」的形式，或其他簡化形式。③屋桁面門架：以疊斗方式，將簷口斗栱出挑的形式，複製在瓜筒、斗座之上。斗栱上以機舌承接桁檁，將桁檁兩頭荷重，轉由通樑承接。

（6）簷口出挑、五彎連枋、瓜筒上的斗栱，都以相似的形式出現，只是方向、不為不同[9]，李乾朗認為這是柱子上枝枒的隱喻[10]，使不同作用的結構構件，形成一套統一的形式語法，好讓整棟建築成為一座完整森林的隱喻。

（7）若取南北朝以至隋唐的木造建築，作為對照，便可發現：南北朝、隋唐時期，佛教盛行，建築以蓮花朵為象徵，用殿堂造的金箱斗底槽纏柱造做法，層層內退屋宇，呈現層層退縮的蓮瓣。而相對於五代的閩國，地處蠻貊山林，建築採廳堂造，用通柱造做法，呈現陣列的高柱宛若森林一般。兩者相似的木構造，卻呈現出不同的構造美學（tectonics）來。

---

[9] 李乾朗，1995，《臺灣傳統建築匠藝》，pp.66-68，燕樓古建築，臺北。
[10] 李乾朗，2001，《臺灣傳統建築匠藝四輯》，pp.13-14，燕樓古建築，臺北。

圖13 閩南式廟堂建築七架內用三通五瓜實例各部分構件及名稱。

圖14 閩南式五架內，桁將屋面載重透過疊斗向下傳遞到瓜筒，瓜筒騎在通梁上，再由通梁提供彎矩力，將載重轉傳遞至柱身。疊斗的直立，則靠側面的束木斜撐扶持其穩定性。通梁與柱身的垂直關係，則靠插角(岔角)維持其角度。

三、閩南式建築之木架棟結構作用

3-1、架棟面（大壁的門架）：

（1）架內架棟：瓜筒騎在圓形通樑之上，仰賴束（ㄙㄚㄍ•揀）的側推力，穩定瓜筒不向側邊傾斜，並維持所支承的桁檁之間距。同時運用插角，以保持樑柱間節點的剛性。

（2）步口架棟：增加步口的側翼距離，以擴大抗側推力的底面積，加強架內架棟的側翼穩定性。並利用懸臂樑以抵銷步通或通樑的彎矩力負擔。

（3）簷口斗拱出挑：利用懸臂樑，以槓桿方式，消減步通或通樑的彎矩力負擔。

3-2、排樓面（關口）門架：

（1）五彎連枋：可以分析成為桁架組，因此整座門架可以抵抗側向力。

（2）插角：可以剛性化柱樑節點，整座門架可以抵抗側向力。

（3）五彎連枋加上插角，等於多度靜不定。

3-3、瓜筒、斗座之上的屋桁面門架：

在瓜筒、斗座之上，以機舌、斗拱形式，模擬剛節點，承接桁檁，傳遞到通樑。並以通樑自身的扭應力，承接來自屋面上的側推力。

3-4、「椅子箍」效應：有強化的節點，也有放鬆的節點。

（1）於是架棟面、排樓面、屋桁面，皆形成勁度較強的結構層，但唯獨柱子腳放鬆滑接點，宛若椅子的結構。

（2）木架棟各構件榫卯，只能產生鉸接點，但利則用多層次的鉸接點，來形成類似的剛接點，強化應該強化的部分。

（3）柱樑頭堅固，柱子腳卻作滑接點，是以便巨大的側向力（如地震、風災）來臨時，可以透過局部位移而產生消能作用。

（4）真實實例：如鹿港龍山寺，地震而柱子水平移位，傳聞為觀音媽顯聖，其實係藉由柱子底的石柱珠與石礎盤間的水平移動與磨擦，用以抵銷側向的地震力。另如霧峰林家大花廳之倒塌，係因霧峰位於 921 地震震央，遭受直接快速的縱波，造成木柱與石柱珠間上下脫榫，超過容許位移限度，以致於震毀。

3-5、結構系統所嗣應的建築類型

（1）嗣應的建築類型，以硬山、懸山類型建築為佳。

（2）大型建築，或四坡頂如歇山、廡殿頂建築，則此類系統不易支持。

3-6、蜘蛛結網：

法式稱為鬥八藻井，原為創回音共鳴的音響裝置，其以抹角樑收束水平向剪力，竟成為抗震利器。

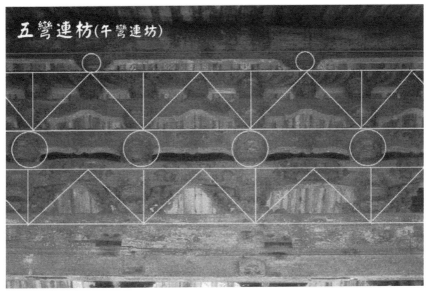

圖 15 五彎連枋結構力學作用，係多組的桁架組合。

圖 16 插角（岔角）剛化了梁與柱之間的節點。

五彎連枋、岔角的結構原理

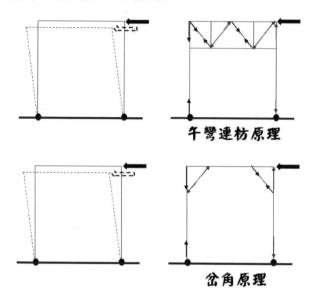

午彎連枋原理

岔角原理

圖 17 排樓面（關口）門架的結構應力作用。

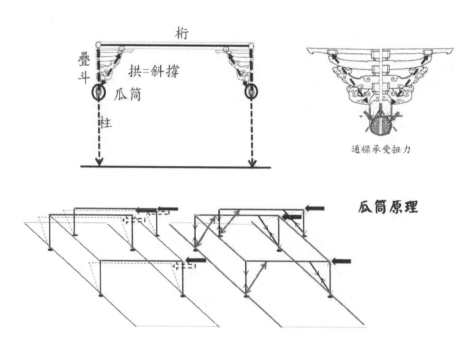

瓜筒原理

通樑承受扭力

圖 18 屋桁面門架，應力作用

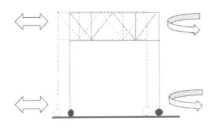

圖 19 柱礎
滑接的抗震應力作用。

圖 20 鹿港龍山
位，傳為觀

圖 21 霧峰林家大花廳之倒塌，係因遭受
地震縱波，造成柱與柱珠脫榫，以致於
震
毀。

圖 22 蜘蛛結網，原為創回音共鳴
的音響裝置，其以抹角樑收束水
平向剪力，竟成為抗震利器。

四、結論

閩南式建築發展到近世，逐步有與眾不同的發展。首先是在結構與裝飾上的差異，呈顯出結構材與雕花裝飾材，逐漸有分工愈來愈清晰的趨勢，這成為一項美學上的成就。閩南式建築在唐宋以降，發展出與北方官式「朵朵蓮花」的隱喻風格不同形式，李乾朗氏主張閩南式建築的隱喻是「樹木」與「森林」之象徵。

另一方面在結構上，架棟面門架、排樓面門架、屋桁面門架，多採取多度靜不定手法，意圖在靜定穩定外，提供多一層的保障。柱與樑之間的節點提供了結構上，水平面和縱向面的扭應力需求，形成「強樑弱柱」系統，宛若「椅子箍」一般的剛固圈樑。在此瓜筒扮演了重要角色，也成為閩南是建築中，視覺上的重要特徵。「椅子箍」的圈樑系統，提供「弱柱」的柱礎滑接節點，在耐震結構上，透過放任柱腳的滑動，來消耗橫向地震力，形成閩南建築在耐震設計上的一項重要特色。

凡此種種，閩南建築呈現出與清代官式，江南建築形式，徽州建築等，優異而截然不同的構造美學（tectonics）來。

參考書目

1.中川武 編，1990，《日本建築みどころ事典》，東京堂，東京。

2.李乾朗，1995，《臺灣傳統建築匠藝》，燕樓古建築，臺北。

3.李乾朗，2001，《臺灣傳統建築匠藝四輯》，燕樓古建築，臺北。

4.洪文雄，1983，〈從現存實例及臺灣工匠探討中國傳統穿鬥式屋架的演變〉《東海學報》24卷，pp.547-602，東海大學，臺中。

5.徐曉望 主編，2006，《福建通史》1卷，福建人民出版社，福州。

6.徐曉望 主編，2006，《福建通史》2卷，福建人民出版社，福州。

7.徐曉望，2004，《閩南史研究》，海風出版社，福州。

8.劉敦楨，1980，《中國古代建築史》，中國工業出版社，北京。

9.陳明達，1981，《营造法式大木作制度研究》，文物出版社，北京。

10.葉乃齊，2013，JUN，22，〈從福建到臺灣的建築木結構〉，2013臺灣建築史論壇，主題：「亞洲涵構中的臺灣建築與都市」，東海大學，臺中。

第四章、臺灣傳統木工工具與操作技術於日本殖民時期之影響研究[1]

一、緒言

　　日據時期臺灣的營造方式與技術發生了戲劇性的變化，一般認為這種變化為「現代化」，或者稱之謂「西化」。過去在臺灣，對於現代化這個課題，多半抱持正面態度。這或許是由於 1960 年代受惠於現代化與國際貿易的幫助，臺灣經濟大幅提升的結果。然而，相對地在歷史認知上，也有許多人相對地對臺灣日據時期的現代化，抱持高度的肯定。尤其，近年來許多臺灣殖民時期建築技術發展之研究，諸如：對重要設計者、營造業者的研究，對先進營造技術發展之研究，……等等，似乎都意味了這些現代化成績，奠定了日後臺灣營造技術現代化之基礎。然而，某種程度上必須說，這些殖民時期的營造技術現代化，並未嘉惠到戰後的臺灣建築業界。相反的，它的副作用反而使得臺灣傳統營建體系中固有優點受到衝擊。本文正是期望從木工—這項傳統營造最重要的工藝技術，如何受到殖民現代化之影響，來探討其中影響得失。

　　然而在臺灣這個研究案例中，有其木工技術的特殊性：一、清代臺灣是一個移民社會，呈現兼具了移民社會與移植自母國文化的雙重性格。二、清末臺灣受歐洲的影響，遠不及日據時期間接從日本轉手的西化影響。三、日本所帶來的西化，是夾雜著殖民主義來的。四、日本在西化之前，深受中國及朝鮮文化影響。因此，研究上必須逐步廓清這些問題。

　　因此，本文的方向則是先就清代移民社會下，先作一番陳述。然

---

1 〈臺灣傳統木工具及操作技術於日本殖民時期之影響研究〉一文，曾於 2003，03 獲得刊載於《城市與設計》學報（13，14）：pp.117-176，臺北。

後，在此一基礎下，再對日據時期的現代化變遷作探討，以作為探索的歷史脈絡。

二、清季的木工營造生產方式

2-1、唐山司傅的傳說：

清代臺灣為一個漢人移民社會，其間漢移民大多從事是以農業為主的生產，手工業不發達。因此，除了地方性自助式營造體系外，木構造技術得自中國大陸，透過郊商的帆船進口。在臺灣所有的古老大宅、廟宇，往往都稱是「唐山司傅」所建。[2]然而這套傳統的營造技術，在福建一帶不僅是清代如此，民國初年仍舊維持著傳統。[3]

唐山司傅隨著郊商的帆船來臺，賺了錢後亦隨著帆船離臺。而地方性百工，大約也遲至晚清始有之。[4]由於這樣的司傅技藝較高，遊走各方，選擇參與規模較大，較富麗堂皇的建築，如宮廟、官紳大宅等，以求表現機會，因此又稱作「海口司傅」。然而，這種隨著季風和航期往來的營造工匠體系，對於海島臺灣而言，注定了是比較脆弱，較難根深蒂固的。因此平常民居大多為「種竹以為牆，結蘆以為舍」的自助式營造體系的產物，小民草寮，更是「以竹為柱，上覆以茅，以土塗附」[5]。海島孤立，倩工困難，運料不易，因此屋舍往往簡陋將

---

[2] 林衡道 口述，楊鴻博 記錄，1983《鯤島探源》（第一冊）p.161-179，臺北：青年日報。

[3] 閻亞寧〈大木匠師王益順營造資料的發現及其意義〉，李乾朗〈王益順匠師小傳及其臺灣寺廟建築之分析〉，同收錄於《清末民初福建大木匠師王益順所持營造資料重刊及研究》1996，pp.16-25，44-71臺北：內政部。

[4] 屠繼善 1995《恆春縣志》，pp.55，60，192，193，光緒 20 年初稿，臺北：宗青重刊。

[5] 黃叔璥雍正年間《臺海使槎錄》中說明了清初民居的大抵狀態：「築室：一椽、一木、一瓦、一石，向皆取幾內地；此處沙土不可以陶蓋瓦級磚，竹木不勝棟楹榱桷。……康熙壬寅，巡歷南 北兩路，窯亦錯列，殆不足供全郡之需。……小民草寮，以竹為柱，上覆以茅，以土塗附；傾盆急雨，沙土漂流，捲地狂飆，棟桷摧折。且經年之竹，盡以蛀盡，屋能久支耶！……藤最多， 盤旋里餘，可為碇索，可縛茅屋。」黃叔璥，1995《臺海使槎錄》，卷3，赤嵌筆談，物產，p.62-63，雍正年間初刊，臺北：宗青再刊。

就，若非豪宅、廟宇，難得能請「唐山司傅」來蓋房子。倘若真能邀請「唐山司傅」蒞臨，則屬大事，絕不可草率行事。

2-2 營造團隊中的「大工師」

一般正規的傳統建築的營造過程中，是透過許多工種的分工合作。而其中較重要的建築往往以大木匠師為「大工師」，他指導著整個營造組織。大木工匠並沒有任何優勢於其他匠師之處，他生產工具為手工的：斧、鏟、鑿、鋸、鉋、墨、尺，其養成過程為師徒制，而他的生產組織往往以「匠幫」的方式存在，也是自師徒制中衍生的團體，唯一能讓他出類拔萃的僅有營造論述。他必須仰賴營造論述，作為超越即指導其他匠師的工具。我們必須一一檢視整個傳統營造方式的生產過程，以便釐清大木司傅的營造論述在其間所扮演的角色。

2-3 傳統營造的生產力的基礎：木工工具

（1）木工具裡，木為主鐵為輔的傳統

過去木工之生產力主要完全靠人工的勞動力，但是由於木工是一門極具有高度技術性的手藝，在施工現場上木工是只有司傅但沒有小工的，因此對於工具的使用及訓練格外講究。

然而，「工欲善其事，必先利其器」，因此木工具的自我整理，是每位木工教育過程必然被要求的。在傳統的木工工具，其實包括了鐵器與木器兩部分。對於中國木匠而言，木工具則似乎是以木器部分為主，而鐵器為輔，藉以增加木匠自我整理工具的空間，降低對製鐵鍛冶方面的依賴。

木工不是打鐵匠，不是鍛冶師；木工也不像打石匠必須自行負擔鐵工具的鍛冶打造[6]。因此木工對於工具中的鐵質部的維護，大約僅有

---

[6] 打石司傅蘇宏仁表示：打石匠必須身兼打鐵匠，自己打壞了的鑿子，要能自己修理維護。

研磨銳利、上油保護兩項工作。隨身攜帶用以維護鐵質部的家俬，就是粗細砥石和上油工具而已。但是鋸子鋸齒的維護，則需增加掰子、銼刀等工具。而木質部的維護就較複雜，但是木工匠最擅長處理木器，自是家內本業。木質部的維護大約靠直尺、目視校對，即可作工具是否精準平直的判斷。修正木質部，所需工具仍是木工具，自不待言。以下僅就中國傳統木工具作一番回顧性的介紹。

（2）中國傳統木工具

　　明代宋應星《天工開物》則是在卷中第十章〈錘鍛〉裡提到幾件木工具，舉凡斤斧、鎈（銼刀）、錐、鋸、鉋、鑿等項皆有之。以下茲就這幾項常用木工具分別敘述：

1.斤斧

　　斧頭通常是砍斷工具，但是也是修平木料的工具。而在《工師雕斲正式魯班木經匠家鏡》[7]中，插圖中凡繪有工匠者，十之八九皆帶有斧頭。其中在「正七架格式」插圖中，更顯示一位木匠正用斧背敲鑿做榫卯（圖 13，圖 37），因此斧頭又可當作榔頭使用。對於中國大木工匠斧頭更是個重要的象徵，在魯班廟的神像中，魯班總是持著斧頭。斧頭幾乎等於木匠的代名詞。明代《天工開物》對於斤斧工具的打造，就有詳細描述：

> 斤斧：
> 凡鐵兵薄者為刀劍，背厚而面薄者為斧斤。刀劍絕美者，以百鍊鋼包裹其外，其中仍用無鋼鐵為骨。若非鋼表鐵裏，則勁力所施，即成折斷。其次尋常刃斧，止嵌鋼于其面，即重價寶刀可斬釘截凡鐵者，經數千遭磨礪，則鋼盡而鐵現也。
> 倭國刀背闊不及二分許，架于手指之上，不復欹倒，不知用何

---

[7]《魯班經》全名「新鐫京板工師雕斲正式魯班經匠家鏡」收錄於 Klaas Ruitenbeek，1993 "Carpenter & Building in Late Imperial China：A Study of The Fifteen Century Carpenter's Manual *LU BAN JING*" Leiden，Netherlands：E. J. Brill。原收藏於東京內閣文庫。

錘法，中國未得其傳。

凡健刀斧皆嵌鋼包鋼整齊，而後入水淬之。其快利則又在礪石成功也。凡匠斧與椎，其中空管受柄處，皆先打冷鐵為骨，名曰羊頭，然後熱鐵包裹。冷者不黏，自成空隙。凡攻石椎，日久四面皆空，鎔鐵補滿平填，再用無弊。[8]

早期木匠用以修平木料的工具包括：斧、釿、鉇。「斧」為縱斧，「釿」（ㄐㄧㄣ）為橫斧（圖25），臺灣稱「釿」為「錛仔」（ㄆㄥˊㄚˋ）或「剝仔」（ㄅㄚㄅˊㄋㄚˋ）[9]。李乾朗形容這種工具的使用方式：「有如農夫耕地狀」[10]，似乎暗示著許多營造技術的發展，源自於原初農業生產及日常生活技能。「釿」是用以修飾「斧」（縱斧）砍斲過的木料，但「釿」加工過的木料會有波浪紋，則須用「鉇」（國語：ㄕㄜˊ或寫作「釶」「鉇」，矛形修飾工具）（圖 24）來修除波頭；但是用鋸子鋸出的表面，就很難修飾了。晚期，具有木臺的鉋刀「臺鉋」開始出現並逐漸普及後，逐漸取代「鉇」的功能，也解決鋸面的修飾問題。

2.鎈

「鎈」即「銼刀」，在臺灣則稱「鑢仔」（ㄌㄨˋㄚˋ）。鎈，在木工上不是直接使用在木料上，而是作為鋸子修飾整理的工具。《天工開物》的描述為：

鎈：

凡鐵鎈，純鋼為之。未健之時，鋼性亦軟。以已健鋼鏨劃成縱斜文理，劃時斜向入，則文方成焰。劃後燒紅，退微冷，入水健。久用乖平，入火退去健性，再用鏨劃。

凡鎈開鋸齒用茅葉鎈，後用快弦鎈。治銅錢用方長牽鎈。鎖鑰

[8] 明·宋應星 撰，民國·董文 校，1996《天工開物》卷中〈錘鍛第十〉臺北：世界書局。
[9]「剝仔」（ㄅㄚㄅˊㄋㄚˋ）文字及發音，皆依據梁紹英司傳面述。但依據李乾朗文本則寫作「噴子」，不知如何發音。（參見李乾朗，1995《臺灣傳統建築匠藝》，p.57。）
[10] 李乾朗，前揭書 p.57。

之類用方條鎈。治骨角用劍面鎈。(朱註所謂鑢錫。)治木末則
錐成圓眼,不用縱斜文訖名曰香鎈。(劃鎈紋時,用羊角末和鹽
醋先塗。)[11]

其中「治木末……曰香鎈」者,並非木工匠所用,而為製香工
匠所專擅。

　3.錐

　「錐」即是「鑽子」,在《工師雕斲正式魯班木經匠家鏡》[12]插
圖中,見到傳統的錐鑽的使用法(圖 14)。這是用兩條皮索旋繞套於
鑽桿木柄上,皮索固定於一橫柄的兩端,一下一上地推緊放鬆橫柄,
便可讓鑽桿如同扯鈴一般地旋轉起來。「錐」即是利用這個轉動慣量
的原理,來鑽索木材的。臺灣稱這種鑽子為「轆鑽」(ㄅㄚ ㄍ˙ ㄗㄥ
ˇ),至今所有鑽子—包括電鑽都仍使用這個名稱。另外,《天工開
物》則針對鑽頭做了以下的描述:

> 錐:
> 凡錐,熟鐵錘成,不入鋼和。治書編之類用圓鑽,攻皮革用扁
> 鑽。
> 梓人轉索通眼,引釘合木者,用蛇頭鑽。其制穎上二分許,一
> 面圓,一面剜入。傍起兩稜,以便轉索。治銅葉用雞心鑽。其
> 通身三稜者名旋鑽。通身四方而末銳者名打鑽。[13]

　傳統「錐」日後被方便而準確的西洋手搖鑽所淘汰,在木工手工
具行列中,再也不見其蹤跡了。

　4.鋸

　鋸子這種工具,應始於鐵器時期,鋸齒的打造過程,須將左右齒
交錯扳開,以取出鋸路,需要兼具銳利和柔韌兩種特性的金屬,這非
銅器所能辦到。中國鋸其源於何時,據《古文考》所言:「孟子作

---

[11] 明·宋應星前揭書卷中〈錘鍛第十〉。
[12] 《魯班經》前揭書。
[13] 明·宋應星前揭書卷中〈錘鍛第十〉。

鋸」，則其時期正與中國鐵器萌芽時期相近，應為可信。此外，《正字通》對「鋸」字的解釋為：「鐵葉為齟齬，其齒一左一右，以解木石也。」然而，鋸子的早期外形樣貌，則難以查證。明宋應星《天工開物》對鋸子的陳述是：

> 鋸：
> 凡鋸，熟鐵鍛成薄條，不鋼亦不淬健。出火退燒後，頻加冷錘堅性。用鑢開齒，兩頭銜木為梁，糾篾張開，促緊使直。長者剖木，短者截木，齒最細者截竹。齒鈍之時，頻加鑢銳而後使之。[14]

基本上印證了前述的類書，也讓我們知道：明代鋸子使用熟鐵製做，且「兩頭銜木為梁」證實當時即有有鋸框，用以「促緊使直」。但是對鋸框、鋸弓、鋸柄的方面，描述上則較為簡略。

從 17 世紀出版的《魯班經》[15]中，見到的木匠用鋸，是帶有鋸框的鋸子（圖 8）；甚至裁料剖板，所用的大鋸也是框鋸[16]（圖 6，圖 9，圖 10）。這是一種中間為「工」字形木架，工字上下各為木柄，細長的鋼鋸條兩端各有一圓孔，兩木柄同側的各端則各去鉤住鋸條端的一個孔，兩木柄另一側則用繩子（弦）相互絞緊，以便用拉力繃緊側的鋸條，以求呈現最完美的鋸路直線。鋸條甚至可以扭轉與木柄之間的角度，以便可以縱鋸、斜鋸、橫鋸，使鋸子可以從不同角度落鋸。清朝時期的鋸子，大部分也都是框鋸，有大鋸、二鋸、小鋸、挖鋸等等種類；但據記載，也有一種稱作「橫鋸」，具有一片單鋼片的鋸子，兩頭各加上一支木柄的，又名快碼子[17]，但是未見其形制如何。在臺灣，傳統的框鋸則稱之為「弦仔鋸」（ㄏㄝㄣˇ-ㄋㄚ ㄐㄧˇ）[18]；在

---

[14] 明·宋應星前揭書卷中〈錘鍛第十〉。
[15] 《魯班經》前揭書。
[16] 《魯班經》前揭書，p.20。
[17] 井慶升，1987《清式大木作操作工藝》，臺北：丹青。
[18] 臺北保安宮司傳口述。

日據時期，為區別日本式的鋸子，又稱作「臺灣鋸子」。[19]（圖5）

　　往後的殖民時期，日本人曾對於臺灣匠人使用這種「弦仔鋸」裁鋸木料，亦充滿好奇[20]。照片中鋸仔的使用情形是：工人是豎持鋸柄，兩人站立持鋸相互對拉（圖9）。另外，兩張大正初年的明信片上，保有工匠鋸木的照片畫面（圖10），他們所使用的的鋸子不同於「弦仔鋸」，而是一種橫持鋸柄的鋸子[21]。這種鋸木框中心是鋸片，而非木桿；木桿反而貫在側邊，弦繩在更側邊，整枝鋸子長度約有一人高。操作時，用一種特殊的木架鋸櫈，將木料傾斜架立，然後一人在上一人在，兩人互拉鋸。只可惜明信片並未標註鋸子的名稱。但是，可以知道的是，前述兩種鋸子都是用以製材的鋸子，而非精細的木工工具。

　　事實上，現今泉州惠安地區女工製材，仍然使用框鋸（圖7）。她們是將木料水平橫置，架到與腰等高，然後將大鋸鋸片調成橫向，沿著事先在木材上打好的水平平行墨線，逐層裁鋸出板料來[22]。這種水平裁鋸法，與前述臺灣所見的斜立裁鋸法呈現出彼此不同的特色。

　　中國框鋸的特色在於，原本就留有兩個柄，同一種形式，可大可小，可以單人操作也可雙人操作，十分自由。若論其優點則是在於，巧妙利用弦繩繃緊熟鐵鋸條，以便使柔軟的鋸條在使用時能夠始終呈現挺直的狀態，而不會遭遇的問題，就可以凸顯中國框鋸的優點。然而，框鋸並非無缺點。其缺點是所裁切的木料厚度或直徑，不可以超過鋸條框中心桿的間距，否則一旦鋸至中心桿，即會卡住動彈不得。鋸框的優點，也是自己的缺點。因此，這也是伐木製材等工作，日後採用其他種鋸子的主要原因。

　　中國框鋸的傳統，至少在清朝，尚未曾聽說鋸齒有「縱剖」、

[19] 臺北保安宮司傅口述；王松漢，1998《臺灣傳統細木作榫卯集》p.115，116，鹿港：左羊。
[20] 圖〈木匠〉《臺灣慣習記事》2（10）：卷首，1902，10，臺北。
[21] 謝森展，1990《臺灣懷舊》，p.408，臺北：創意力。
[22] 日本 NHK 原作〈十二、絲路的起點與終點〉《海上絲路》1999 中文字幕版，臺北：TTV。

「橫剪」之分。或許，在清朝時期，對於鋸條的鋸齒，仍尚未見功能細分的講究。[23]

5.鉋

鉋字同音有兩個字，一為「鉋」，一為「刨」。在此暫時以「鉋」為工具名稱，而以「刨」為刨削之動作。

嚴格而言，中國「臺鉋」發展的的年代顯然晚於西歐。2000 多年前，羅馬的龐貝遺址裡，被人發現已經使用木工鉋刀了。中國則遲至宋朝丁度所撰的《集韻》中才見「刨」字；明代張自烈的《正字通》中則收錄有「鉋」字，解釋為：「正木器，大小不一，其式用堅木一塊，腰鑿方匡，面寬底窄，匡面以鐵針橫嵌中央，針後堅鐵刃，露出底口半分，加上木片插緊不令移動，木匡兩旁有小木柄。」在閩南語中，這個至少源在唐朝韓愈時期就已經與漢文字脫不開關係的語言，稱鉋刀為ㄅㄛ-ㄚˋ（文字上可能為「刮仔」或「剨仔」），而無「鉋」的「包」字韻。

鉋的實物出土，在唐代則曾出現有南通的「鉋刷」，是帶有多枚刀刃，用以削平木材表面的工具。宋代以降，中國「臺鉋」才真正出現。在日本直到江戶初期才有ツキカソナ（tsukikanna）的稱呼。這意味了早期輸入日本的中國臺鉋，是所謂的「突鉋」（突＝ツキ，鉋＝カソナ），一種在木臺上突出兩個把手（臺灣稱「手」：ㄑㄧㄨˋ）前推用的鉋刀。從《魯班經》[24]中所見到這種鉋的使用方式是：以手緊握兩柄，前推、下押；與羅馬鉋、歐洲鉋用力方向類似。所不同之處，在於歐洲鉋的兩柄，一在鉋臺頭一在尾，便於側身於鉋櫃邊使力（圖32）；中國式臺鉋則在臺頭有兩柄，適合跨身在鉋櫃上前推使力（圖30）。明代宋應星《天工開物》曾經提到的「鉋」至為生動：

　　鉋：

---

[23] 井慶升，1987《清式大木作操作工藝》，臺北：丹青。

[24] 《魯班經》前揭書。

凡鉋，磨礪嵌鋼寸鐵，露刃秒忽，斜出木口之面，所以平木。
古名曰準。巨者臥準露刃，持木抽削，名曰推鉋，圓桶家使
之。尋常用者，橫木為兩翅。手執前推。梓人為細功者，有起
線鉋，刃闊二分許。又刮木使極光者，名蜈蚣鉋，一木之，上
銜十餘小刃，如蜈蚣之足。[25]

　　其中文字所記載的「蜈蚣鉋」，與南通所發現的「鉋刷」，似乎有
異曲同工之妙。（圖 29）

6.鑿

　　鑿子的作法幾乎古今皆同，別無二至。所相差的只是大木工、細
木工所用鑿子多半裝有木柄；而木雕司傅則使用單根鐵條打造的鑿
子，不安裝木柄。明代《天工開物》所描述的鑿子，大約是屬於前
者：

鑿：
凡鑿，熟鐵鍛成，嵌鋼于口，其本空圓，以受木柄。（先打鐵骨
為模，名曰羊頭。枸柄同用。）斧從柄催入木透眼。其末粗者
闊寸許，細者三分而止。需圓眼者，則制成剜鑿為之。[26]

　　此外還有放樣工具。最重要的放樣工具則有墨斗和篾扇（ㄅ一ㄒ
ㄥˇ，竹筆），最重要的共通點在於它們都是畫墨線的工具。墨斗於
各種工匠技藝之間，各有所不同。木工打黑線，瓦匠打白線，石匠打
紅線，都是因應材質色地，打出顯眼的顏色[27]。墨斗絲線的一端，需用
一根釘子釘在一頭，被稱作「班母」。[28]墨斗即為「準繩」中的
「繩」，而「準」指的是水秤之類的水準測定工具。傳統式用一盆
水，水面漂浮著一片帶兩根木橛子的木片，木橛子兩頭繫上絲線，與

---

[25] 明·宋應星前揭書卷中〈錘鍛第十〉。
[26] 明·宋應星前揭書卷中〈錘鍛第十〉。
[27] 故事「黑線、白線和紅線」，出自劉白飛，1987《中國工藝傳奇》臺北：星光。
[28] 故事「班母與班妻」，出自劉白飛前揭書。司傅們平日口傳亦如是。

水面平行，就成了「水準儀」。[29]《營造法式》中也羅列了幾項準繩儀器，如：水池景表、景表版、真尺、望筒、水平等等，梁思成也曾一一繪成復原圖；然而卻極少見到真實的實物案例。

除了「準繩」之外，尚有「規矩」。「規」即圓規，是一支「頗像洞簫」[30]的木板條，一端用來固定，一端用來插筆畫圓弧。「矩」即曲尺。這些工具，如今在木工匠手邊，都仍極為常見。「矩」也可指涉廣泛的直尺，木匠常用的直尺多為五尺長，而瓦匠則為三尺長。[31]

木工工具在個人的使用上，確實有靈巧與否的差別；但若司傅若僅仰賴前述諸項工具，出類拔萃指揮群倫，以辦推展整棟建築興建的計畫，則仍有其困難。以下將從知識與論述的角度，針對生產關係層面中的營造團隊組織與號令系統，再加說明。

2-4 組織、知識、論述與號令系統

（1）營造團隊的組織

一般臺灣常稱一組司傅為「一帆」或「一捧」（ㄐㄧㄅ ㄆㄤˊ）[32]司傅，是職工與師徒制的混合體。福建惠安木匠司傅的「匠幫」組織[33]，基本上包含的師徒、血緣、地緣三重關係。而其生產關係，除了親友關係外，其實主要是建立在共通的營造論述基礎上，依賴論述與技術權威的領導，建立指揮系統。簡單說，就是師父帶徒弟，老司傅（司傅頭）帶年輕司傅（司傅腳）。至今臺灣傳統木匠，仍然非常重

---

[29] 故事「水準儀的由來」，出自劉白飛前揭書。

[30] 李乾朗，1995〈傳統的大木工具〉《臺灣傳統建築匠藝》，pp.47-58。

[31] 故事「五尺棒、三尺棒」，出自劉白飛前揭書。

[32] 「一帆」或「一捧」的ㄆㄤˊ音，與匠幫的「幫」，日本古代稱大工職工為「番匠」（ばんじょう，banjo）的 ban，音都十分相近。說明了大木工匠技術，在東亞文化圈裡應有共通的根源。

[33] 閻亞寧，1996〈王益順匠師的家族淵源〉《清末民初福建大木匠師—王益順—鎮持營造資料重刊及研究》pp.26-43，臺北：內政部。

視這種「帶」（ㄊㄨㄥˇ，淡）的關係[34]。除此之外，大木司傅仍要掌控、號令其他技藝的工匠，尤其是尺寸上的銜接與配合。因此，我們仍須檢視這層關係，是如何在生產過程中建立起來的。

（2）篙尺、丈稿為管制閘口

大木結構的施工方式而言，除了較簡便的「穿屏搧架」，是在地面水平組串後，再予立直之外；正式的營建程序一般都是沿著臺基、平座、抬梁式屋架，以平臺式施工體系，一層層建上去。水平的工作面方便於高處搭建鷹架及施工，也方便於木工作業得以在較低的地面層上製作預製構件，然後再抬上鷹架安裝到高處。

清朝名匠雷發達曾經在皇帝參加上樑典禮時，遇到桁檁榫卯無法對口的情況，工匠們一時著慌；雷氏於是捲起官服，帶著斧頭，爬上屋頂，當場劈木落榫，才把問題解決。在地面的製作的木構件不夠準確，以致上鷹架以後無法嵌合，這對於木匠而言是一件極不光彩的事。

此時需要一個管制閘口，才能確保每一件在地面預製構件尺寸的精確性，方能不在鷹架或屋架上出錯。大木師傅的篙尺（以及丈稿）（圖 1）即是這個管制閘口，它管制了所有的尺寸。然而這需要極大的號令權力，這也需要論述的權威，才能威伏眾工匠。

（3）傳統工匠的幾何學與測量學

在大木工匠知識論述體系中，他們的幾何學並不同於現代數學。其中《魯班經》所提及的一葭法[35]，工匠口中的九五分六國等法[36]，源

---

[34] 臺北保安宮木工司傅謝東華、蕭吉輝等人都聲稱他們為民族藝師陳專琳（煌司）所帶（ㄊㄨㄚˇ）出來的。

[35] 《魯班經》前揭書。卷首〈魯班仙師源流〉提到魯班得妻子：「……而其淑配雲氏又天授一葭神巧……」，其中所提及的「一葭」，恰為《九章算數》〈勾股〉裡的一題。

[36] 淡水忠寮李宅李自然司傅所面述。

於古代的《周髀算經》、《九章算數》。

　　1.魯班夫婦與一葭之法

　　例如被〈魯班仙師源流〉[37]（以下簡稱〈源流〉）譽為魯班之妻雲氏最擅長的「一葭」之法，原為《九章算數》〈勾股〉裡的一題：

> 〔六〕今有池方一丈，葭生其中央，出水一尺。引葭赴岸，適與岸齊。問水深、葭長各幾何？
> 答曰：水深一丈二尺；葭長一丈三尺。術曰：半池方自乘，以出水一尺自乘，減之，餘，倍出水除之，即得水深。加出水數，得葭長。[38]

　　「勾股術」向所周知，為古代中國發明的直角三角形定律，與西方古希臘時期畢達格拉斯定律相同，皆以「句股術曰：句股各自乘，并，而開方除之，即弦」[39]也就是弦 ^{2}＝勾 ^{2}＋股 ^{2}。而前述題目，則屬於一項複雜的勾股運用，在〈源流〉將之歸功於魯班妻雲氏。在《周髀算經》尚未有勾股術，而《九章算數》已將「一葭」之法列為「勾股」的一題。若是〈源流〉所言不差，也就是說明了春秋時期魯班夫婦已將勾股術作了相當程度的運用演繹。若對照《周髀算經》、《九章算數》兩書的成書年代，魯班夫婦年代恰介於其中，因此〈源流〉所陳述的魯班夫婦在數學發展上的貢獻，應屬實情。

　　2.中國測望之術：海島算

　　此外，測量技術方面，即在古代勾股術的基礎上，有劉徽[40]的海島算數等等典型測量技術（詳附錄一）。這其實是一項運用簡單工具，卻又巧妙的技術，其巧妙關鍵之處便是在於它的數學。《海島算經》的

---

[37] 《魯班經》卷首〈魯班仙師源流〉，《魯班經》前揭書。

[38] 《九章算數》〈勾股〉第六題。參見1.錢寶宗 點校，1991《九章算術點校》，臺北：九章出版社。2.李繼閔著，1993《九章算術校証》，陝西科學技術出版社。

[39] 《九章算數》〈勾股〉第三題。

[40] 關於劉徽的生卒年代和身世履歷不詳，估計於生魏晉時期大約現今山東省臨淄或淄川一帶人 氏。劉徽注《九章算術》同時又撰有《重差》一卷。《重差》後來印成單行本改稱為《海島算經》為測望之衍（測量學）主要經典。詳李儼、杜石然、李繼閔前揭書。

第一題即是個代表：

〔一〕今有望海島，立兩表齊，高三丈，前後相去千步。今後表與前表相直，從前表卻行一百二十三步，人目著地取望島峰，與表末參合。從後表卻行百二十七步，人目著地取望島峰，亦與表末參合。問島高及去表各幾何？

答曰：以表高乘表間為實島高四里五十五步，相多為法，除之。所得加表高，即得島高去表一百二里一百五十步。

術曰：求前表去島遠近者，以前表卻行乘表間為實；相多為法。除之，得島去表數。[41]

其實，若依照這題所畫出的圖，就可以知道是與現代工程測量學或砲兵測量學中，利用經緯儀測高的問題完全相同。所不同之處，是在《海島算經》使用了更簡單的測量工具—兩支等高的竿子（表），更顯示了這項數學的卓越性貢獻。傳說清末民初的泉州惠安大木司傅王益順，曾經承攬位於山腰上的惠安青山宮的修建工作。修建前需先作現場測量，原預計需測量七個工作天的，但王益順一天就將它測完下山。[42]若王益順沒有優秀的測量學與數學頭腦，再好的工具也不可能有這麼優異的表現。

3.中國數學的局限

此外《九章算數》中許多數學名詞源於土木營造術語，工程方面所需的數學基礎發展極早；但中國古代數學裡，仍缺乏類似歐基里德幾何中的三角函數，因而疏於角度計算能力。例如前述的測量學，西方是利用三角函數來計算高度；中國則是利用「重差法」來計算，從此失去向三角函數發展的機會。此外，傳統工匠習慣常以分數（22/7），描述無理數的圓周率，甚至以「方五斜七，圓三徑一」來

---

[41] 《海島算經》第一題。詳李儼、杜石然，1992《中國古代數學簡史》，臺北：九章出版社。

[42] 閻亞寧〈大木匠師王益順營造資料的發現及其意義〉收錄於《清末民初福建大木匠師王益順所持營造資料重刊及研究》1996，pp.16-25，臺北：內政部。

作為營造口訣[43]，這與現代數理是完全不可同日而語的。以下有一個例子，可以說明中國數學對大木司傅所產生的極限。

4.「九五分六國」的六角形分割

分割六角形是臺灣大木工匠所必須學會的技術因為每一棟建築都有一根燈樑，而每一根燈樑都是六角形斷面。在訪談中，一位司傅提到由圓木斷面上取六角形的方法，稱作「九五分六國」[44]。（詳附錄二）其方法是：在圓形中，以直徑的九分之五，分割出一個圓內接矩形來，然後再由矩形四頂 點與中軸直徑與圓交點，這六點即可形成一個近似的圓內接正六角形。然而 這個六角形形狀稍扁，並非正六角形。

5.比較歐基理德幾何的正六角形分割

若就歐基理德幾何的製圖法，正六角形只要用同一圓的半徑，在圓上取出六點即可。不過這是基於以下的理解：圓內接正 n 邊，可內割成 n 個以半徑為腰的等腰三角形，其各邊所對內角=360°÷n 正六角形各內角則為 60°，而所內割的大等腰三角形，皆為正三角形。因此，正六邊形各邊長也等於六個內割等腰三角形的腰長，即等於外接圓的半徑。因此，自可用外接圓半徑劃分正大邊形的個角頂點。

歐基里德正六角形分割方法，其主要工具便是靠一支圓規，方法也比「九五分六國」簡單多了，其問題關鍵就是在數學。然而，若說傳統中國數學缺乏角度觀念，缺乏無理數的概念；我們就不難理解，傳統匠師們為何會以「九五分六國」這種方法來處理問題了。

（4）從設計觀點看篙尺

1.篙尺、丈稿的依據：廿四座山、天父、地母

在所有關於大木工匠的傳說中，總是記載得神靈活現[45]，然而若不

---

[43] 故事「魯班與劉半」，出自劉白飛，1987《中國工藝傳奇》臺北：星光。

[44] 「九五分六國」：淡水忠寮李自然司傅提供。

[45] 例如：劉白飛，1987《中國工藝傳奇》臺北：星光。曹坎榮、徐洋，1998《古代能工巧

從技術的角度去理解，是無法理解其真意的。從工具、測量、數學的技術層面思考，有助於理解工匠手藝的巧妙之處。然而對於大木匠師的「大工師」，卻很可能期望司傅群和人們去記得他的神靈活現，而不去檢視他所下的技術功夫。以下將再繼續以篙尺來探討這個課題。

從《魯班寸白簿》[46]有一套繁複的尺寸公式，是透過地理師所定的方位定「二十四座山」[47]，然後以納甲法將二十四座山重新納入八卦。在依納甲八卦納入天父卦、地母卦，得該卦尺白九星吉凶；納入天父寸白、地母寸白，得寸白九數吉凶。最後尺白配尺數，寸白配寸數；天父用以配剖、立面尺寸，地母則配平面尺寸，篩選出大木司傅所需要的建築尺寸，[48]然後落為篙尺標記。

臺灣傳統建築尺寸選擇，不採宋朝《營造法式》的「材份」制，也無清代《工部工程做法則例》的「斗口」制，而專採《魯班寸白簿》的「尺白、寸白」體系。其程序玄奧繁複，其間函數百般交錯，令人眼花撩亂。其結果，即使全國通用同一本《魯班寸白簿》，各地匠師解釋亦有所不同。然而，最後隱約在各司傅間也有一套「一丈高，丈三深」的民宅廳堂的共同標準。[49]

這裡需要討論的是，其實一套良好的建築設計的尺寸比例，不一定要弄到像「尺白、寸白」法這麼複雜；「材份」制度與「斗口」制

匠》臺北：昭文社。比方說魯班與墨翟那場精彩的對奕，墨翟究竟用什麼方法去破魯班的雲梯車？又如諸葛亮的「木牛流馬」如何行駛山路運輸自如？許多故事存於傳奇，但是確切的技術資料卻失傳了，十分可惜。

[46] 魯班《魯班寸白簿》1991 年再版，新竹：竹林書局。

[47] 二十四座山，係按後天八卦分出八方，然後以天干地支配入，成二十四個方位。依次是：北為坎，管壬子癸。南為離，管丙午丁。東為震，管甲卯乙。西為兌，管庚酉辛。東北艮，管丑艮寅。東南巽，管辰巽巳。西南坤，管未坤申。西北乾，管戌乾亥。詳《魯班寸白簿》。又詳徐裕健，1982〈臺灣傳統架構設計原則之探討〉《建築與城鄉學報》（2）1，pp.71-85，臺大。

[48] 徐裕健，1982〈臺灣傳統架構設計原則之探討〉《建築與城鄉學報》（2）1，pp.71-85，臺大。又詳《魯班寸白簿》。

[49] 邱上嘉，1990《臺灣一般傳統木構造營造技術的多樣性研究—以嘉南平原地區匠師訪談為例》，pp.75-77，東海大學碩士論文。

度都可以作為旁証。之所以會變得如此繁複玄奧難懂，其實應該是另有谿蹺的。

　　2.從主導權觀點看篙尺

　　工匠群之所以爭主導權，是基於一項事實，就是所有的工匠手上的那之尺，都是出師時自他師父身上抄來的。長久以來失之毫釐差之千里，每位工匠手上的尺度量都不一樣，在工地現場需有一位「大工師」，以他的尺為準來統合工程。

　　並且在前述段落中，討論了數學、測量學等等的知識、技術；然而畢竟舊社會中工匠識字、學過算經的人數有限，不能一味以理性知識領導，因此營造過程中仍需要一套具有權威性的論述，來號令有知識、無知識的大小工匠。在傳統社會裡，工匠地位無法擁有絕對的發言權，當然也無法以理性訴求來說服業主及工匠群；只有告知以「吉凶」才能擁有「大工師」的主導權。

　　因此，在《魯班寸白簿》預設了一套尺寸公式，它是透過廿四座山、天父、地母等玄學化程序，賦予建築尺寸一套玄奧的計算公式，以便於「大工師」將營造計畫（設計）與暗藏的號令系統標示記載於篙尺之上[50]。就如營造口訣所謂的：「劃線準，下鋸聖，丈竿一落如聖旨。」充分表現丈竿（篙尺的分尺）的權威感。[51]

　　（5）營造禁忌中的經驗與美學

　　除了「尺白寸白」所訂定的尺寸比例之外，建築的幾何關係則尚須另外仰賴一套論述，來整合建築美學觀與結構、功能經驗。而傳統

---

[50] 徐裕健，1998《大木匠師陳專琳（煌司）技藝調查及保存計畫》，傳統藝術中心委託，臺北：華梵大學。

[51] 見於李乾朗，1997〈臺閩地區傳統建築落篙技術〉《海峽兩岸傳統民居理論青年學術研討會》（收錄於李乾朗，1999《臺灣傳統建築匠藝二輯》pp.85-94，臺北：燕樓，），引用吳國聖，1997〈民居側樣之排列構成〉《中國傳統民居與文化第五輯》一文所提及一段口訣文字。

營造匠師的一套營造禁忌[52]，則將前述諸端暗含其中。在近年學者所整
理的營造禁忌，總共計有六大類二十二種之多。[53]限於篇幅，僅舉一、
二例加以說明之：

[52] 徐裕健，1983，前揭書。

[53] 閻亞寧、林慶元、李盛沐，1995《傳統建築的民俗概念》，pp.119-159，內政部。

◆　表一　營造禁忌舉隅

名　　稱	營造禁忌內容	圖　　解	分　析　說　明
離咬展	匠師對於屋架組立時達成屋架穩定的體認，均強調展與離不可分的關係，所謂「展（檁）不離離」及「離不咬展，千賺不好舉（富有）」，均強調展必須與離接合，謂之離咬展。	展　離	這是匠師對於建築構造經驗的重點原則，深切影響「結構安全」。然而為求工匠群以及業主對專業的遵守該項原則，因而將之與「好舉（ㄏㄛ g ㄧㄚˋ，富有）」並列。只因為結構安全無人理解，但「好舉」每個人都懂。
前壓人，後壓神	1. 房門內開範圍內上方不得有桁檁，否則會「前壓人」。 2. 在神桌上方及神龕上方均不得有桁檁，否則為「後壓神」。	壓人　壓神	房門上設桁檁，則載重則會落在門楣過梁上，久而久之為影響門道變形，門版有卡緊不能活動的危險。故曰「前壓人」。 「後壓神」則屬視覺意象上的壓迫感，因此可用天花板遮擋排除禁忌。
三合、探房（沖丁）、挑楹	燈檁、中脊和離（門楣）須符合「三合」或「三才」的原則。不可位於房門門柱上，謂之「探房」「出門沖丁」；不可正對楹仔下面，謂之「挑楹」。	三合　中脊　挑楹　探房　離　燈檁	「三合」（又稱三元及第）是將三支橫梁呵成一氣的美學。 「探房」「出門沖丁」禁忌則是欲避免燈火與人行通道、門板開闔之間的衝突，而釀成火災。一說則避免燈梁直指房門。 「挑楹」禁忌則是欲使燈檁功能與結構柱檁完全分離。

作者製表，資料主要來源：　《清末民初福建大木匠師王益順所持營造資料重刊及研究》1996，台北：內政部。　閻亞寧、林慶元、李盛沐，1995《傳統建築的民俗概念》，內政部。　洪千惠，1991《金門傳統民宅營造法之研究》，成大碩論。　徐明福，1990《台灣傳統民宅即其地方性史料之研究》，胡氏圖書。　邱上嘉，1990《台灣一般傳統木構造營造技術的多樣性研究──以嘉南平原地區匠師訪談為例》，東海碩論。　張蚶壽，1989《清末新埔客家傳統民宅單體建築構成之研究》，成大碩論。　黃頌恩，1987《台灣傳統木架構之構成研究》，，成大碩論。　徐裕健，1982〈台灣傳統架構設計原則之探討〉《建築與城鄉學報》(2)1，pp.71-85，台大。　張宇彤，1981《澎湖地方傳統民宅營造法探微》，東海碩論。　徐裕健，1970《台灣傳統建築營建尺寸規制之研究》，成大碩論。

從上表案例大抵可知，建築美學觀與結構、功能經驗的空間品

質，被傳統工匠在經年累月的經驗中，彙整成口語化的「口訣準則」。然而在傳統社會匠師發言權不高的狀況下，為求其被社會大眾所接受，因而往往賦予一個「營造禁忌」的「福禍吉凶」之外表，而將前述空間品質暗藏於其中。

（6）建築繪圖與篙尺

或許有許多人認為大工師不畫圖，不作估算書，而僅將所有設計訊息標記於篙尺之上。這樣的看法正是傳統營造的「大工師」期望人們對他們的角色具有這種幻覺，然而其實並不然。近年來透過古蹟保存與匠師研究工作，以及出土文件的增加，使得這件事情更加明朗。

傳統營造匠師是會畫圖的，開始設計時起草圖[54]，定稿時要繪製「側樣」（架棟斷面圖）[55]，必要時甚至繪製透視圖。同時為了統一大木構建的形狀，大工師還必須繪製「版子」（ㄅㄢ-ㄋㄚˋ，樣版）於薄木板上，分別裁出以便施工過程中逐一核對。然而篙尺則是另一回事。

篙尺確實是彙整了建築的所有設計的尺寸資料，包括了「尺白、寸白」，以及「營造禁忌」等等。在工具理性上而言，篙尺不是設計本身，而是個施工的「管制閘口」，用以統一核對所有工匠製作構建的尺寸。因此篙尺也會在分出「丈稿」給各司傅分別使用。

然而，仍須看到篙尺的儀典化的部分。它是透過「尺白、寸白」以及「營造禁忌」一個神秘化的過程所擬定的。而且，「尺白、寸白」計算方式的手冊—「寸白簿」，通常一個匠幫中單傳一人，也就是只讓一人主持其事。同時，匠幫與匠幫之間的篙尺記號並不相同，而有所謂「光篙」、「暗篙」的區別。若篙尺只是設計圖，為何不就如施工圖一般，注明文字尺寸即可，何須如此神秘？其中必有蹊蹺。

---

[54] 邱上嘉的論文中，就收錄有舒天財匠師的「架扇圖」草圖。邱上嘉，前揭書，p.147。

[55] 《清末民初福建大木匠師王益順所持營造資料重刊及研究》1996，pp.202-216，臺北：內政部。又本書主要目的即在蒐集刊載這些圖、冊資料。

（7）篙尺即主導權

　　在這裡需強調的是，在木工的論述中，大木匠師並非不畫設計圖，不靠數學、幾何運算。但是，在於農業時代，一般工匠、民眾知識水準不高，不能以理性予以說服、指揮之際，篙尺與營造禁忌則是大木司傅藉以遂行工程管制與號令系統的依據。甚至更需要將這套論述予以玄學化和神秘化，甚至要表現出「大工師」超凡脫眾的天才，用以鞏固其領導權並確保其號令系統。

2-5 傳統營造的主催關係

（1）吉凶尺寸、營造禁忌

　　傳統大木營造論述中的吉凶尺寸、營造禁忌[56]不僅在生產關係扮演重要角色，在主催關係上更形重要。在這裡需強調的是，建築的結構與環境經驗以及美學，往往具有其專業性；尤其是營造尺寸，更經常涉及前述二者。然而在傳統社會中，並不是一個理性社會，唯一共通的關心重點是非理性的「吉凶禍福」。門公尺[57]、吉凶尺寸、營造禁忌，甚至是風水，便是在這種情境下，以「吉凶禍福」為冠冕堂皇之理由，以說服業主接納大工師所規劃設計的建築造型和尺寸。

（2）見損、作竊

　　然而，營造施工過程，往往才是主催關係最緊張的時間。通常依例，業主一日須準備五頓（三頓正餐，兩頓點心）供應大小工匠，這是最基本的禮數。工資則不一定，原則上凡以出師的大工以上，每人

---

[56] 徐裕健，1970《臺灣傳統建築營建尺寸規制之研究》臺南：成大建築研究所碩論。

[57] 門公尺上「財、病、離、義、官、劫、害、本」八字，一般民宅只有頭尾「財」「本」兩字可用（「義」「官」兩字用於公共建築，一般民宅不敢用），也就是說這當中有一個 1 尺 4 寸 2 分（43.79 分）的模矩（modular）蘊藏在其中。

每日給稻穀一斗。鄉間換工的互助營造體系則免工資[58]，但是破土、上樑、落成則給須給主要司傅紅包。受到善待的工匠，則往往以精細的施工與吉祥圖案的裝飾，甚至埋下吉祥符咒作為回報。對待刻薄的業主時，工匠往往則報之以「見損、作竅」[59]，在屋內埋下凶符咒詛咒業主。

相關的傳說的故事俯拾可得：臺中翁子社連氏樹德堂翻修時，家人趁午休時間到河床挑石頭，有擾司傅清夢，便被作法，致連姓子孫個個過世或他遷。另外在劉定山宅興築時，有離職司傅不滿，做法叫所有在職司傅都瀉肚子，迫使劉家向他賠罪，請他回來工作。[60]

但是，在劉定山宅的故事令人覺得不無可疑之處。諸多工匠符咒當中，從來未見過令人瀉肚的符咒。到底是該位司傅真的下了瀉肚符咒（藥劑）；抑或是其他工匠為他抱不平，集體藉故向業主抗議，實情就不得而知了。不過總之，在那個還相信符咒的年代，「見損、作竅」的傳說，確實可以為付出勞力的匠師們，爭取到應有的待遇。

（3）慶典與禁忌日

傳統匠師匠幫通常能文能武，通常開工之日要練武、唱曲三日，大家開心了才正式開工。主要目的即在控制施工進度。在傳統營造施工過程，同時要安插幾個需選日、看日的日子，這包括：破土、上樑、落成等幾個重大慶典日，避免使施工過程無限延長，或過度趕工[61]。另外，休假日也涉及施工安全的日子，則有四季斧頭煞

---

[58] 葉乃齊〈淡水地區〉收錄於賴志彰主持《臺北縣民居調查（第一階段）期末報告書》1998，臺北縣文化中心委託，中壢：南亞技術學院。

[59] 參見：（1）片岡巖著，陳金田譯，1987《臺灣風俗誌》pp.612-619，臺北：眾文圖書。（2）又《秘訣先機》收錄於 Klaas Ruitenbeek, 1993 "Carpenter & Building in Late Imperial China ： A Study of The Fifteen Century Carpenter 's Manual LU BAN JING " Leiden，Netherlands：E. J. Brill。（3）對照《繪圖魯班經》pp.17-19，新竹：竹林書局。

[60] 許雪姬、賴志彰，1993《臺中縣建築發展（民宅篇）》，p.73，臺中縣立文化中心。

[61] 邱上嘉，前揭書，p.198。

日、魯班刀砧煞日、楊公忌日百事不利等禁忌日[62]，在工匠心理上起趨
吉避凶的作用。有了這些禁忌日，一方面安撫工匠，讓他們認為工地
安全無虞，以便能專心投入工作；另一方面，這些日子零零總總算起
來，每個月約也有五、六天的休假，可以藉以舒緩工匠的工作壓力，
恢復疲勞，—如此確實也能減少工地意外的發生。

三、日據時期日本大工技術的引入

3-1、日本大工工具的引入

日據初期，兩種營造者隨著殖民統治者來到臺灣。其一是所謂
「隨軍『酒保』」的小商人，提供各種大大小小的勞務、物資服務；
另一種是大型營造商，如大林組、清水組、鹿島組等，提供征臺部隊
必要工程建設。這兩者日後成為總督府公共工程主要委託對象。值得
一提的是，其中清水組、鹿島組皆為明治年間日本開埠貿易時，於橫
濱外國人居留地內的指定營造商。因此，日據時期來臺日本營造商所
帶來的，不僅只日本的傳統營造方式，更包括在居留地所學得的「擬
洋風」建築。此時所帶進臺灣木工工具，則日本、西洋的傳統或皆有
之，十分豐富。本文有需要從日本木工工具發展歷史來做一些瞭解。

日本傳統的大木作稱作「大工」，職工群則被以「番匠」（はん
じょう，banjoˉ）稱呼。在歷史中，日本常跨海延聘朝鮮或中國工匠
興建重要建築，在加上彼此的貿易頻仍，因此「大工」的技藝傳統可
以說是在東海、南海之間，不斷地交流著。以下僅就中日幾項工具
（大工道具）的使用變遷，說明日本在殖民時期傳入木工技藝特色：

---

[62] 每位匠師依據自身的師承，往往禁忌日有不同的記載或種類。本文這部分則是依據淡水忠寮
　　李宅李自然司傳的《寸白簿》。王益順的《寸白簿》則更有方位煞禁忌等，更為複雜。

（1）鋸子

1.日本鋸的源流

日本在奈良時期、平安時期與「鋸」有關的文字逐漸出現，倭國的文字中有「ノホキリ」（nohokiri），與今日本「鋸」（のこぎり，nokogiri）的發音十分相近。而在當時的建築上，木料所呈現的鋸子的痕跡，則為數不少。紀元 695 年再建的法隆寺，就同時見到鑿、釿、鋸等工具的刃痕。[63]

在實物方面，現今所知最早的鋸子，在岡山縣金藏山古墳出土的木框弓型鋸，據推斷約在紀元 5 世紀；以及在兵庫縣園田大塚山古墳出土的單片直鋸，時間則據推斷約在紀元 6 世紀。但是，前述兩者與後代的鋸子，外型上有極大的差別，比較難在日後的技術發展上連上關係。另外，在東京都練馬栗原遺跡所出土的鋸子，斷代約 8-10 世紀，外型則僅見一端有把手，鋸子齒道成直線，但鋸片背卻略內彎呈鐮刀型。這似乎為弧形運動的鋸子類型開啟了先聲。

群馬縣愛宕山住居遺址出土的弓型鋸子，被斷定為 8-10 世紀的工具，但它的特殊之處在於鐵製的鋸弓側看呈曲尺型，可能在意圖解決所裁鋸之材料厚度的問題。中世紀「木の葉型鋸」（樹葉形鋸子）（圖 18）在廣島縣草戶千軒町遺跡出土，斷定年代約在 13-14 世紀；另外在三重縣上野下郡遺跡也有出土，斷代約在 15-16 世紀[64]。1398 年《大山寺緣起》圖中，亦繪有這種木の葉型鋸的使用（神戶：竹中大工道具館網頁）。這款鋸子，使用了較寬廣的鐵片作為鋸子，木の葉型鋸的弧線形邊緣意味了鋸木工匠必須採取弧形運動方式拉動鋸子。木の葉型鋸只有單一鋸片，沒有鋸弓、鋸框來撐直鋸片，之所以採取了弧形拉鋸方式，其著眼點是在推鋸時，可以讓單薄的鋸片沿著鋸子的齒道弧線滑行前進，讓力道集中在鋸片的縱向；才不至因為硬推而

---

[63] 1985《竹中大工道具館‧展示解說》，神戶：竹中大工道具館。
[64] 竹中大工道具館，前揭書，p.16。

造成鋸片挫曲，皺在鋸縫中，而整支鋸子呈損壞。寬廣的鋸片，可以抵抗縱向推鋸的力道，更有引導鋸路的意味。使用這種「木の葉型鋸」，似乎需要更高超嫻熟的手藝。

15 世紀日本的《三十二番職人歌合》中，繪有兩人對挽「大鋸」的情景（圖 19）。這圖中所用的「大鋸」正是中國式框鋸，不同的是中間所貫的桿不是木製的，而是竹竿；此外鋸條至中心桿，與中心桿到弦繩的間距比例約呈 3：2，以便空出較大空間容納裁切板材的厚度。學者尚且認為，該鋸條之鋸齒應自中心對分為兩向，而不僅只單向；但若單從圖面上看，則看不出鋸齒有這種講究。這種鋸子也採雙手橫持柄，木料斜架，兩人各站一上一下對挽，與前述臺灣鋸木工匠明信片景象（圖 9，圖 10）極為類似。當時的臺灣則是保留了這種鋸木方式。「大鋸」的出現，對於日本製材的生產方式，發生了大革命。由於當時的建築高級用材，如檜、杉等，已逐步趨於枯竭，難以再使用原先的「打ち割り製材法」（以楔子分割原木，然後切削修整的製材法），縱挽「大鋸」對木料作精密準確的切割。於是薄板材、細角材被大量使用，建築用材開始擴及松、櫸類，甚至在建築設計上：天花和床架的構造方式、室內外的裝修，都發生影響。然而就在此時，鋸木製材的工作被分工出來，鋸木工匠被稱作「大鋸引」（おがひき，ogahiki）。同時由於木工負擔減輕，得以專注於專門性的建築技術分工，建築設計圖也於焉出現。[65]

17 世紀在一些繪本中出現一人使用的鋸子，包括製材的「前挽大鋸」（まえびきおが，maebiki-oga）[66]（圖 20，圖 21，圖 23），以及細材料切割的「鑼」（ががり，gagari）[67]（圖 22）。「前挽大鋸」為一種單片鋸，鋸片加寬以利穩定鋸身走向，尾端轉一個角度，使握柄部變成垂直，以便於推拉鋸子。「前挽大鋸」最大優點是鋸子體積輕

---

[65] 竹中大工道具館，前揭書，p.17。
[66] 出自 1690 年《人倫蒙訓圖繪》
[67] 出自 17 世紀中葉《三越三芳野天神》

巧，不會有框鋸處處受礙的情形；同時靠擴大鋸片，減少垂直向的撓曲問題，更可以透過大鋸片增加導向性，有助於裁鋸長尺寸大料的準確度。「鑼」則是帶有鋸弓的小鋸，柄則直接自鋸片尾端延伸而出。鋸弓具有穩定鋸片的作用，但是裁切大料時，鋸弓必須與鋸片厚度一樣薄，才不會造成被夾在鋸縫中的窘境。「鑼」也成為 17 世紀奈良東大寺儀式用大工道具裡的一項。

　　江戶初期大工棟梁（相當於大木匠師）的書籍《愚子見記》曾指出：「『大鋸』乃二人挽的鋸子。……對於小木料而言，木匠（大工）則使用『鑼』。然於大佛殿（案：指京都廣方寺大佛殿，落成於1596 年）落成的時期，稱作『前引』的工具已經出現。……」這似乎暗示了「前挽大鋸」在雙人「大鋸」與「鑼」問世不久之後出現的。在日後「前挽大鋸」與「木の葉型鋸」之類的單片鋸，逐漸發展成為日本鋸子的主流。

　　1712 年的《和漢三才圖會》，以及 1761 年的《和漢船用集》中所羅列的「鋸」（のこぎり，nokogiri），幾乎以「木の葉型鋸」（このはがた，konohagata-）為主流。然而，失去鋸弓、鋸框的協助，除加闊鋸片外，使用上弧形運動更需要高度技巧，而鋸齒的處理成為這一時期日本具的重點特色。順木紋縱剖（縱挽）用的「挽割鋸」（ががり，gagari）、「值隅鉑」（ねずみががり，ne-zumi-gagari）（即後來的「鴨居挽」かもいびき，kamo-i-biki），橫剪（橫挽）用的「挽切」（ひききり，hiki-kiri）、「細齒鋸」（もどき，modoki），以及「引迴」（ひきまわし，hikimawasi）等等依據功能區分，所產生之不同款型的鋸子[68]。其發展的重點，轉向針對縱挽與橫挽的不同使用，開始有不同鋸齒作法，如此才可使原本隱有弱點的鋸片，具備新的優點。

　　縱挽、橫挽在鋸齒齒目上有所差異。縱挽的三角形鋸齒：鋸硬木

---

[68] 1985《竹中大工道具館‧展示解說》，p.20，神戶：竹中大工道具館。

用者，後端（裏刃）與齒道成 90°，前端（上刃）與齒道約成 45°，刃尖角度約呈 45°；鋸軟木用者，裏刃約 75°，上刃約 35°，刃尖角度約40°。縱挽齒目一左一右從齒尖 1/3 處向外撇出，以便開出鋸路，方使鋸片不會被鋸縫所夾緊卡死；但由於是裁鋸木料順紋，每齒目刃口為平口，齒道面上也平口即可。橫挽分茨目與江戶目兩種，茨目橫挽與硬木用縱挽齒目相似，但是每一齒目之裏刃、上刃皆開刃口，以便用以剪斷木質纖維。而江戶目則更複雜，不僅裏刃、上刃皆開刃口，同時上刃角度 75°，裏刃角度 90°，接近齒道面也開刃 30°稱上目，刃尖則呈 60°，且要求左右齒開刃之外，在鋸路的刃口夾角還要達到120°[69]。而這些鋸齒的細節，都須以鋸扳子、鑢（銼刀），來一一修整出來。如此，才能保持鋸子的鋒銳犀利，也只有準確地修整校正，才能保持鋸子鋸路準確，而且在無鋸弓、鋸框的輔助下，單片鋸能有較佳的表現。

（2）近世日本鋸的新發展

近世日本鋸的發展與西洋建築的傳入，以及日本鋼鐵工業的發展有著密不可分的關係。西洋鋸子的傳入，迫使日本「木の葉型鋸」轉型；而轉型的基礎則是更好、更普及的鋼鐵。

1.西洋手鋸

我們稍事說明一下西洋鋸與日本鋸的差異。傳來西洋鋸基本上的特色是直線齒道，鋸背通常亦呈直線，整片鋸身則呈長矩形、梯形或近似長三角形（近柄處較寬，前端較尖），而柄則皆似手槍柄（圖33）。西洋鋸使用上的一大特色是，平時單手操作；用力時左手按鋸背，右手直線推拉。這種鋸子的外型，以及操作方式，想必衝擊了日本傳統的江戶大工。

---

[69] 1.永雄五十太，1986《図でわかる大工道具》東京：理工學社。2.永雄五十太，1997《大工道具入門》東京：井上書院。

2.近代日本鋸子在技術上與意義上的變化

1877 年，日本第 1 回國內勸業博覽會，即發表了雙刃鋸（兩齒の
こ，りょうばのこ，ryouba-noko）。雙刃鋸（圖 35），這種一邊是
「縱挽」齒，一邊是「橫挽」齒的日本自創新型鋸子，於 1895 年左右
開始普及。[70]

雙刃鋸只是日本現代鋸最具代表性的一種，其實尚有「畔挽き」
（片齒、兩齒）、「縱挽き」、「橫挽き」、「柄挽」、「胴付き」、
「迴挽き」、「弦掛き」等等，其中「胴付き」即為我們一般所熟悉
的「夾背鋸」。

I.鋸片由鋼鐵取代熟鐵

必須強調的是，明治、大正年間，大部分這些現代鋸子是採用名
貴的日本傳統「玉鋼」所打造。（而中國框鋸明確是使用熟鐵製造，
日本傳統鋸大約也是如此。）直到日本的現代鋼鐵發達以後，鋸子才
改採「炭素工具鋼薄鋼板」等鋼材製成。[71]無論如何，使用強韌的鋼材
作為鋸片材料，過去鍛鐵的「木の葉型鋸」容易擠在木料鋸縫中挫曲、
卡住的缺點，現在已經被改良。

當鋼板鋸子上市後，日本大工（木匠）挑選一把好鋸子之時，往
往要把鋸身拗彎回彈來聽鋸子的嗡嗡聲，除了測試鋸子的剛質彈力好
壞之外，也幾近成為一種工匠儀式，用以欣賞鋼鋸獨特之強韌彈性。
因此，養護鋼鋸，鋸齒的調整、校正，與鋸身的上油保護，也自然有
另一番講究。

II.明治「廢刀令」使製刀工業轉為製造手工具

更重要的是明治年間「廢刀令」（1876 年）的影響，許多原本專
門打造「日本刀」的鍛冶師，開始紛紛轉業製造手工工具。而原本用
來製造「日本刀」的名貴「玉鋼」，也開始被用來製作手工工具了。
此時的木工工具，無論品質或產量都大大提升。許多鍛冶師也因為改

---

[70] 《竹中大工道具館·展示解說》，神戶：竹中大工道具館。
[71] 永雄五十太，1997《大工道具入門》，p.35，東京：井上書院。

良出優異的木工工具而功成名就。而傲慢的日本木工也會口出狂語地說：「為了求得超凡的工具，就是連妻子也可以典當。」[72]

Ⅲ.鋸子的形象珍貴化

因此尤其是鋸子的形象取代了封建時期的日本刀。鋸子象徵了木工，而刀象徵了武士。武士在使刀和照顧名貴的刀時，自然發展出許多講究，如出刀、甩刀、收刀、拭刀等等的優雅動作，以及把玩名刀心理。這些在階級工具的講究，在武士階級消逝的明治、大正年間，開始被職工階級所繼承。木工們發展出他們對工具使用、測試（彈鋸）與養護的講究，於是把玩一把鋸子與把玩名刀頗為類似。更甚者，所有的日本大工現代鋸，無不拒絕西洋鋸的手槍柄設計，而改採利於雙手握的直柄設計，恰巧與日本刀的雙手握柄極其神似。當然，雙刃鋸更是日本先進技術的新產物，名貴的玉鋼甚或洋鋼打造，可縱可橫的方便性，更證明它的優越性。凡此種種，無疑讓日本木工過足了癮頭，這批在封建時期身份低賤的「町人」階級，竟然也可以與過去的光榮「武士」階級相同，在想像空間中去把玩自己的「名刀」——雙刃鋸。附帶一點可以說明這種武士刀的想像。在中國《魯班經》中所繪製的工匠用鑿情形，大多是人直接跨騎在木料上，正面敲鑿（圖 37）。而日本無論古畫或現代施工準則，大多是側坐在木料上，側面敲鑿（圖 36）。他們的理由是，正面敲鑿容易擊中腹部。[73]然而，為何中國工匠無此禁忌？真正的問題可能存在於文化意象：正面用鑿，是否太像以小刀切腹的姿勢？真若如此，日本工匠們真的把這些工具，視同為他們的武士刀了。

（1）鉋刀

1.日本鉋刀的來源

---

[72] 竹中大工道具館，前揭書，P.23。
[73] 永雄五十太，前揭書。

　　鉋刀確定為大陸傳至日本的木工工具，但可能來自中國，也可能來自朝鮮半島。早期日本大工（ダイク，daiku，指木匠）用以修平木料的工具為「斧」（おの，ono）、「釿」（ちような，tyo⁻na）、「鐁」（やりがんな，yari-ganna）。「釿」為橫斧，用以修飾「斧」（縱斧）砍斲過的木料，但「釿」加工過的木料會有波浪紋，則須用「鐁」（矛形修飾工具）來修除波頭；但是用鋸子鋸出的表面，就很難修飾了。西元 1529 年左右，相當於室町時代的晚期，具有木臺的鉋刀--「臺鉋」（だいがんな，dai-ganna），開始在日本出現並逐漸普及，逐漸取代「鐁」的功能，也解決鋸面的修飾問題。[74]

　　江戶初期，日本開始有「ツキカンナ」（tzukikanna）的稱呼。可見得，中國傳入日本的「臺鉋」，原本可必須後拉，否則鋸片即將折損；這也使日本工匠慣於後拖使力，於是沿用鋸子的習慣，來使用鉋刀。[75]也因為這種倒拖鉋刀的習慣使然，鉋刃（鉋身）的頭、肩部設計，必須是圓滑易握（圖 27，28），而與中國式鉋刀刃頭呈尖舌狀（圖 30），極為不同。

　　另外，依據《和漢三才圖會》（1712 年）《和漢船用集》（1761 年）這兩種江戶時期大工事典的記載，發現日本鉋刀已具備「麤鉋」（あらがんな，ara-ganna，粗刨用）、「中鉋」（ちゅうがんな，tyu-ganna）、「上鉋」（じょうがんな，jyo-ganna，修飾用）等粗細之區別，更有「短臺」（みじかだい，mijika-dai）、「面取」（めんとり，mentori）、「丸鉋」（まるがんな，maru-ganna）、「鈍丸」、「反臺」（そりだい，soridai）、「溝鉋」（みぞがんな，mizo-ganna）、「ヒブクラ」（hibukura）、「臺直」（ダイナオシ，dainaosi）的功能區分。[76]換句話說，無論粗細不同的鉋刀，各式彎曲的內圓、外圓鉋刀，甚至溝鉋等等工具，在這個時代，總是透過造船或是建築工藝，

---

[74] 竹中大工道具館，前揭書，P.15，P.18。
[75] 神戶：竹中大工道具館網頁。
[76] 竹中大工道具館，前揭書，P.20。

已經自中國流傳到了日本。

2.中國鉋與日本鉋的差異

中國鉋刀似乎一向都是有二枚較長的刃（臺灣稱作「鉋刀舌」ㄅㄠ-ㄉㄛㄐㄧ`，明代鉋刀在上層的是用一枚木頭塞子），兩枚刃上中央都有一道溝，能同與鉋臺押槽上的一個榫相扣合，固定左右走向（圖30）；並且利用一根固定的橫栓（臺語ㄙㄥ），使上下兩枚刀刃相互擠緊，用來固定和調整刃口的高低位置，以決定鉋刀刨削的深度。然而日本早期「臺鉋」卻都只有一枚刃，完全依賴木臺刃槽和栓（押棒）的摩擦力，來固定刃口高低，而無其他調整的工具。在此須特別說明的是，一枚刃的臺鉋似乎只能順著木材順紋（順目）刨削，而無法應付較為複雜的木材纖維狀況，尤其是如紅木、花梨、黑檀等硬木類，或遇樹斑、逆目等等狀況。所幸自古日本森林擁有如紅檜之類，木質細緻柔軟的高級軟木料，這種單刃鉋上能發揮所長。同時看到另外一點，中國「突鉋」為向前使力，日本鉋則向後使力，似乎也可以從木材產地上來瞭解。對於木纖維複雜的木料，刨光時似乎須時時刻刻目視注意，故而採取前推法使力；突鉋的兩柄，正是讓雙手能臨機應變，調整左右手使力孰重孰輕，以便應付多變的木纖維狀況。而對於木質均勻之木料，不用目視而完全靠手與鉋刀的感覺，採取向後倒拖拉使力的方式，自然是一種較舒服的姿勢。日本大工道具的特色，大抵呼應了材料產地的條件，選擇後拖刨法以及無柄的一枚刃的臺鉋。

另一項原因，使得中國二枚刃鉋刀有較早產生的理由。中國的前推式鉋刀，刨屑會噴向後方，容易傷及工匠的眼、面，因此工具製造者必須努力改善這種狀況。二枚鉋恰能形成較大的夾角，使得刨屑向前倒捲，而不致傷及後面的工匠。後拖鉋的方式，則能使刨屑噴向前方，不會危及工匠，工具製造者也因此失去改良工具的機會，故仍停留於一枚刃臺鉋的階段。也就是說日本早期，以倒拖式刨木法來操作無柄一枚刃鉋刀的技術，是用人去遷就工具（雖然倒拖刨法是個舒服

的姿勢），但相對地失去了去創造較佳的工具的機會。

3.近世的日本臺鉋

日本二枚刃鉋的概念，似乎不是得自中國。明治維新以後，二枚刃鉋的秘訣自歐洲傳到日本。明治年間的木工教本中記載著，這種鉋的第二枚刃（位在上，裏金）能增加反折角，折斷木材的逆目刨屑，並且避免第一枚刃（位在下，穗）因受阻力過大而走位[77]。這個年代，二枚刃鉋刀迅速地全面性地取代了一枚刃。

江戶時期，原本日式建築的拖門溝槽，就需要特殊的工具加工，因此溝鉋、際鉋原本就用得比較普遍。明治維新以後，在日本因應洋館、洋風建築的興起，使得溝鉋、際鉋、面取鉋等，與製作西洋線腳有關的鉋刀開始流行於日本木工的手邊。

4.日本鉋檯

在日本早期寺廟興建繪畫記錄中，諸如：17 世紀《川越三芳野天神緣起繪卷》，所見到之鉋刀使用情形，多半將木料平鋪於地，或僅只用橫臥角材墊高。換句話說，日本早期鉋檯所提供的工作高度，是配合盤腿而坐地工作。這在近現代日本指物師（細木工司傅），也經常採這種鉋檯。

若從現今所見大工（大木作）鉋檯，則有平式、斜式兩種，但無論如何都是適合日本木工習慣，配合倒拖鉋刀的使用方式設計的。平鉋臺約為與腰等高；斜鉋檯則較高的一端與胸等高，矮的一端與腰等高，同時檯腳須有一端固定在地面。

平鉋檯使用時，大抵須躬身操作，較為費力辛苦；日本工匠所稱許的斜鉋檯則能配合伸臂、曲臂的運動軌跡，而且更能配合人體後傾時的腰力運用，刨出的刨花則可至薄如蟬翼，這不僅僅是一門工藝，真可說是是一種手腦一體的藝術性表現。[78]

---

[77] 神戶：竹中大工道具館網頁。

[78] 參考自：1.永雄五十太，1986《図でわかる大工道具》東京：理工學社。2.1985《竹中大工道具館·展示解說》，神戶：竹中大工道具館。3.永雄五十太，1997《大工道具入門》東

5.日據時期臺灣木工鉋刀的轉變

日本人初統治臺灣時，對臺灣突鉋以及木匠向前推鉋的習慣感到非常好奇，經常成為畫家的素材[79]。但是，部分抱有偏見的日本人則甚至認為：臺灣木匠因為不懂得後拖式刨法，所以不夠優秀。殊不知，這不僅是兩民族的工具傳統的不同，更肇因於歷史上兩個森林產地，所產木料的差異性，以致工具發展相互有異。嚴格而言，如前節有關鉋刀源流的比較和討論，雙刃突鉋和前推式刨法，是比較能適應各種不同質材木料的技術，在工具的設計上反而應該說是比較優秀才對。或者持平一點說，前推式刨法與拖式刨法，應該只是存在文化性的差異，其實無須強迫一定採取何種方式。

臺灣日據時期的開始，正處明治年間日本展開工業現代化腳步之時。而從整個大正年間（1912-1926），一直到昭和 30 年（1955年），包含了整個臺灣的日據時期，恰巧是日本木工的手工道具發展最興盛的年代。[80]日本人自早期與洋人接觸中，學到許多特別的木工工具；也在明治至昭和之際，鋼鐵工業現代化發展的基礎下，改良了日本傳統木工工具。這時期，在大戰結束（1945 年）之前，臺灣正值日本殖民統治，於是臺灣便在被殖民的氣氛下，接觸到了這些先進的工藝技術。然而自昭和 30 年以後，日本則朝向電動工具發展，於是開始與殖民時期在臺灣的經驗分道揚鑣，走向截然不同的路途。

經過殖民時期，臺灣木工手邊多出特殊的鉋刀，有源於日本傳統的，也有轉手來自西洋的，面貌極為多樣。茲介紹如下：

1.平鉋

平鉋（臺語：ㄅㄥㄝ-ㄆㄠ-ㄚˋ）大抵仍分作「粗鉋」（臺語：ㄘㄛ-ㄆㄠ-ㄚˋ，相當日本的「荒鉋」あらがんな）、「中鉋」（臺語：

京：井上書院。

[79] 立石鐵臣，1943《民俗臺灣》（24）封面；向陽，1986《臺灣民俗圖繪》p.154，155；宮川洗圭，1895《風俗畫報第百一號臺灣征討圖繪第二編》；許佩賢譯，1995《攻臺見聞》p.32。

[80] 1985《竹中大工道具館·展示解說》p.24，神戶：竹中大工道具館。

ㄅㄧㄛㄥ-ㄎㄠ-ㄚˋ，相當日本的「中鉋」ちゅうがんな）、「光鉋」
（臺語：ㄍㄥ-ㄎㄠ-ㄚˋ，相當日本的「上鉋」じょうがんな）等粗細
鉋刀。也有專門用在細小場合的小平鉋。然而，從民俗學家的田野資
料得知，至少在 1944 年左右，臺灣師司傅似乎仍偏好有柄、二枚刃的
鉋刀。[81]

2.反臺鉋、丸鉋

日本的反り臺鉋、丸鉋是刨削圓弧的鉋刀，臺灣在日據以前已具
備一部份這種工具，日據以後工匠手邊有關這方面的鉋刀包括以下諸
款：

I.「彎鉋」（臺語：ㄨㄢ-ㄎㄠ-ㄚˋ），但是多了橫柄。[82]

II.「南京鉋」（臺語：ㄌㄚ m-ㄍㄧㄥㄚ-ㄎㄠ-ㄚˋ）小型的彎鉋，
木臺與橫柄一體成型。

III.「滾鉋」也是比南京鉋更小的「彎鉋」，又稱「金蕉鉋仔」
（臺語：ㄐㄧㄣ-ㄐㄧㄛ-ㄎㄠ-ㄚˋ）、「偷吃鉋仔」（臺語：ㄊㄠ-ㄐㄧ
ㄚˇㄎㄠ-ㄚˋ）[83]，僅以刀刃的兩耳插在木柄上，形成一支最小鉋刀。

IV.「內圓鉋」係鉋木臺下端呈圓弧內彎槽的鉋刀，可以刨削圓凸
線腳，綽號「凹個」（臺語：ㄋㄞˋㄍㄛˊ）。[84]

V.「外圓鉋」係鉋木臺下端呈圓弧外彎槽的鉋刀，可以刨削圓凹
線腳，綽號「凸個」（臺語：ㄆㄛㄍˋㄍㄛˊ）。[85]

3.際鉋

日本「際鉋」（きわがんな，kiwa-ganna）的特色是：斜的鉋刃口，
刃口斜向鉋臺一側，是用以修飾木料垂直內角的工具。這款鉋刀具有
左右兩種類型，稱作右勝手、左勝手。

4.溝鉋

---

[81] 國分直一，1944〈淡水河的民船〉《民俗臺灣》4（2），pp.2-15，臺北。

[82] 立石鐵臣，1943《民俗臺灣》3（6）封面，臺北。

[83] 臺北保安宮修復工程中司傅口述。

[84] 臺北保安宮修復工程中陳頂財司傅所口述

[85] 王松漢，1998《臺灣傳統細木作榫卯集》，鹿港：左羊。

　　日本「溝鉋」（みぞがんな，mizo-ganna）係為包括：「決り鉋」（しゃくりがんな，syakuri-ganna）、「讇取り鉋」（わきとりがんな，wakitori-ganna）、「底取り鉋」（そことりがんな，sokotori-ganna）等等的集合名詞。一般溝鉋木臺高動總大於寬度，因此刨屑不自木臺上端排出，而改由側面一個漏斗型的出屑口（えぐり部）排出。這個出屑口，同常設在刨削基本面的對側面。

　　I.「決り鉋」（しゃくりがんな，syakuri-ganna）

　　A.「荒突き鉋」（あらつきがんな，aratzuki-ganna），臺灣式的名字：「線刀」（ㄙㄨㄟˋㄉㄛ）。[86]

　　B.「基市決り鉋」（もといちじゃくり-がんな，motoichi-jyakuri-ganna）

　　「基市決り鉋」則較「荒突き鉋」準確，是一種理想的手工「決り鉋」。「基市決り鉋」是大正末年間於基市地區發展出來，而暢行于昭和年間，它的特色就是將「決り鉋」與「罫引」結合成一體。「基市決り鉋」仿照「罫引」用「定規版」來引導鉋刀走向。這種精準的「決鉋」也被臺灣司傅喜愛和仿製，被賦予了新名字：「臺式嵌槽鉋」[87]。

　　C.「機械決り鉋」（きかいちじゃくり-がんな，kikai-jyakuri-ganna）

　　「機械決り鉋」其實就是指利用螺栓、蝴蝶螺帽組合的定規板的「基市決り鉋」類型，用在一些特殊的加工場合。有兩款常見類型：

　　a.「機械決り鉋」的一般型，適用於 5 分以下溝槽口。臺灣所見的改造型「機械決鉋」，經常見到定規板固定於鉋臺底，蝴蝶螺帽鎖在臺上端；或有直接釘死定規板，固定尺寸規格者。由於是改造品，依

---

[86] 臺北保安宮謝東華、陳火樹司傳口述。

[87] 王松漢，1998《臺灣傳統細木作榫卯集》p.109，鹿港：左羊。86 王松漢，1998《臺灣傳統細木作榫卯集》p.102，108，鹿港：左羊。

據功能被稱作「槽鉋」、「含鉋」名稱不一[88]。

　　b.「蟻決り鉋」（ありじゃくり-がんな，ari-jyakuri-ganna）（hibu-jyakuri），是用以製作鳩尾榫卯（あり，ari；臺灣稱「三角榫」ㄙㄥㄚ-ㄍㄚㄍˋㄙㄨㄟˋ）之用。鉋底為斜面，斜刃口並帶兩枚罫引刃，定規板亦為斜底面，調整定規板可決定用以刨削公榫或母榫。這種鉋，在臺灣所見較少。

　　II.「讁取り鉋」（わきとりがんな，wakitori-ganna）

　　一種刨削側面的鉋刀，一枚刃，有左口、右口之分，木臺上寬下窄，高度大於寬度，但木臺用以刨削之側面與木臺底面呈垂直，木屑則自刨削面的對面排出。但這種鉋刀在臺灣司傅手中極少見到。

　　III.「底取り鉋」（そことりがんな，sokotori-ganna）

　　為「荒突き鉋」的改良型平口二枚刃，操作時刃口穩定，應可取代「荒突き鉋」成為「決り鉋」的基本型。這款鉋刀，在臺灣亦常看到，卻是以「線刀」[89]、「邊鉋」[90]的名義被使用。

　　5.面取鉋（めんとりがんな，mentori-ganna）

　　面取鉋是專門用以刨出轉角線腳的鉋刀。配合不同的線腳設計，有不同的面取鉋：角面、丸面、匙面、銀杏面、角銀杏面、冰炭面……等等，不一而足；對應了的鉋刃也是多采多姿。面取鉋有兩種，一種固定木臺；另一種則可調整刨削線腳寬幅。在臺灣司傅手邊所見到，的幾乎都是固定式的面取鉋。

　　6.臺直鉋（だいなおしがんな，dainaosi-ganna）

　　其鉋刃為垂直，用以修正其他鉋刀木臺下端的彎曲不平等變形狀況，通常則不帶橫柄。這種修正工具，所用的工具，也曾出現在某些臺灣工匠的手邊。

<hr>

[88] 臺北保安宮修復工程中謝東華、陳火樹司傅口述。
[89] 王松漢，1998《臺灣傳統細木作榫卯集》p.98，鹿港：左羊。
[90] 王松漢，1998《臺灣傳統細木作榫卯集》p.98，鹿港：左羊。

（3）尺

在尺寸工具方面，在江戶時期日本已經發展出鐵製曲尺；而當時中國民間則仍流行以竹木製作曲尺。同時，日本匠人已運用勾股定律撰寫出《規矩真術》[91]這類供匠參考書籍。

1895 年 10 月，日本初統治臺灣，就制定「臺灣度量衡販賣日令」，開放日本度量衡器輸入臺灣，於是新瀉鋼製曲尺便被引進。稍後在 1900 年（明治 33 年）11 月「臺灣度量衡律令」，迫使臺灣人全面採用日尺。其造成的衝擊如下：工業化新瀉縣鋼尺，提高了刻度的準確度、持久性，淘汰了原本竹木材質的尺。同時，傳統營造尺（魯班尺）被廢棄，而開始公告使用的臺尺（日尺）其實際尺寸略小魯班尺，其結果是造成了傳統營造體系的許多混淆。原本傳統營造所用的門公尺，是依據魯班尺 1 尺 4 寸 2 分製作的，上刻有刻度（財病離義官劫害本）作為吉凶依據的，竟被以日尺 1 尺 4 寸 2 分所取代。

然而真正的影響是，工業化鋼尺衝擊到大木司傅「篙尺」的存在地位。日本殖民時期。在手工製作的竹木尺時期，每一位工匠手中的尺刻度不一，而篙尺原本扮演了統一工地裡度量單位的角色。如今這個位置因為工業生化生產的鋼尺問世，使每個工匠手上都有尺寸刻度精確的鋼尺。縮尺的施工圖上的數字，直接以鋼尺可以準確地落成實物，不再需要擔心每人手中的尺刻度的誤差，因而相對使得篙尺作為統一尺度的重要性隨之降低。

（4）白書、罫引

日本（木工工具）中的放樣工具，除墨斗以外，尚有「白書」（しろかき，sirogaki）、「罫引」（けびき，kebiki）等工具。

「白書」（白書き）是指斜口刀的畫線工具，而「罫引」則是具

---

[91] 鈴木正豐，弘化 4 年（1847），《規矩真術—軒迴圖解》。分上下 2 卷，上卷提及：「一尺四方，斜一尺一分四厘二毛餘」的尺寸法。

有定規板、桿、刃所形成畫線工具。兩者相同之處，在於以刀痕代替墨線，作為放樣工具，而這幾乎是源自日本大工（ダイク，daiko，木匠）的傳統，似乎不是源自中國木匠傳統。

1.罫引的來源

罫引是否為西洋傳入日本的工具，目前並未可知。在《和漢三才圖會》（1712）、《和漢船用集》（1761）等日本木匠古籍中，並未見到「罫引」。甚至可以說是，中國流傳至日本的木工具中，並不包括「罫引」。但是，現藏於京都御香宮的桃山時期（16世紀）天滿宮道具中，已經包括一支「罫引」。

江戶時期，具有動人的弧形曲線的「茅場町型」罫引，就流傳於日本橋附近的工匠之間。這些年代都早於明治時期，擬洋風建築的流行，及極其影響下的西洋工具的暢行。但是，若以德國 Ulmia 廠製的罫引來看：為正方形定規板，具有四隻棹，四刃，棹上有尺表，以螺絲控制長度。德國罫引活似日本「鎌罫引」與「柄罫引」的綜合體，不得不讓人懷疑，「罫引」是否是早年日本學自西洋的工具。

另一項證據是，江戶幕府初期《日葡辭書》（1602年）對ケビキ（kebiki）一辭，曾註明其為「大工加工木材之際，用以引導罫線的工具」，因此極有可能為葡萄牙人所傳入。

但是毫無疑問，「罫引」在臺灣，是日本的技術遺留。

2.白書

「白書」主要用於木料表面的放樣，無論垂直、平行木紋，甚或斜角都可使用。在日本的傳統，大多運用於放樣榫頭、榫口，以及小組件的木構件等，短鋸路的放樣時，較為常用。

I.切出

「白書」與「切出」（切出し）外型相似，都呈單片式的斜口刀，口較寬，尾較窄；但「白書」刀口為鈍角，「切出」刀口為銳角。「白書」主要是放樣工具，必要時兼作雕刻刀；但「切出」本身即是削割用的小刀。由於切割使用方向不同，「切出」往往有左右刃之

分。「切出」的刀口在打造之時，是經由熱處理，使鋼的刃與鐵的地金兩部分鍛接而成的，借用鋼的銳利強化於刃口。由於刀口是「切出」的生命，所以收藏時，經常以刀鞘保護。

II.くり小刀

另外還有一種稱作「小刀」（くり小刀）的工具，與「切出」相同，是用以修飾曲線，或圓孔的工具；而非用來放樣。

3.罫引

「罫引」是沿著木料的一邊，劃平行線的放樣工具。但是「罫引」不能使用在粗糙木料上，因為「罫引」放樣所依賴的導線，必須是木料修飾完整的一道稜線，這道稜線頂面、側面都必須經過刨光，並且兩面都須經曲尺測過垂直無虞，如此「罫引」才能依據這道稜線來取出另一條準確的平行線。一般，這道作為基準的稜線之側面，稱作基準面。換句話說，「罫引」所劃出的線，即是基準面的平行線。

I.構件

「罫引」通常由「定規板」（じょうきいた，jokiida）、「刃」（ほ，ha）、「棹」（ちお，sawo）、「楔」（くちび，kusabi）四個構件所構成。

A.定規板：用來界定「刃」走向的導板，擱在所要放樣木料一端的基準面，使用「刃」劃出平行線。為期能便於手握，方便劃線拖拉，「定規板」一向造型圓潤柔順。江戶時期日本橋附近工匠所愛用的「茅場町型」罫引，其「定規板」就具有動人的弧形曲線。但晚近的製品，則為了便於放置於桌面，底線都採取直線作法，僅留手握部分的弧線，造型呆板許多。

B.刃：用以劃線的刀刃。「刃」刀頭通常呈劍尖，尖頭偏向前，使後端刃口加長，便於劃線時，能順利向後使力，拖拉「罫引」。同時，「刃」身雖須垂直，但水平角尾部卻須向外微張 1°-2°，俾使「罫引」拖動時，逼迫「定規板」與基準面能滴水不漏地密合，以避免因「定規板」遊走，而造成放樣失準的狀況。

C.棹：一支垂直穿過「定規板」所伸出來的木腳，它的另一端則固定著「刃」。「棹」（ちお）字的日文意義即是中文的「竿」或「桿」的意思。若調整棹的伸出長度，即可以控制「罫引」放樣的寬幅。當「棹」特別長，而且「定規板」也配合加長時，則稱作「長罫引」。

D.楔：用以鎖緊「棹」，固定放樣寬幅的零件。「楔」是東方工匠的傳統；有的「罫引」則學習西方傳統，以蝴蝶螺絲、手旋螺絲來代替「楔」的鎖緊功能，而具有一項稱作「機械罫引」的別名。

II.罫引的種類

「罫引」傳統上分作四種：「筋罫引」（すじけびき，suzi-kebiki）、「割罫引」（割り罫引，わりけびき，wali-kebiki）、「鐮罫引」（かまけびき，kama-kebiki）、「枘罫引」（ほぞけびき，hozo-kebiki）。四者間，外型及使用功能都有某些差別。

A.筋罫引：為最典型的「罫引」。由於它的「刃」部刀頭只用以劃線，所以一般露出「棹」底不多。而它的「刃」刀口開刃方向朝內，也就說，「筋罫引」劃出的 V 型槽，為外直內斜的單斜槽口。

B.割罫引：是一種「刃」部刀頭比較長的「罫引」，用以直接切斷薄木板。然而，拖拉時須特別用力，因此「定規板」須加厚加圓成梭型，充滿掌心，以防脫手；下方則開槽面，以緊貼木料基準面。加上「棹」，整體造型，宛若一隻展翅小鳥。其餘則與「筋罫引」相類似。

C.鐮罫引：為一種具有活動雙刀頭（「刃」）的「罫引」。對於固定寬度的槽口的材料，如日式拖拉紙門的軌道，就十分方便。「鐮罫引」的兩根「棹」，是採取抽屜式同心互套，落刃點落可在同一條起點線上，十分理想。但若想用一支「楔」，同時來鎖定兩支「棹」，則將會產生困難。因此一般而言，「鐮罫引」都是採用蝴蝶螺絲或手旋螺絲，從上方同時鎖住同心的兩支「棹」，來代替「楔」的功能。

D.枘罫引：「枘罫引」可視為固定式的「鐮罫引」，是專門為了製作仕口（しぐさ，sigusa，榫頭）的枘穴（ほぞあな，hozoarna，卯口），而設計的放樣工具。這種罫引「棹」的四個面上，各安裝了一組固定間距的兩支「刃」，每一組刃的間距恰等於各號鑿子的寬度。「枘罫引」劃出的間距，即是鑿子的刀路寬，對於製作榫頭卯口非常方便，只要一個號數的鑿子就可工作到底，鑿口即可保持平整俐落。因此，又被稱作のみけびき，（nomi-kebiki），意即「鑿罫引」。為配合多種號數鑿子，「枘罫引」通常具有正方形斷面的「棹」，以便四面各安裝一組不同間距的刀刃，同時於定規板兩側各伸出「棹」，一共能訂出 8 種鑿子的寬距。而其定規板也配合做成正方形，但四隅則抹圓角[92]。

3-2、日本工具對臺灣木匠的影響

（1）日本鋸

1.雙刃鋸暢行臺灣

雙刃鋸暢行的年代，恰與臺灣的日據時期相符。雙刃鋸在臺灣司傳多稱為「雙面鋸」（ㄒㄧㄤ-b ㄧㄢˋㄍㄨˊ）或「日本鋸子」。臺灣司傳對於這種鋸子的口碑不少，一支同時可「鐐」（ㄌㄧㄠˊ，縱剖）可「剪」（ㄗㄝㄣˋ，橫斷）；攜帶方便，可以攜上鷹架、屋頂工作；鋼質佳，不易挫曲；使用靈活，適合裁切榫頭。[93]光復後成為臺灣木工司傳人手一支的景況。

2.擬洋風、雨淋板、洋釘與雙刃鋸的關係

殖民時期，在日本人將木構造「擬洋風」雨淋板建築引進臺灣的時候，新的風格與新的構造方式，伴隨著新工具和新建材，甚至是新

---

[92] 參考自：1.永雄五十太，1986。2.1985《竹中大工道具館·展示解說》，神戶：竹中大工道具館。3.永雄五十太，1997《大工道具入門》東京：井上書院。

[93] 林瑞雄、蕭古輝司傳口述。

的營造體系一同移植了臺灣。

擬洋風意味了設計方面排斥了傳統工匠的參與，另有一群懂得洋文化的人取代了傳統工匠的設計權，工匠現在只能「按圖施工」。雨淋板則意味了洋釘派上建築工地，洋釘代替了榫接，乾式代替了濕式施工，營造速度無疑加倍。一隻雙刃鋸，轉面即可縱剖或橫剪，無須再分「縱挽」「橫挽」。而且直柄設計方便於拴在腰帶上，以便攀爬上鷹架、屋頂直接施工，無須一味仰賴地面精心預製木構件。

雨淋板、洋釘等的商品建材的規格化，促成了施工的條理化；因而無須再仰賴傳統那套透過玄學系統，來賦予尺寸的標準化。雙刃鋸則加重在鷹架上的直接施工，而地面加工的份量相對減輕，地面預製構件品管閘口的角色也相對降低。於是，透過工具、技術以及施工程序的現代化，「篙尺」的重要性喪失，傳統營造生產方式的基礎被撼動。

3.釘仔師的產生

雙刃鋸工具便利化以後，雨淋板、洋釘等的商品建材的規格化，也促成了木構造建築施工的簡單化。由於有進步的工具，而且只需用洋釘，已經不做榫，木工勞動力訓練上已無須像傳統木工匠複雜的拜師學藝過程了。大正 5 年臺灣勸業共進會主辦的萬國博覽會，現場需要許多臨時建築，承包該工程的日本請負業於是培養一批技藝較低，只會用洋釘不會做榫的臺籍木工師。日後這些木工師，被臺灣同業就稱為「釘仔師」[94]。但是也有一些傳統木匠，向日本人謀職的，他們技藝就比較好。

---

[94] 王永川司傅：「……在日本時代，因為有日本人的營造廠，那時候的公有建築都是他們在做的，但是一般的住家就是我們在做的。日本人有訓練一些木工師，我們都叫作是「釘仔師」因為他們都是用釘仔在施工，不曾學過傳統的東西，所以較不會用榫接。但是有一些是原本作傳統的，因為沒有工作，才去讓日本人請，那一種的功夫就比較好。……」（許智強，1999《傳統細木工匠變遷與轉型之研究--以臺南永川行為例》，p.145，雲科大碩論）

（2）日本鉋刀

1.日本鋼鐵工業對臺灣工具發展的影響

1944 年間的資料裡，所見到的臺灣司傅的鉋刀之鉋刃（臺語：鉋刀舌，ㄅㄠˋ-ㄉㄜㄌㄧ）仍呈舌頭狀，並未改變。但在當時，臺灣司傅就已經盛讚日本製的鉋刀鋒銳精良，雖然他們的鉋刀仍是臺北犁頭店（打鐵店）的製品[95]。然而，光復以後至今，臺灣市面上一般鉋刀的刃頭都是圓形的，再也找不到舌頭形的鉋刃了。這似乎是受到日本鋼鐵工業的重大影響。

2.鉋刀使用方式的文化融合

有部分鉋刀，臺灣司傅手邊出現過，但卻不在日本鉋刀的類型範疇之列。如「清含底鉋」、「捻肚鉋」等等，似乎專門在處理中式裝修的嵌版之類的問題，因而為日本鉋刀所未見。這類鉋刀在光復後仍為臺灣司傅所經常使用。

雖然日據時期日本人傳入許多特殊的鉋刀，甚至有些司傅直接認為：今天臺灣所有的鉋刀都是源於日本鉋刀[96]；但是臺灣鉋刀的橫柄並未受殖民統治退化，鉋刃也未從二枚變成一枚。但是光復後的臺灣木工司傅們，似乎都練就了左右開弓的好功夫，也就是前推鉋和後拖鉋都能適用。因此，市面上可以買到的鉋刀，有柄的無柄的都有；甚至有的鉋刀柄可以抽下來，可以當無柄鉋刀使用。但是像圓刨、際鉋、決鉋等小鉋刀，則無柄的較多。然值得注意的是，大部分的臺灣司傅即使操作這些無柄小鉋刀時，仍然習慣採取前推刨法。

3.刨檯的問題

雖然日本人極力推崇倒拖式刨木法和斜式刨檯，但其實若配合水秤的使用，在臺灣工匠口中，平鉋檯有其奧妙。平鉋檯刨前、刨後都可用水秤測過水平，檢視料刨平成果。另外，若兩塊皆已刨光的木

---

[95] 國分直一，1944〈淡水河的民船〉《民俗臺灣》4（2），pp.2-15，臺北。
[96] 方清明司傅口述 2001，7，27。

料，光面上下相疊置於櫈上，匠人用手一彈木料，聽聲音就可知道木料密合程度，以及兩塊木料刨光是否及格[97]。

（3）白書、罫引對臺灣工匠的影響

1.白書

「白書」較為少見，而「切出」基本上被理解為削切用的小刀，通常以橢圓斷面的木桿，製作柄與鞘。在臺灣木匠間被使用到的，也有以「尖尾刀」（ㄐㄧㄚ m-b ㄨㄟ ㄉㄛ）為名的裸刀，用途類則似「切出」。光復後，治安單位卻每每稱「切出」為尖刀，並稱「くり小刀」為扁鑽，視之為凶器。

傳統中國工匠系統中，所有放樣工具皆以墨線為主，從來沒有以刀刃割劃的放樣工具案例。但是殖民時期臺灣著名的傳統大木匠師陳應彬，則將「白書」與鑿子視為同一種工具。陳朝陽曾表示，其祖父陳應彬在訓練徒弟時，曾嚴格要求每一個人必須用鑿子，在一分間距內分割十條線。[98]其實此時臺灣鑿子的作用，已經與日本「白書」相差無幾。

2.罫引

「罫引」在臺灣師傅口中稱為「刈刀」（割刀，ㄍㄨㄚ ㄉㄛ）。澎湖師傅用「刈刀」（「割罫引」）切割桷材。彰化、田中、北斗一帶師傅，也用「刈刀」定線，做榫卯。另外也曾見將「割罫引」稱作「割木刀」，稱「枘罫引」作「拖孔規」的。[99]

名稱上雖有小異，但是這些工具是已經出現臺灣師傅們的櫈面，成為工作上不可或缺得一部份了。同時，無可諱言地，無論是「刈刀」或「罫引」，都帶給木匠工作更高的效率和準確度，也提高了工

---

[97] 方清明司傅口述 2001，7，27。

[98] 洪文雄教授轉述陳朝陽司傅口述。

[99] 王漢松，1998《臺灣傳統細木作榫卯集》，鹿港：左羊，亦見於：許智強，1999《傳統細木工匠變遷與轉型之研究--以臺南永川行為例》，p.133，雲科大碩論。

作速度和便利性。

3-3、新瀉鋼尺的影響

（1）工業化精準的刻度衝擊到「篙尺」的依存條件

過去「大工師」執篙尺，標記著工地現場所有的設計構件的標高與尺寸，並作為施工管制閘口的角色，開始有了新挑戰。日本殖民者所帶來的建築技師與請負業者（承包商），透過契約化藍圖與讀圖的監工，取代「大工師」管制閘口的角色。同時，縮尺的施工圖上的數字，可以直接以鋼尺準確地落成實物，不再需要擔心每人手中的尺刻度的誤差，因而相對使得篙尺作為統一尺度的重要性隨之降低。於是乎，在負業者配下或下包的職工群中，不再具有「大工師」可以扮演的角色，一律被歸為齊頭的勞力出賣者的地位，聽命於監工的指揮。

（2）新瀉鋼尺作為日籍請負業清除匠幫的幫凶

「篙尺」所代表的是整個有組織和號令系統的匠幫，「篙尺」被去除則意味了工匠們被削為齊頭平等的職工，無組織，隨時可被替換。新瀉鋼尺並不能取代篙尺，而是殖民者的新營造體系取代了匠幫。但是，若無新瀉鋼尺的引入，那麼在殖民者新營造體系的請負業者之下，或許匠幫會繼續以下包的型態存在，而「篙尺」閘口角色也會繼續存在。

3-4、監工角色的興起

（1）殖民地營造市場新興請負業與其監工

殖民者所帶來的新的營造體系，是由業主提出設計圖，承包商（請負業者）依據設計圖做為契約，按圖施工予以完成。在這裡，業主提出的設計圖是新的建築風格，需要新的營造技術，也需要自殖民

母國進口新建材和新施工工具；而這些都不是臺灣傳統營造匠幫所承接得了的。於是殖民者自己創造了新殖民地的新市場，而且也自己統包了這個市場。一群號稱為「隨軍酒保」的小商人開始經營起新殖民地的進口建材、運輸和營造請負業來。[100]而臺灣工匠僅能以個人職工的身份，下包日本人承攬的工程，參與分食新市場的大餅。於是介於第一承攬廠商與下包之間的監工角色於焉浮現。某些日本人亦談到，通常日本工匠一到了臺灣，就都不再親身勞動了，而改為指揮和監督本地人勞工工作。也就是說，日本在臺請負業的監工，其實原本是在該旗下日本工匠。

（2）監工的自豪與權威

由於明治年間「廢刀令」之後，日本木工工具製造技術突飛猛進。在日俄戰爭前後，傳統工具更隨著日本鋼鐵工業的崛起而發達。明治初期更由於洋館、洋風建築的興起，這些精密優秀手工工具，更成為營造豐富的新建築風格之堅實基礎。日本木工工具在大正、昭和時期有著優異表現和發展，也成為日本工匠非常自豪，而極力向殖民地臺灣工匠炫耀的技術之一。而這些日本工匠到了臺灣，多半都不願再屈居職工角色，而成了監工。

在許多臺灣工匠的回憶裡談到，日本監工非常耀武揚威、神氣、凶悍、嚴格。對臺灣工匠的管理方法是：一來就檢查工具，凡是工具整理不佳的，當天就回家不必工作了。工作流程，一旦有一個動作疏失了，一句「馬鹿野郎」（笨蛋）連同一個巴掌馬上就下來。[101]

然而，日本監工之所以可以非常耀武揚威、神氣、凶悍、嚴格地檢查工具，基於前述的日本工具的進步，也正是日本監工引為自豪的，因而藉此展現其先進技術的權威。然而這技術落差，不僅僅在於

[100] 曾憲嫻，1997《日據時期土木建築營造業之研究—殖民地建設與營造業之關係》中原碩論。

[101] 林瑞雄司傅、方清明司傅、金瓜石臺電公司人員的口述，都曾如此表示。

它的技術先進、精密與否，而且也同時關乎異民族的文化差異。（例如前推鉋與後拖鉋的差異。）文化差異使得臺灣本島人工匠更加摸不著頭緒，日本監工更加可以拿著雞毛當令箭，越發擴張他們監督權威的空間。

（3）監工取代大工師的角色

然而其實監工的真實角色，正是取代過去傳統營造體系的「大工師」的位子。從營造體系而言，新營造體系中請負業者需遵從業者所提出的設計圖，按圖施工。傳統大工師自行設計的角色因而喪失。此外，新營造體系以監工作為讀取和詮釋設計施工圖角色，指揮職工按圖施工，並監督其施工品質。而這個角色，正是過去大工師透過「篙尺」，所扮演的施工管制閘口的角色。

（4）更乖巧、更聽話的職工

大工師被監工所取代，是在日本殖民者移植到臺灣的新營造體系中發生。這意味大工師所率領的匠幫組織，不可能承包日本殖民者工程的下包，而必須以個人職工身份方才可能承攬其下包。而監工所監督的對象正是一群個人身份的職工，隨時可被替換，因而監工能以高姿態伸張他們的權威。

某些資料顯示，為了使手下的工匠能夠更聽話，日籍請負業只徵求十幾歲有手藝的年輕人，而放棄身強體健而又有經驗的中壯年工匠[102]。其目的就是要招聘服從性高，願意聽使喚的勞工；而非有頭腦、有經驗、有主見的工匠。日籍請負業亦於大正年間的臺灣萬國博覽會時，培養出一群以洋釘施工為主的「釘仔師」，來作為職工。[103]

---

102 郭德蘭司傳口述。
103 王永川司傳口述。許智強，前揭書。

3-5、被殖民者的三種營造者

日本殖民時期，殖民者創造了新的殖民地建設的公共工程的市場，同時又由自己人佔據了大部分的市場。然而，被殖民者並非從此就無發揮的場域了。除了鄉間自助式的房屋興建以外，被殖民者尚還有三種不同營造角色存在。

（1）興建廟宇的傳統司傅與匠幫

透過大正時期，一段民間富裕的年代，傳統營造司傅亦能獲得承攬廟宇工程的機會。於是在日本殖民時期裡的大正年間，是臺灣傳統廟宇百花齊放的年代，最好的廟宇建築藝術在此時展現。

1930 年代，臺灣政治上走向皇民化，經濟上進入統制時期，民間社會被國家嚴格納編控管，廟宇建築被禁止興建。失業的傳統司傅只好向日本人謀職；然而即使能有工作，也只能分配到門斗（門框）的製作，連門版都做不到。[104]

（2）釘仔師、日籍請負業的下包

如前所說，日籍請負業亦於大正年間的臺灣萬國博覽會時，培養出一群以洋釘施工為主的臺籍「釘仔師」，來作為旗下職工，或長期合作的小包。然而，這當中亦不乏本身具備傳統木工藝訓練的司傅，他們仍被要求配合日本人的工作習慣，例如一定要倒拖鉋刀等等。[105]一般而言，便是這群司傅將日本的新工具技術，介紹到臺籍同業之中的。

---

[104] 陳專琳司傅口述。
[105] 陳合元司傅口述。

（3）臺籍新興的請負業者

隨著明治 45 年（1911）臺北工業講習所成立，一些臺籍子弟有志從事建築行業者，即投考赴該校就讀。然而，這批木工科、土木建築科學生一畢業即面臨失業。尤其臺籍畢業生，在一般建築師事務所根本不被接受；又輾轉於請負業間，但離職率仍高。嗣後，大正 7 年（1918）開始有臺籍畢業生自行成立請負業，如協志商號（今大同公司）、光智商會等陸續成立，並彼此吸納臺籍同學成為公司成員。[106]

1930 年以後，這些臺籍請負業因禍得福。由於日本人陸續被派往戰地，營造資材亦受到總督府嚴格控管，日籍請負業因而規模縮小；臺人請負業者反而能得以逐漸嶄露頭角，獲得成長的機會。

然而令人遺憾的是，除了少數進入公家機關的幸運兒外，臺籍工業學校畢業生全被排擠於建築設計之外，無緣參與建築及都市美學的工作行列。

四、結語

過去對研究臺灣殖民地時期的技術引進，多半持正面性的看法，認為這些基礎促成日後的臺灣現代化。然而，本文所要強調：日本殖民時期，殖民者引進了先進的技術，對於殖民地人民而言，並不是一個具主體性的自發的現代化，而是被強迫性地、硬生生地橫向移植的現代化。

這種移植的、非自主性的、袪主體性的現代化，日本殖民者所加在殖民地上的，包括制度面和技術面的兩個部分。

---

[106] 林挺生，〈先嚴林尚志先生事略〉《創辦人老董事長行誼》，臺北：大同雜誌社。

4-1、技術面的現代化

（1）明治年間「廢刀令」

明治年間「廢刀令」的社會衝擊，使得原先打造刀劍的鍛冶師們紛紛轉業製造鐵工具。透過傳統鍛冶工業的支持，得日本戰前手工藝工具生產因而蓬勃一時。而這些新興手工具，更帶給營造界莫大的影響。

（2）新興手工具的引進

透過鋼鐵工業的支援，產生日本手工工具的一波黃金期。新工具不僅在日本造成風潮，在臺灣也傳播到營造同業之間。雙刃鋸、白書、鐾引、圓頭鉋刀……等等，直到戰後都成為臺籍司傅桌面上不可或缺的傢俬。

（3）手工具革命的影響

包括新的營造技術，新的建築類型，和新的營造生產關係。透過洋釘的生產，雙刃鋸的發明，鉋刀的改良，鐾引、西洋手鑽的引進等等。都使得「擬洋風」雨淋板木造建築，建造起來變得快速便捷。

（4）度量衡統一與新瀉鋼尺

1895 年「臺灣度量衡販賣日令」，日本新瀉鋼製曲尺輸入臺灣。1900 年（明治 33 年）「臺灣度量衡律令」，全面採用日尺。工業化量產的新瀉縣鋼尺，提高了刻度的準確度、持久性，也讓使用者普及化。因而淘汰了原本竹木材質，手工生產的尺，也取代了傳統的魯班尺。

（5）新潟鋼尺讓篙尺的存在意義消失

　　前述這些技術性的「進步」無疑增強了建築的「生產力」，卻使傳統「篙尺」系統這個透過尺寸的施工品管閘口頓失作用。一方面，「設計圖」作為按圖施工制度的契約藍本。另一方面，縮尺比例的「設計圖」要能有效，必須仰賴工業化生產的尺，使每一分工部門的尺度都彼此一致，方能準確地統合組立。新潟鋼尺問世之後，已無需「篙尺」這種足尺的對照品了，而透過傳譯上之數字，已經足以準確地製做出實物。於是「篙尺」以往作為現場尺寸查核的意義頓然消失。

4-2、技術面所帶來的制度面現代化

（1）新技術帶來營造體制的改變

　　擬洋風、雨淋板木造建築，不只是新風格、新技術。這種新技術帶來的是生產關係的改變。一方面，由於新殖民地臺灣，需要快速、大量的官廳、官舍建設，因而初期大量採用木造「擬洋風」建築。因而長期服務於外國人居留地，擅長於「擬洋風」建築的營造商（清水組、鹿島組等），帶來了西洋按圖施工的現代化營造體制。藍圖說成為重要契約依據，請負者（承包商）必須遵守圖面的所有指示施工，而非依照自己的意見。

（2）釘仔師的產生

　　先進工具、規格化建材、洋釘，促成了建築施工的簡單化。大正5年臺灣萬國博覽會，於是培養出一批技藝較低，只會用洋釘不會做榫的「釘仔師」。建材、市場的脈絡為請負業者所掌握，釘仔師除技術低落外，缺乏匠幫的保護，更加無產化，更容易被壓在生產關係中的勞動底層。

（3）監工角色成為新技術、新營造體系的代言人

有能力閱讀設計圖的日籍工匠臺之後就不再親身勞動，而一躍改為監督地位，扮演起監工角色來。日籍監工於是透過他們自己熟悉的技術文化，而在工匠群中，掌握主導權，自居為指導者。透過文化差異，知識、技術、工具差異，甚至工作倫理，拉大監工與職工間的技術落差，好讓臺籍工匠自行承認技不如人，而俯首貼耳，任憑使喚。簡言之，技術在這裡所扮演的角色，類似葛蘭西所謂的「文化霸權」（領導權），更是一項傅柯所謂的「馴化」工具。

（4）新瀉鋼尺促成新營造體系的確立

新瀉鋼尺問世後，「篙尺」以作為現場尺寸查核的意義頓然消失。傳統匠幫「大工師」依賴篙尺作為管制閘口，以便號令群匠的情境，也受到挑戰。此時，有能力閱讀設計圖的「監工」，才是號令施工工地的實際領導者。傳統匠幫型態，於是乎被新興請負業營造組織方式，所逐漸掩蓋。

這裡必須再作說明的一點是，殖民時期「篙尺」並非從此消逝於地球之上，而是被排拒於日本殖民者所引進的新營造體系之外。「篙尺」所代表的是整個有組織和號令系統的匠幫，「篙尺」被去除則意味了工匠們被削為齊頭平等的職工，無組織，隨時可被替換。不是新瀉鋼尺取代篙尺，而是殖民者的新營造體系取代了匠幫。但是，若無新瀉鋼尺的引入，那麼在殖民者新營造體系的請負業者之下，匠幫仍極可能繼續以下包的型態存在，而「篙尺」閘口角色也仍會繼續存在。

4-3、技術現代化的殖民社會關係

（1）日籍請負業創造了新市場，也獨佔了市場

殖民者所帶來按圖施工的新營造體系。是一個請負業者需按業主所提出的設計圖來施工的制度。此時，引進新的建築風格，新的營造技術，也需要進口新建材和新施工工具。一群號稱為「隨軍酒保」的小商人開始經營起新殖民地的進口建材、運輸和營造請負業來。於是，殖民者自己創造了殖民地的新市場，而且也自己獨佔了這個市場。日本在臺請負業原本是在旗下日籍工匠，便脫離勞動而升格為監工角色了。

（2）日籍監工要求嚴格的背後是一個「馴化」過程

日籍監工要求嚴格，並不僅僅在於工業化社會的精確性要求，也是殖民「馴化」的制度化建立。其間是透過建立專業的「規矩」而產生的。「規矩」當中有屬於技術上的，或是態度上的。例如：對鋼刀刃的研磨，工具調整、上油養護等等。此外，也有日本人在技術文化上偏執的「規矩」。例如認為：倒拖鉋刀一定優於正推鉋刀。（結果，使得所有去應徵日本人工程的臺灣司傅，都得練就一身倒拖鉋刀旳好工夫。）而這些規矩，重新建立了木匠論述的疆界。[107]好讓日籍監工於是透過他們自己熟悉的技術文化，而在同儕職工中，掌握領導權，自居為指導者。

（3）臺籍司傅的選擇

臺籍司傅只有兩項選擇，選擇去作日籍請負業所承接公共工程的職工或是下包，與「釘子師」一同並肩工作，領一份薪資，接受日籍

---

[107] 傅柯著，王德威譯，1993《知識的考掘》臺北：麥田。Foucault，Michel，1972，《THE ARCHAEOLOGY OF KNOWLEGE》Patheon，N.Y.。

監工的意指氣昂。或是維持匠幫組織，在民間的有限的資源下，繼續興建傳統廟宇，在師徒制匠幫中餬口維生。

殖民時期的傳統廟宇固然在匠幫司傅，維繫傳統的技藝下，有極為傑出的藝術表現。這個場域中，「尺白、寸白」「天父、地母」「篙尺」與「大工師」都繼續維繫著，進步的現代化工具只有幫助，沒有傷害。[108]

而若擔任日籍請負業的職工或下包，雖較有收入，但受制於強勢的「監工」指揮，被邊緣化的情況嚴重，而且工作機會毫無保障。

（4）臺籍新興請負業者的選擇

隨著臺北工業講習所成立，臺籍子弟開始學習日本現代化營造技術。然而，這批學生一畢業即失業的情形嚴重。尤其被排拒於建築設計行列之外；又輾轉於營造業之間。[109]在不良的被殖民遭遇之下，開始有臺籍畢業生自行成立請負業商號，並吸納臺籍同學為成員，彼此照顧。而於太平洋戰爭期間因禍得福，反而獲得一展長才的機會。然而由於殖民遭遇，或許基於日本人刻意不將帝國榮耀的建築象徵透露給臺人，臺籍工校畢業生大都被摒棄於建築設計之門外，以致戰後造成臺灣社會對於建築、都市及環境美學經驗的極度缺乏。

在臺灣木工具變遷的歷史過程中，我們看到一個不同於過去理解的現代化過程。過去的理解是現代化、工業化、資本主義化是被緊密地綁在一起，「機器代替了人工」一直是是個刻板印象，勞資的衝突鋪陳了「資本論」對於現代化痛苦的基調。然而在臺灣的日本時民時期，看到一個不太工業化（只有手工具的發展）的資本主義社會來

---

[108] 臺北保安宮謝東華、蕭吉輝、張火樹等司傅都這麼表示。

[109] 據李重耀回憶，當時臺灣總督府設有類似職業輔導中心的機構，技術人員必須先到該處登記，這種登記制度在學生畢業之前就先分配好了，各機關、商社、營造廠如須用人，同樣到該處登記，以求分配到合適的人。參見劉麗梅紀錄，〈元老建築配專輯座談會之二一日據‧光復‧現在〉《建築師》1984 年七月號，p.30。所以臺人大部分在內部作業情況下，還是配到營造廠工作。

臨，看到一個殖民者強移植進來的現代化，一個由殖民者創造又由他們所獨佔的市場，和一群被殖民者邊緣化了的本島住民。

從技術現代化與工業化、資本主義，以及現代化下的個人處境看來，臺灣的日本殖民經驗可以說是一個橫向移植的現代化。殖民者創造了營造市場，又由他們所獨佔。這個獨佔的過程不僅要在制度層面與臺灣既有營造體系有所區隔，也要在實質層面真實產生技術落差。然而在大正、昭和年間，正處於日本木工的手工工具發展的年代，但即使工具如何優異，仍可由司傅個人擁有，日籍資本家僅能以政治、商業、金融脈絡致勝，尚無法透過佔據生產資料（工廠、機器）來剝削勞方。然而其中監工，即是在有限的技術落差中，去擴大其間的主導權的社會角色；這無怪乎所有臺籍司傅對之印象深刻。由於現代化過程式橫向移植的，殖民者並無將現代化深植臺灣社會的打算。

其間可見到了傳統司傅在徬徨之間所做出的傳統建築世紀絕響，也可看到臺籍工校畢業生如何透過團結來捍衛自己的努力成果。但是，無論如何，臺籍工校生無緣躋身建築師行列。這種關於建築、都市及環境美學經驗的缺門，對於日後臺灣社會形成一個不完整的現代化。前述的經驗，非常適合提供給處理現代化與傳統文化事務（尤其是古蹟保存）的人們參考的，一個值得沉痛深思的歷史經驗。

附圖

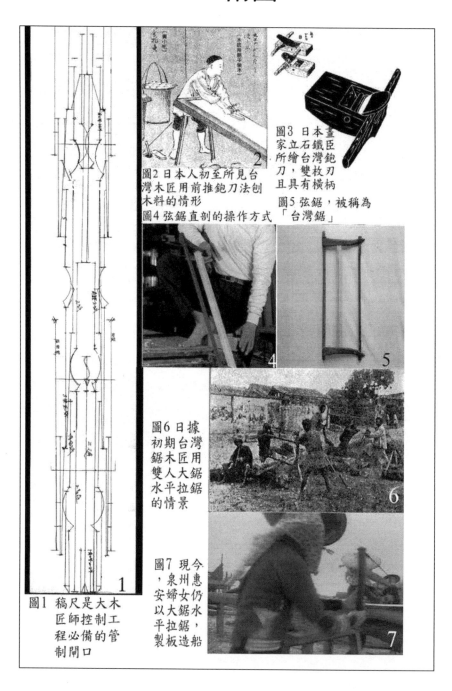

圖2 日本人初至所見台灣木匠用前推鉋刀法刨木料的情形

圖3 日本畫家立石鐵臣所繪台灣鉋刀，雙枚刃且具有橫柄

圖4 弦鋸直剖的操作方式

圖5 弦鋸，被稱為「台灣鋸」

圖6 據台灣用鋸日治初期台灣木匠人雙水平拉鋸大鋸的情景

圖7 現今惠州，泉州婦女大鋸鋸，安以水平製板造船

圖1 稿尺是大木匠師控制工程必備的管制閘口

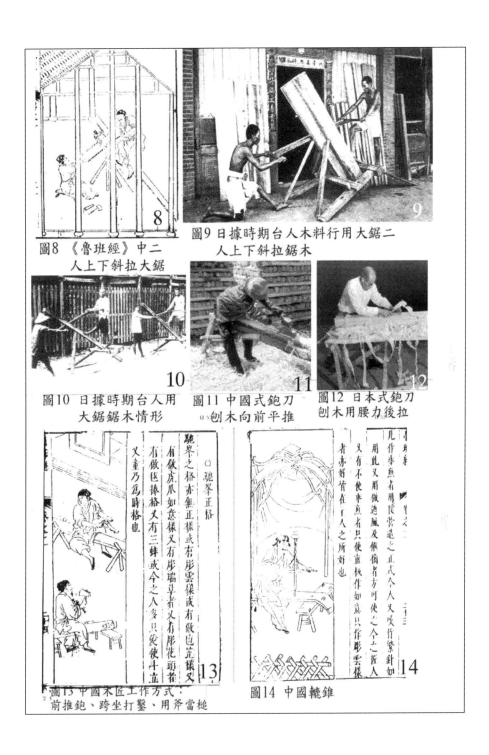

圖8　《魯班經》中二
　　人上下斜拉大鋸

圖9 日據時期台人木料行用大鋸二
　　人上下斜拉鋸木

圖10 日據時期台人用
　　大鋸鋸木情形

圖11 中國式鉋刀
　　刨木向前平推

圖12 日本式鉋刀
　　刨木用腰力後拉

圖13 中國木匠工作方式：
前推鉋、跨坐打鑿、用斧當槌

圖14 中國輠錐

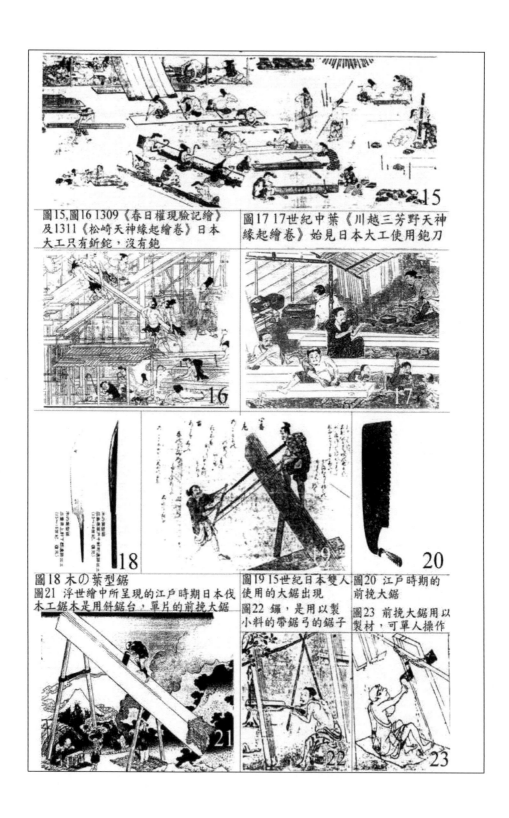

圖15,圖16 1309《春日權現驗記繪》
及1311《松崎天神緣起繪卷》日本
大工只有斫鉈，沒有鉋

圖17 17世紀中葉《川越三芳野天神
緣起繪卷》始見日本大工使用鉋刀

圖18 木の葉型鋸
圖21 浮世繪中所呈現的江戶時期日本伐
木工鋸木是用斜鋸台，單片的前挽大鋸

圖19 15世紀日本雙人
使用的大鋸出現
圖22 鑢，是用以製
小料的帶鋸弓的鋸子

圖20 江戶時期的
前挽大鋸
圖23 前挽大鋸用以
製材，可單人操作

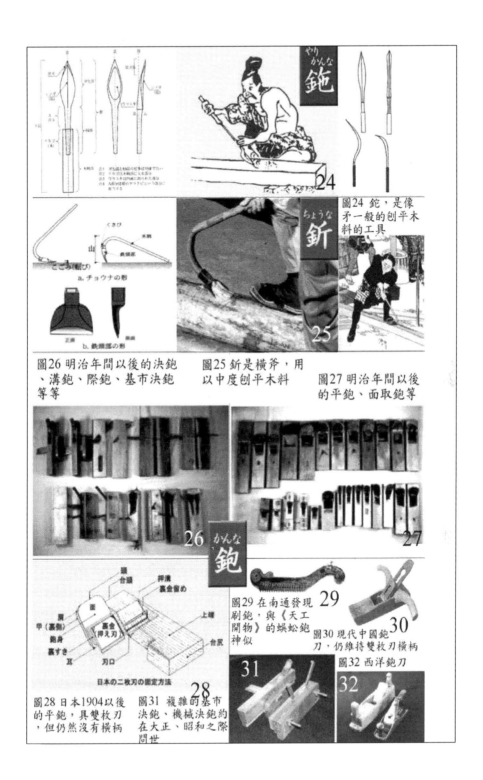

圖24 鉋，是像矛一般的刨平木料的工具

圖25 釿是橫斧，用以中度刨平木料

圖26 明治年間以後的決鉋、溝鉋、際鉋、基市決鉋等等

圖27 明治年間以後的平鉋、面取鉋等

圖28 日本1904以後的平鉋，具雙枚刃，但仍然沒有橫柄

圖29 在南通發現刷鉋，與《天工開物》的螞蚣鉋神似

圖30 現代中國鉋刀，仍維持雙枚刃橫柄

圖31 複雜的基市決鉋、機械決鉋約在大正、昭和之際問世

圖32 西洋鉋刀

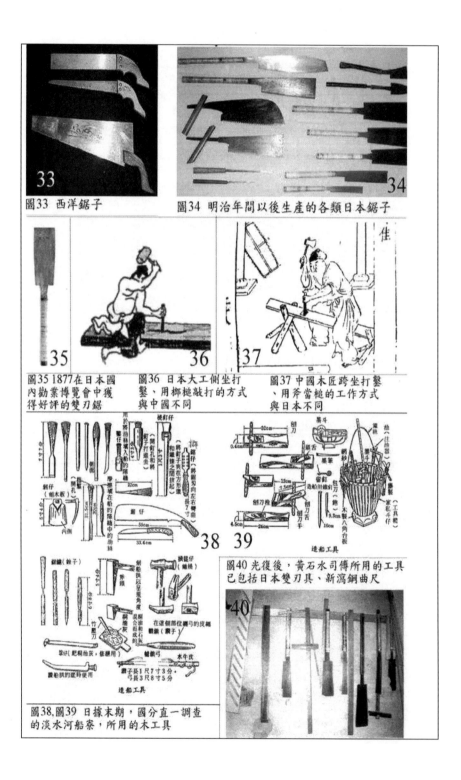

圖33　西洋鋸子

圖34　明治年間以後生產的各類日本鋸子

圖35　1877在日本國內勸業博覽會中獲得好評的雙刃鋸

圖36　日本大工側坐打鑿、用榔槌敲打的方式與中國不同

圖37　中國木匠跨坐打鑿、用斧當槌的工作方式與日本不同

圖38,圖39　日據末期，國分直一調查的淡水河船寮，所用的木工具

圖40　光復後，黃石水司傅所用的工具已包括日本雙刃具、新瀉鋼曲尺

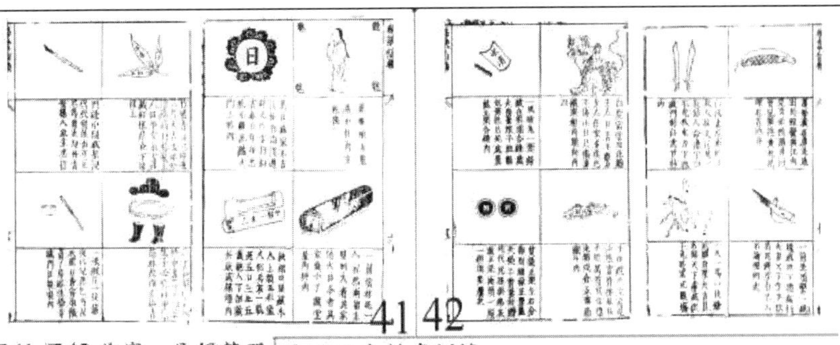

41 42

圖41、圖42 作竅、見損符咒
圖43 王益順司傅之掩身符
用以保障工地安全

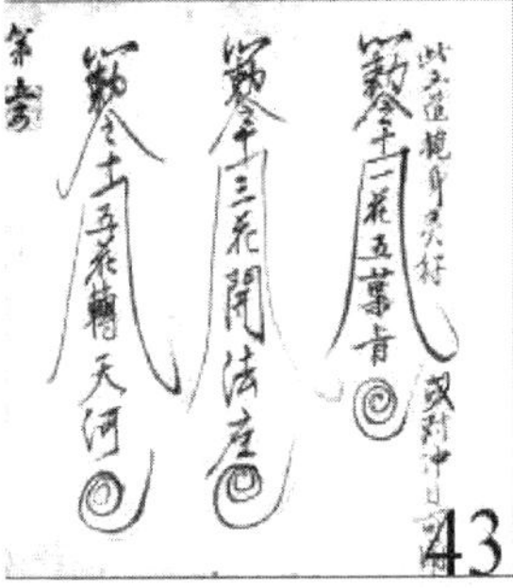

43

圖44 日本斜式刨檯，
指物師刨檯

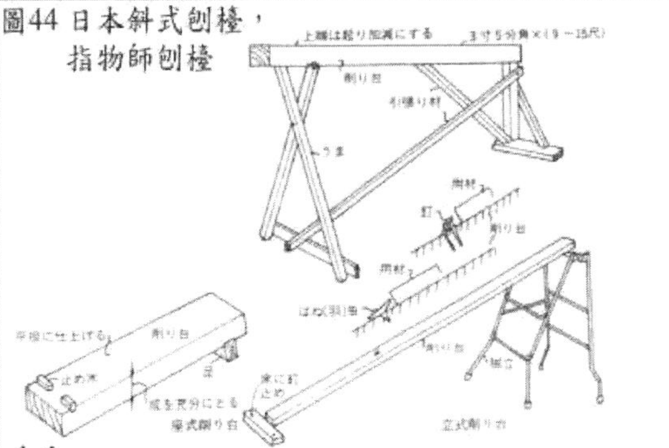

44

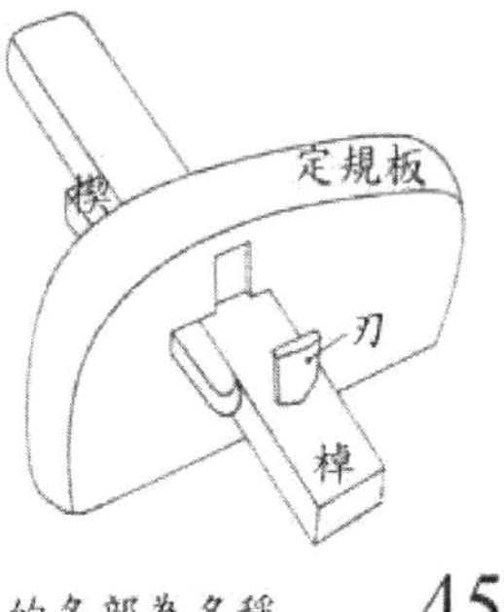

圖45 罫引的各部為名稱 45

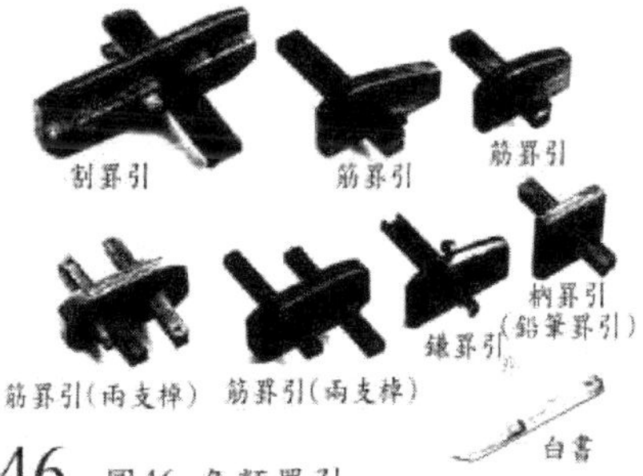

46 圖46 各類罫引

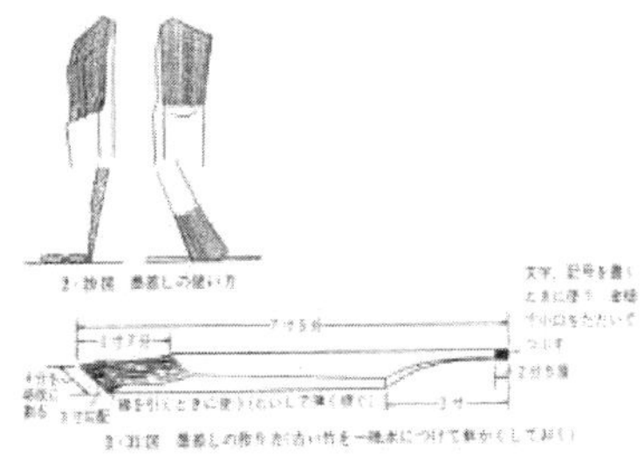

圖47 日本的墨差
相當於閩南工匠的篾扇 47

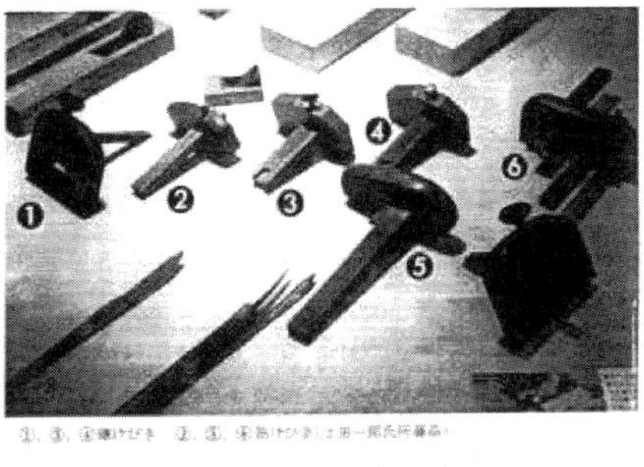

48 圖48 各類罫引 (1)(3)(4)鎌罫引
(2)(5)(6)筋罫引

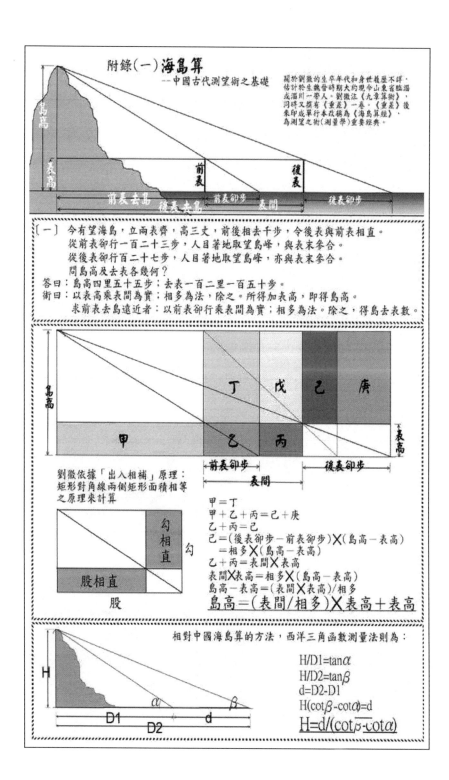

附錄二 「**九五分六國**」：淡水忠寮李自然司傅提供

在圓形中，以直徑的九分之五，分割出一個近似的圓內接正六角形的方法。

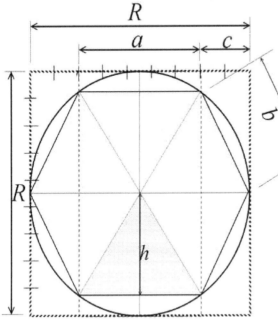

已知：$a = (5/9)R$

$\therefore h = \sqrt{[(R^2 - a^2)/4]}$

$\quad = \dfrac{\sqrt{R^2 - a^2}}{2}$ #

$c = (R-a)/2$

$b = \sqrt{h^2 + c^2}$

$\quad = \dfrac{\sqrt{2}}{3}R < a$

$\therefore b \neq a$ #

此並非正六邊形

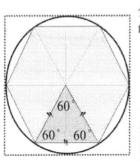

分割六角形是台灣大木工匠所必須學會的技術，因為每一棟建築都有一根燈樑，而每一根燈樑都是六角形斷面。然而，前述「九五分六國」的圓內接六角形，與正規的正六角形有是所差距。

古希臘歐基里德幾何學的圓內接正六角形分割方法，係直接用圓的半徑來分割圓弧，即可得到六邊形的六個頂點，連線之後即成正六邊形。

其原理是，圓內接正n邊，可內割成n個以半徑為腰的等腰三角形，其各邊所對內角＝360÷n。正六角形各內角則為60°，而所內割的六等腰三角形，皆為正三角形。因此，正六邊形各邊長也等於六個內割等腰三角形的腰長，即等於外接圓的半徑。因此，自可用外接圓半徑割分正六邊形的個角頂點。歐基里德正六角形分割方法，目前國中畢業生即已學習過。

從前述的分析，主要是運用三角形的角度觀念作解析，而這正是明朝以前中國傳統數學的弱點。

圖檔出處說明表

圖號	出處
001	徐裕健，1998，《大木匠師陳專琳（煌司）技藝調查及保存計畫》
002	1895，《風俗畫報第一百號臺灣征討圖繪第二輯》
003	1943，JUN，《民俗臺灣》（24）
004	王松漢，1998，《臺灣傳統細木作榫卯集》
005	王松漢，1998，《臺灣傳統細木作榫卯集》
006	1902，OCT，《臺灣慣習記事》2（10）
007	NHK《海上絲路》（11）
008	《魯班經》日本內閣文庫藏本
009	臺北市文獻會
010	臺北市文獻會
011	竹中大工道具博物館
012	竹中大工道具博物館
013	《魯班經》日本內閣文庫藏本
014	《魯班經》日本內閣文庫藏本
015	1309《春日權現驗記繪》
016	1311《松崎天神緣起繪卷》
017	17 世紀中葉《川越三芳野天神緣起繪卷》
018	竹中大工道具博物館
019	15 世紀《三十二番職人歌合》

第五章、臺灣日治時期民宅變化之意義——一個生活形態變遷的觀點[1]

一、緒論

1-1、殖民社會的歷史背景

1-1-1、殖民帝國在臺灣的統治策略

　　日本自明治維新之後，大量汲取西方文化的優點，卻能兼顧日本文化，從而建立本土資本主義工業化的基礎，邁向世界強權之列。甲午馬關條約重要的關鍵是日本要求割讓臺灣。殖民統治政權在以軍事統治之政權穩固之後，隨著進行的是在殖民母國經濟利益為主體下，對殖民地經濟生產機制的調控。為維持經濟掠奪的正當性，而不致讓殖民戰爭帶來臺灣經濟的崩潰，在統治手段上，一方面維持臺灣地主對土地的控制權，一方面以警察權與保甲制的交互運用做為控制臺民治安的手段。同時藉由高壓手段與懷柔政策，讓臺灣經濟資源仍能繼續運轉，以提供殖民母國的滋養。因此在日治時期，所有建設都是以日本人的利益為主：

> ……衛生交通治安的改善，都是為了鼓勵日本人移民定居臺灣，農業生產，實業開發，是為了配合國內產業的整體規劃，截長補短，互通有無。提高臺灣人的日語識字率，是為了提高技術工人水準，並使臺灣人被同化，壟斷所有資源，圖利日本……。[2]

---

[1] 〈臺灣日治時期民宅變化之意義——一個生活形態變遷的觀點〉一文，筆者與好友張興國曾於 2004，11，24-25，共同發表於臺北中央研究院臺灣史研究所的「第二回殖民都市與建築學國際學術研討會」。

[2] 羅吉甫，2004，《日本帝國在臺灣》，p.6，遠流，臺北。

統治的策略上，企圖讓臺灣在生產能量上快速現代化，因此逐步在環境衛生上現代化，在工業生產上現代化，在農業生產運輸現代化，控制臺民思想，運用社會菁英以臺治臺。這期間為其達成「內地」對臺灣殖民地深一步的壓榨，移植部分的日本現代化經驗到臺灣，而日本人則掌握管理跟控制的機制。

1-1-2、殖民文化植入後，傳統文化的衝擊

臺灣在有清一代二百多年間，由閩南漢人建立之傳統農業社會，與本土文化，是讓漢人在臺灣前幾百年所建立崩癱潰離的重要關鍵。臺灣從清代封建的傳統農業社會，過渡到殖民現代化過程中，並非純然一片白紙。十九世紀末西方工業革命後，所建立的世界性商業競爭；在臺灣，則於清末的五口通商開埠貿易之時，短暫地恭逢其盛，也逐步產生稍有自主性的現代化發展。然而，在被日本殖民文化的橫向植入之後，臺灣文化失去自主參與國際化的機會。

技術的現代化過程：是個工業發展方式，是個基於既有的社會特性與制度脈絡，重新組編所有技術的過程。而非僅僅是「誰剝削了誰」「誰壓榨了誰」這麼簡單。若論及日本最初「脫亞入歐」學習西方營造技術之時，民系與官系的營造系統可是非常清晰的。透過承包洋人工程，崛起於貿易商埠，因而逐漸發展出的「擬洋風」建築風格者，則屬於「民系」的脈絡。[3]透過延聘外國工程師，興建大阪造幣寮、泉布觀等官方工業建築，以及東京新宿煉瓦街；以至於到設置工部大學造家學科，招聘英國建築師康德爾以培養出的日本年輕一代的設計人才，並揭櫫「樣式建築」以表彰日本帝國的榮耀者，則為「官系」的建築發展脈絡[4]。在日本發展成熟的「民系」「官系」這兩組建

---

[3] 葉乃齊，2002，《臺灣傳統營造技術的變遷初探--清代至日本殖民時期》，P.191，臺大建築與城鄉研究所博士論文，臺北。引自：村松貞次郎，1977《日本近代建築の歷史》pp.15-18，NHK，東京。

[4] 葉乃齊，前揭書，P.191。引自：村松貞次郎，前揭書，p.85。

築脈絡，在殖民臺灣之時，則與臺灣清末開埠貿易時期自發性的營造現代化，相互交錯，形成了某種錯綜複雜的效果與作用。

殖民時期的工業發展模式，是殖民母國掌握技術組編的主導權，殖民地受其宰制。與臺灣開埠貿易時的現代化經驗不同，殖民地是個自殖民母國社會，移植現成、既已孕育成熟的現代化。殖民母國的現代化版本，是根植於殖民母國的社會特性、制度脈絡所孕育完成的工業發展基礎；而非殖民地。殖民地現代化，是個接肢的移植過程；殖民母國砍斷了所有殖民地的社會特質及制度脈絡與現代化發展之間的聯繫，而將自己的生產模式硬生生植於殖民地頭頂上。殖民母國的營造專業者，也透過文化的落差，而以技術指導者自居，騎到殖民地業者的頭頂上。殖民地建築專業者的力量於是被弱化的，被限制的，[5]以致難以在現代建築的論述層次上掌握主導權，而再積極扮演自覺性的角色。

本文主題即在研究，在日本殖民者支配的權力底下，臺灣傳統民宅如何在一命定的局面中轉圜，透過社會角色的移形換位取得主導權，在傳統、西方樣式與殖民主義的現代化之間周旋，透過不同的管道進行形式「融入與轉化」的現代化過程。

1-1-3、上層階級文化認同的政商關係--仕紳階級

日本殖民初期進行土地調查，為籠絡地主階級，化解他們抗日的動機，以頒發紳章做為見面禮，宣布地主繼續保有土地利益，這些地主後來成為新階級的「在地資本家」，當時、這些營造自己宅第時接受西方樣式建築的皆屬社會的領導階層，亦即大都與日本殖民政府官商關係良好的地主、商人、知識份子、地方耆老。

這些特定階級的領導階層菁英以辜顯榮、林維源、陳中和、顏雲

---

5 葉乃齊，前揭書，P.191。又見劉麗梅，1984，JUL〈元老建築師專輯座談會之二：日據、光復、現在〉《建築師》，pp.29-34，臺北。

年為代表，我們可以從大稻程商人李春生《東遊六十四日隨筆》
（1896）[6]一書中，述說李氏看遍東京的產業及文化建設，讓他掙扎思
索於民族認同、傳統文化認同、與新的兩性關係上。

　　其實早在五口通商以來，臺灣人對於西洋文明的接受與拒否，其
實態度極不一致。到了日治時期對於統治者的殖民現代化政策，反應
也是不一致的：有主張積極步入現代化的一群，也有固守傳統的一
群，積極與保守的反應亦兩極化。有人主張廢小腳、破迷信、讀西
學、禁鴉片，以求民族之進步抗衡日本人；亦有人堅持蓄小妾、拜神
明、讀漢學、吸鴉片，以維護民族傳統而不被同化。

　　但若論及平民的自覺性、反省性則要看到 20 年代，由知識份子在
臺灣掀起的新文學運動與新文化運動。其主要精神在反傳統、反殖
民、反壓迫、鼓吹社會改革，同情弱者的社會思想，由有「臺灣文學
之父」賴和首先在其文學小說中發表，後由知識份子蔡培火、吳三
連、林獻堂、林呈祿等人以集會、演說、遊行、請願、抗議等方式推
動臺灣的社會改革。凡此種種，揭開了日據時期臺灣菁英階層，乃至
社會大眾，在認同意識上的多樣性面貌。

1-1-4、以仕紳階級為主體的新營造體系

　　「建築」做為文化的表徵，生活的容器，一直在臺灣不同的殖民
統治政權的更迭中，呈現出多重的風貌，從原住民的居住形式、聚落
型態，到荷、西在臺的部分殖民樣式建築，直至傳承自中國南方營造
傳統的漢化過程，漢人創建了移墾社會後的閩南、粵式傳統建築，之
後，隨著割讓，殖民時期由日本引進的西化過程，幾百年間，奠定了
臺灣人從殖民文化中逐漸「地著（locality）的本土風格，確定做為本
土文化的自明性（identity）。

---

[6] 方孝謙，2001，《殖民地臺灣的認同摸索》，pp.53-58，巨流出版，臺北。引自李春生，
　　1896，《東遊六十四日隨筆》，華美書店，廈門。

　　這個自明性，可以深究於臺灣當時的仕紳階級的意識形態，諸如李春生這樣的本地資本家，將其後代子弟送去日本或歐美留學的知識份子，才有機會走出封建社會的蔽障，接受世界新知識、新思想的陶冶，見識了先進資本主義國家的強盛與繁榮，潛移默化的結果，他們的人格特質與生活方式上不免有所改變。此時殖民統治者模仿歐美列強的建築之帝國象徵，將之複製到臺灣殖民地，以展現職民統治者的權威，並用以懾服臺灣社會上層階級領導精英的業主。

　　然而這種帝國象徵的建築符碼，若沒有殖民統治者積極的進行現代化的建設，恐怕也很難讓臺灣普遍的人民服膺殖民統治者的做法，總督府於始政之後，開始大規模進行島內衛生、交通、城市發展等建設，尤其在 1935 年（昭和十年），臺灣總督府舉辦了一次博覽會，稱為「始政四十週年紀念臺灣博覽會」當時臺灣經濟景氣達到最高點，同時日本軍國主義的南進政策蓄勢待發，一方面藉由博覽會宣示日本帝國主義強大的經濟實力，另一方面對臺灣人民展現其統治的輝煌成果，藉以贏取臺灣人參觀博覽會後對殖民統治者的認同。[7]

　　而在實際的營造過程中，總督府營繕課所羅致來臺的建築師都為日本國內優秀人選，這些建築師大都畢業於東大，在建築上不乏深厚學養之士，因此當時引入十九世紀從風範主義之折衷主義樣式建築，一直到近代建築過渡到現代建築之新藝術運動及各學派，都在這些建築師的手下一一呈現在臺灣的建築型態中。這些生存於底層的傳統工匠往往受聘雇於公共建築的營造，由總督府營繕專家教授以新材料、新工法的施作技術，卻無法綜窺西方營建論述的堂奧，因而也就無法就純熟的技藝創新，無法從傳統建築中發展臺灣新建築的現代版。

　　大戰後，臺灣去掉殖民地的桎梏，重新企盼中國所可能帶來更好的自由平等的生活方式。可是五十年異族的統治，使島民與大陸間產生文化落差，讓臺灣在被國民政府「光復」後，遭遇到「228 事件」、

---

[7] 石健生，2000，《戰後臺灣建築模仿活動分析論》，中原碩論，中壢。

「公地放領」、「戒嚴令」等的痛苦與衝突，臺灣本島人與大陸來的外省人統治者埋下很難跨越的鴻溝。此時在臺灣各地的地主鄉紳成為國民政府為鞏固統治權力所打壓的對象，逼得部份這些代表早期臺灣上層階級的菁英份子，逃離故鄉，避難於日本、歐美。而在日據時期耗盡心血建造的和洋融合臺灣傳統建築的豪華宅第，尚有些遺留至今者，成為城鄉地景中集體歷史記憶的地標，而在城鄉的都市化下，正快速的消失中。

1-2、日據時期臺灣傳統建築「現代化」的殖民經驗

因此，日據時期表現在營造形式上的時代風格，就是日本在世紀末現代化的過程中，向臺灣這塊殖民地（日本的第一個殖民地）移植了向西方學習的科學、文化等新知識，利用所學習到的知識、技術，進行有目的的侵略及掠奪，一如西方國家的殖民地經驗，因此，傳統的臺灣營造結構面臨了不同論述的衝擊，尤其是發生在官方建築及城市建設上由殖民政府在意識形態上強行加予的「現代化」的政策，帶進了日本和式建築式樣及西方十九世紀末流行的新古典主義及裝飾藝術等建築風格，也引進了新的材料與營造技術，傳統建築工匠也面臨生存環境的適應，轉型改建新建築的挑戰與機會，於是一種新的殖民風格逐漸的在臺灣本土建築中出現，在臺灣各地紛紛有一些地方鄉紳地主，都市中的富商鉅賈，模仿西洋新建築的樣式，交由在日本人營建洋式建築時學的技藝的臺灣人工匠，在傳統合院建築的外觀上裝修以洋式風格的立面形式。

之後，在社會階級的滲入下，生活方式與生活內容跟著殖民社會中統治者的文化而階級化，企圖由內到外改造臺灣人為日本人，從都市空間、生活環境到兩性空間的改造。可是，生命並非可完全支配的共同體，它總會找到自己的出路，臺灣的傳統建築反而在如此的歷史情境下，衍生出了特殊的中、日、洋夾雜的建築風格與形式。

二、營造生產過程的主導權問題

2-1、失去主導權的臺籍專業者

一般總認為，清末劉銘傳時期與日據時期是臺灣早期現代化的兩個重要階段，但值得討論的是所謂的「現代化」的意涵是什麼。同時，究竟嗣後的臺灣人，究竟承繼了多少「現代化」能力？而日後這些「現代化」又將如何展現？然則對於日本而言，自從幕府末期到明治維新以來，是真真實實地歷經了「擬洋風建築」、「新古典主義」、「樣式建築」等等發展階段。建築樣貌的「脫亞入歐」，以及建築的「日本帝國形象」論述之打造，皆已歷經逐步地探索、落實和達成的漫漫路程。日本的營造商（請負業）、工程師、建築師角色，在歷史中一一浮現，並有著堅實的社會地位基礎。[8]然而，殖民母國究竟提供給臺灣什麼樣的現代化經驗，或是日本人願意提供與否，都是頗堪玩味的問題。

事實上日據時期，在日本對於母國與殖民地的區域分工之下，臺灣是被特殊的社會生產關係所約制著。而「工業日本，農業臺灣」的政策，亦使得殖民地人民較少機會接觸工業技術。即使明治末年，為了需要才在臺北設立的「工業講習所」，其實也是因為日人有感於臺灣龐大的勞動力市場是殖民統治所不可忽視的，於是便以「勞動神聖」的名義開放工業教育，並且也以此定位臺籍畢業生的工作範圍。

日據時期的營造生產關係，日本人是自居指導階層，而把臺灣人歸類於勞動工作階層。至於，從事公共建築與城市的設計和美學工作的建築師角色，因為涉及帝國的光輝與容貌，更是極少讓臺人參與。某些有幸躋身總督府營繕課的臺籍建築人士，雖然在其師長們的大力

---

8 葉乃齊，2002《臺灣傳統營造技術的變遷初探—清代到日本殖民時期》，pp.107-113，夏鑄九教授指導，臺灣大學建築與城鄉研究所博士論文，臺北。引自村松貞次郎，1977《日本近代建築の歷史》，pp.15-85，NHK，東京。又見沙永杰，2001《西化的歷程—中日建築近代化過程之比較》，田園，臺北。

保證與推薦下，仍然只能升級到技手階級，擔任抄圖、估價、監造與修繕等工作；至好的機會，也只能設計到博覽會會場的臨時建築，或私人建築、商店設計[9]，但重要公共建築則幾乎毫無機會。[10]城市裡的官廳及公共建築，是關乎帝國形象的象徵，絕對是日籍技師的禁臠。打造帝國容貌之經驗，是他們辛苦建立的，並不輕易傳授於臺人。嚴格來說，在臺灣日本人所遺留的現代化遺產中，並不包括建築的美學與論述。

　　然而，關於殖民現代化之下，臺灣人的建築的現代化與否，已經不能單純只注意到表面形式是否「西化」的問題。若能如是，則迪化街的沿街立面，已經出現了巴洛克、表現主義、裝飾藝術……等等的西化表徵；但是內部格局仍為傳統店屋（店茨）的格局。臺灣農村出現的三合院洋樓，仍然出現豐富的西化表徵，然而三合院空間的倫理位序仍舊明顯；換句話說，傳統的社會關係仍未現代化。因此，建築形式上的「西化」表象，在這裡並不能等同於現代化。建築現代化的討論，必須涉及到形式以外的更深層的現代化內容。

---

9 劉麗梅，1984，JUL〈元老建築師專輯座談會之二：日據、光復、現在〉《建築師》，pp.29-34，臺北。其中敘述，日據時期臺籍申請建築執照的代理人，稱作「代願人」。除了代願人之外，公家機構營繕組，以及請負業者（營造商）都可以自行繪圖請照。警察局（南、北署）營繕組裡設有技手一名、警察兩名、衛生審查一名，只要審查通過，即可興建。但臺籍「代願人」多只能從事私宅、商店設計。

10 葉乃齊，前揭書，pp.118-119，P.195。

圖 2-01 大稻埕沿街建築立面，富於巴洛克風味，呈現西化表徵。(取材自遠流《臺北歷史散步》)

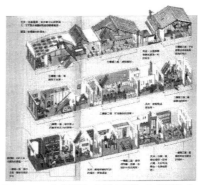

圖 2-02 大稻埕建築西化立面的內部，仍是傳統店茨，生活與社會關係仍未改變。(取材同前)

　　然若論及臺灣是否「現代化」了，其實涉則及「人」本身究竟被「現代化」到什麼程度，也就是人的心智是否現代化了，人的社會關係是否步入現代化了。在建築方面，設計的自覺性，則往往成為一項「現代性」指標的討論項目：有別於傳統社會的因襲傳統形式與作法，現代建築更需要關於「原創性」的自覺，是對於工業化與社會變遷的一種反思能力。有些研究更認為，原創性的自覺，在現代建築師與傳統工匠之間，形成不同層次的光譜：評論家為超自覺性，建築設計師為自覺性，仍肩負設計責任的傳統匠師為半自覺性，而因循傳統的一般工匠為非自覺性。[11]殖民時期在臺灣人而言，關於空間營造方面的自覺者這項角色，似乎受到殖民統治者的政治與社會性的限制。因此，臺藉人士難以躋身城市、建築的設計與學術行列，換句話說，即是建築的「論述」代理人的角色受到了限制與矮化。

　　若不然，或許放棄現代化的領域，退居傳統式一種選擇性。在大正年間，有史以來最豐富多彩的臺灣閩南式傳統廟宇，正式誕生於此時。這正是一群放棄現代、退居傳統的司傳們，在殖民時期所做的「臨別秋波」的末代演出。但是他們「嘶聲力竭」的最末演出也僅止

---

[11] 楊裕富，1995，JUL《從傳統工匠系統中分析建築工業設計的設計資源（三）：設計的工學基礎》，pp.69-72，國科會研究報告，雲科大，斗六。

於此，不能為臺灣的新社會繪出未來的新藍圖。

2-2、主導權與社會角色的移形換位

雖然，透過殖民統治者的官廳與公共營造，造就了臺灣地區新的建材、設備、施工技術與人員的產生。然而，官廳建築的輝煌樣貌，成為臺灣人效仿的對象，產生一種殖民地版本的「都市轉播」（urban rely）[12]現象。此外，由於缺乏臺籍建築師的社會角色，致使塑造大日本帝國形象的建築論述，不可能有自覺地、有反省地傳譯為臺灣本土進步的建築語彙，而是透過在傳統文化眼界的認知，被業主、匠師的模仿，而轉譯為另類的新的鄉土語彙。這似乎意味了，臺灣殖民時期所發生的「新樣式」建築，命定式地將宛如鸚鵡學語般的「學舌派」建築：徒具形式模仿，而缺乏自覺性的原創內涵。

但是，睽諸大正時期，臺灣除了展開一連串轟轟烈烈的文化運動外，啟蒙教育亦如火如荼地進行著。在如此般的殖民「自覺性」前提下，教我們如何相信，這些殖民地人民竟都能滿足於「學舌派」建築而無動於衷呢？因此，從空間營造生產環節中，我們必須在社會角色之間移形換位，而在「營造論述」外，重新尋找其他新的代理人角色以及其他可能的指標。

昂得列‧列斐伏爾（Henri Lefebvre）曾就「空間之生產」，提出一項有建設性的觀點，或許能協助達成前述目標。他認為空間生產的實踐包含兩組三重性，第一組為：「感知的」（perceived）、「構想的」（conceived）、「生活的」（lived）。在這組三重性中，他將空間引入了社會關係，包括：物質性的感知空間，或是地理的心靈地

---

[12] 都市轉播亦即指某種都市象徵形式，經過符碼化而傳播到各處。而其中的象徵形式的傳播方式，既非「意志」也無所謂「策略」，純然只是一種社會關係下所產生的意識型態社會效果，不一定與政治或經濟邏輯一致。參見夏鑄九 譯，1993〈都市象徵〉《空間文化形式與社會理論讀本》，pp.539-548，夏鑄九、王志宏編譯，明文，臺北。出自：Manuel Castells（1977）"The Urban Symbolic", in The Urban Qestion, Cambridge, Mass.：The MIT Press. Pp.215-221。

圖；以及企業、政客、規劃師、建築師等等，蘊含了意圖的抽象空間符號；最後是人與人的相處，並從生命中活出來的空間。第二組三重性則為：「空間實踐」（spatial praxis）、「空間之表徵」（representation of space）、「表徵之空間」（space of representation），即意指了：一項外部的、物質的空間環境實踐，和藉以指引實踐的概念模型，以及使用者與空間環境之間所生活出來的社會關係。[13]

　　更進一步，從第二組三重性當中，空間實踐也可以展開成另一組三重性：「真實的實踐」、「實踐的表徵」、「表徵的實踐」等三個面向。在這組三重性裡我們將會發現，無論評論家、建築師、甚或匠師，都在從事「如何做」的工作，都屬於「論述」角色，也就是落於三角形裡「實踐的表徵」的角落。而「真實的實踐」則是社會實踐的真實面向，充滿了權力與資本的運作，實際上包含了國家、政治、經濟、都市計畫、建築管制、名聲威望、家產財務…等等面向；具體的社會角色則可以看到的是「業主」本人。至於「表徵的實踐」，則是被文學、藝術、活動、慶典儀式、象徵、日常生活、甚至使用功能等等，所賦予空間新的活動、功能、意義；而其中特定的「使用者」，以及廣義的「業主」等等的角色益發重要。

---

13 Lefebvre, Henri（1974）1991, The Production of Space, Oxford：Blackwell Publishers.

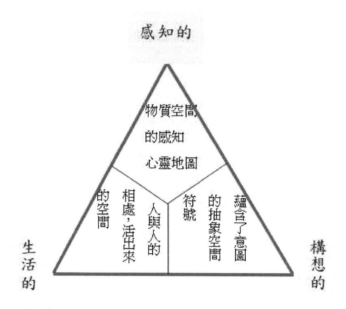

表 2-01 列斐伏爾「空間實踐」的第一組三重性

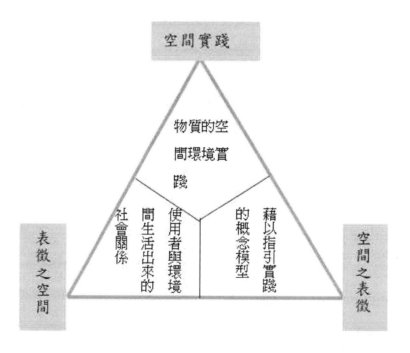

表 2-02 列斐伏爾「空間實踐」的第二組三重性

表 2-03 列斐伏爾第二組「空間實踐」所衍生出來的三重性

　　在前述第三組關於「空間生產」實踐的三角形中，除了受到限制的「論述」部門，「實踐表徵」和「表徵實踐」兩項，不約而同地都突顯了業主（使用者）的重要性。換言之，對於臺灣的殖民時期的空間實踐，撇開受限制的「論述」代理人之外，「業主」的現代化歷程的心境，以及其空間實踐的情境，是十分值得提出來討論的。因此，在這段殖民現代化的歷史當中，透過臺灣籍民的私人業主，於自身住宅中格局與日常生活的線索，尋求他們所展現出來的「現代性」與「自覺性」，則是本文主要探索的目標。由於現代性的關鍵源自於自覺性，因此業主的「教育程度」，以及在殖民運動中所呈顯的「主體意識」，便成為我們選取觀察這群業主的關鍵性項目。

　　正由於日據時期，臺灣籍建築專業者，在「論述」與構想方面所受到的限制性，探索殖民地人民關於空間生產的自主性，是必須移轉到社會的或日常的生活層面；注意焦點需移轉到業主身上，而非建築師。因此，殖民現代化當中，透過公共設施改善所產生的日常生活變化，「市街改正」對私宅的干預，城市建築與殖民官廳因為「都市轉播」現象對鄉間地區的影響等等，都是此一時期的情境變化。然而業

主自身，對生活設施、建材、樣式、格局以及建築語彙的選擇，更呈現主人主觀的對生活的主張，甚或慾望的隱喻。以下的文字將逐一展開相關的討論。

三、日治時期傳統民宅空間類型的變遷

3-1、傳統三合院空間格局

臺灣傳統合院空間格局是由以「開間」為基本單元的一排「堂屋」，及與堂屋左右縱向相接的兩道護龍形成一「冂」字型三合院，或在前方再加一道圍蔽構造形成一「口」字型之四合院。漢人之南方合院建築基本即以此為住宅之原形。

漢人進行移墾臺灣時的農業社會，基於農業生產方式的需求，其生產關係反映在合院空間格局的社會關係上[14]。在左尊右卑，中軸對稱的位序觀念下，中央堂屋放置祖先牌位，其餘按正偏關係配置子孫各房的生活空間，而生產空間的配置，如牲畜欄、儲藏室、穀倉、廁所與池塘等則在外圍空間進行配置。

日治時期，做為臺灣社會文化精英的資產階級，面對營造新住宅樣式時的選擇，都是在固守傳統民宅的文化精神下，進行西方建築樣式的模仿與學習，再從傳統合院建築融入與轉化。

臺灣傳統三合院日治時期受西方文化引入的影響表現在幾個空間格局的變化上：

3-1-1、西方「外廊」樣式空間的置換

（1）合院正身堂屋簷下的「前廊空間」（veranda，belcony）：

---

[14] 關華山，1992 年，《民居與社會、文化》，明文書局出版，p41-56，合院集中區域配置各房居住空間，廚房在分房後各起爐灶，由各房決定，而做為農事生產空間之儲藏室、穀倉、廁所、牲畜欄圈，多配置於護龍尾端或外護，或另竹茅舍

　　傳統合院在正身前與護龍交接處留有「巷路」，只是單純的過道、動線，其屋頂上方會裸露棟架的工藝形式。西化後的改變，巷路空間擴增為具休閒意涵的「遊廊」，這類的前廊，空間進深尺度加深，上有天花板，並嵌有弔燈及精緻之嵌板，烏日順德堂、嘉德堂林宅、清水楊宅、大甲德化黃宅皆屬此類。

　　（2）三合院內部的「迴廊空間」（gallery，cloister）：

　　三合院在內埕四周，亦即正身與護龍排屋前，都留設「廊」的通道，有的以柱列，有的以拱廊形式，具體案例如：楊梅道東堂玉明邸、大甲順德居黃宅、神岡陳清松宅、和美默園、竹東蔡宅、大甲鐵砧山許宅。

　　（3）四合院正立面的「遊廊空間」（veranda）：

　　四合院於入口門廳正面空間，以「柱廊」或「拱廊」樣式融入與取代了原本為入口門廳與護龍山牆立面的正立面空間形式，且在入口空間部份（porch），或兩端角落特別突出簷口，營造特殊樣式的入口形式，也因此突顯該仕紳在殖民統治下的社會地位，或財富的象徵。例如「帕拉底歐母題」（palladian motif），就被許多入口形式採用，例如清水國姓黃宅、后里張天機宅、汐止蘇大老宅、汐止周家花園、柳營劉宅，都有類似做法。

3-1-2、正身改洋樓

　　原來傳統三合院格局，可能在增建或改建的時候，將第一落或第二落的正身改建為洋樓，例如大安黃宅、竹東蔡宅。

3-1-3、衛浴空間的改善

　　傳統臺灣民宅中，衛浴空間一向被視為偏性空間，因此位置較偏遠，設備較簡陋，殖民統治者引入西方的衛浴設備企圖改善臺灣當時的環境衛生，做為社會菁英，這些仕紳們莫不以增加這種獨立的衛浴

空間以為地位的象徵，大甲德化黃宅、鐵砧山許宅、黃宅、烏日順德堂。

3-1-4、西式的外門樓

有些前面有院落或花園的合院，會設置外門樓，且表現西方裝飾形式的做法，例如大甲張天機宅、汐止蘇大老宅。

3-2、獨棟的西式洋樓

日治時期也有部份臺灣仕紳階級也努力想要趕上西化的流行趨勢，直接模仿營造獨棟的西式洋樓建築以取代傳統合院建築的居住方式，但在中軸線上仍然保存禮制文化精神的象徵；在正身為奇數開間的中央位置，一定配置神明廳（公媽廳）的廳堂空間，在空間格局上，三開間是常見的做法，中央放置神明廳，另一類是洋樓形式，但是呈「ㄇ」字型的平面，格局類似三合院，中軸正間設神明廳。

3-2-1、外迴廊式

不論是集中的獨棟洋樓或是「ㄇ」字型三合院的洋樓，在外圍都設有迴廊（gallery），有的在正中央入口特別突出一門廊（porch），例如和美默園、汐止蘇宅、陳中和宅、龜山曹宅。

3-2-2、內迴廊式

一般出現在（回）字型洋樓或是「ㄇ」字型三合院的洋樓，在內埕設有迴廊（gallery），有的迴廊以柱列或連續拱廊呈現，例如大甲鐵砧山許宅、黃宅、烏日學田聚奎居、汐止蘇大老宅、汐止周家花園、鹿港辜宅。

3-2-3 混合西、日式的洋房

傳統三合院平面格局不變，卻以倒「ㄇ」型配置，顛倒過來為正面，屋頂卻是日式瓦作，立面則是西方古典樣式的做法，例如頭城盧纘祥宅、烏日嘉德堂、北港蔡宅，前者盧纘祥宅的正面有弧形拱廊（gallery）連接兩廂，左廂為客廳，亦為西式之設備與裝修，嘉德堂則為斜撐木柱的柱廊，入口形式為「帕拉底歐母題」（palladian motif），且突出門廊（porch），但 porch 的屋頂形式為日式「向拜」的做法[15]，顯得很突出。

四、空間營造形式的變遷與日常生活

從殖民政府帶來西方文化的影響中，同時也引進了日本與西化中不同的生活方式、新的設備，與空間型態，讓原本以三合院作為傳統居住形式的漢人生活機能，在空間形式上產某種程度上的改質變，這是出現了新房間、新設施、新的建築方式、新的建築表徵等等。然而這些種種，事實上是意味了現代化的新生活，已經悄悄地闖進家門：

4-1、新的生活機能與空間的變化

4-1-1、應接室的浮現

接待客人與家庭成員聚集的空間，配置在傳統三合院中軸線上的公廳，尤其是設置於入口川堂位置。傳統上，亦見有登堂入室至第二進堂屋（公媽廳所在）者。西化後接待客人的空間配置移至特定的會客室或應接室，通常設在第一進左側，並經常與右側主人臥房及書房

---

15 《日本古建築細部語彙一寺社篇》，綜藝舍編輯部編，平成四年，1992 年，綜藝舍出版，圖 60。《圖解文化財の見方》，人見春雄、野呂肖生等編，1994 年，山川出版社，p42-43。和式屋頂正間的區面屋頂，向外延伸且上揚類「軒」的做法，突顯入口。

相對。相對的，公媽廳則隱身於後落。

　　同時亦出現特定招待客人住宿的客房，表現出頗受日本「以客為尊」的習俗影響。應接室之傢俱裝修方面，則出現沙發、拼花天花、壁板臺度、吊燈等等西式裝潢，並也曾見出現西方家庭中的中心設施—壁爐者，取代了過去公媽廳的太師椅、供桌、神桌、神明屏等等。

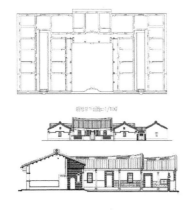

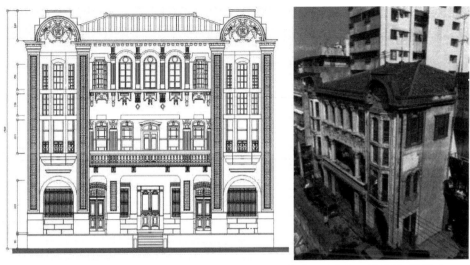

圖 1 臺中烏日石螺潭林宅兩處宅邸都有明顯開闊前廊、內外迴廊等。

圖 2 大稻埕陳謹記茶行外型及立面，兩塔夾一廊表現攝政王風格為其特色。

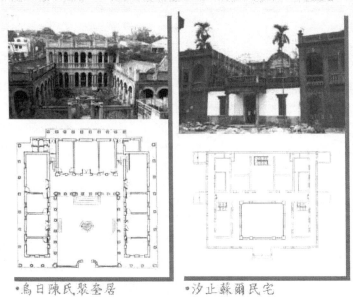

圖3 烏日陳氏聚奎居與汐止蘇爾民宅，皆是兼具有內部及外部迴廊的洋樓建築。

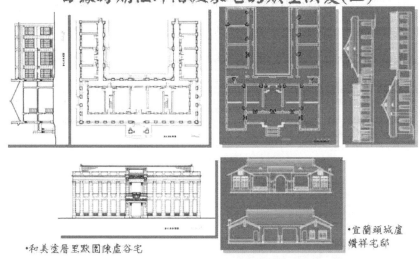

圖4 和美塗厝里默園陳虛谷宅與宜蘭頭城盧纘祥宅，都是倒三合院，兼有前廊
和內迴廊的洋樓建築。

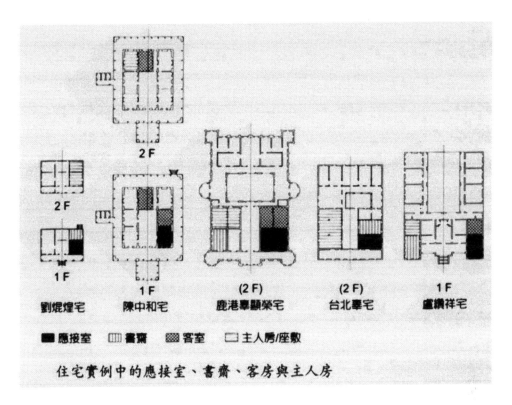

圖 5 應接室、書齋、客房及主人臥房的配置關係。（取材自沈祉杏，2002）

圖 6 盧纘祥宅的應接室（右圖）已經和公媽廳（左圖）分開設置。

4-1-2、食堂的浮現

在傳統合院當中，吃飯用餐的空間是不明顯的，經常是假借公媽廳或廚房等空間做為餐廳，也使用折疊式餐桌用完畢即收合起來，或者借用公媽廳供桌為餐桌。即使在日本式建築，也無固定之用餐空間，經常客廳、餐廳、臥舖三合一。餐廳事實上是西式建築專用的空間，設置獨立的餐廳意味了即接受西式的生活起居，在當時則為「脫亞入歐」「文明開化」的象徵。

食堂的配置，通常需一尊貴獨立的空間，是洋人重要待客、交際、禮儀的空間，也是西式建築中主僕動線的重要交集點。但是，當時的食堂裡進行的究竟是西式餐桌禮儀，或是中式尊卑位序，需端視業主自己的選擇講究。

家具當中的主角，自然是一張為多利亞式的圓形飯桌，包含由車床所車出花瓶曲線的木桿，以及用圓眼所做的二方連續雕刻花紋之桌沿，為其主要特色。中式的菜櫥子，或是西式的餐具櫃，則安置其間。

圖 6 后里張天機宅的食堂

劉焜煌宅入口立面（攝於2000年2月）

圖7 柳營劉焜煌宅，左邊小房間即為
兒童房的獨立房間。

圖8 龜山三層樓曹宅在臺灣式統舖外
加裝幛子門，創造出日式和室。

4-1-3、臥室的變化

　　傳統三合院的睡眠空間是在次間及護龍側室中放置木架構之紅眠床，及盥洗設備（水盆毛巾架）、便桶等獨立設備，日治時期，新建之華宅，則都以架高之統舖來取代紅眠床（八腳大眠床）的睡眠行為，此時西方使用之四腳眠床似乎尚不普遍。統舖會鋪設塌塌米，有時也仿日本「床間」於邊緣設置櫥櫃以為收藏空間，房門也用幛子相隔；但是走道則不採日式「緣側」，而直接落到地面的「土間」，床下與地面之間設拖門以作鞋櫃之用。換言之，這是臺灣合院的房間，與日式床間的綜合體，不中不日，純屬殖民地臺灣樣式。但是幛子門取代了原來的簾幕，意味了家庭中的個人私密性，已較先前稍受尊重。

　　此外，個人房間的增加也是一項特色，甚至出現專用的兒童房。這意味了對個人私領域的尊重，是封建時期家長權威下所不可能見到

的。

4-1-4、衛生空間的改善

　　傳統閩南三合院建築的如廁行為,是在房中進行,每一臥房中會在紅眠床後置一便桶或準備陶製之夜壺在被中就可以進行,而較貧窮之農家則大都將如廁空間置於戶外茅坑,或與牲畜欄結合,或設於魚池旁,用以不浪費農用資源,做為肥料之用。

　　日治時期,引入較現代化的衛生習慣,規定每一家戶須設置廁所、化糞池。於是通常人家會在合院的後方,獨立配置一套含馬桶、便池的廁所。講究的陶瓷馬桶、便斗開始出現,甚至出現青花瓷的便器,顯示「方便」的問題,開始受到重視並講究品味。

　　日治早期的廁所,一律獨立於正屋之外。大正年間,某些洋樓式的房子,則出現廁所與正屋相連接的情形,然亦屬附加之建築物。日治晚期,在某些洋樓建築中,已見到廁所併進正屋之中,成為一正式的房間。顯示,透過化糞池的設置,廁所臭味已經可能避免。但是,浴廁合建的情形,似乎仍極為罕見。

圖 9 烏日石螺潭順得居的廁所。

圖 10 大甲鐵砧山黃宅的浴室。

4-1-5、浴室的出現

　　傳統漢人的沐浴空間，通常都是與廚房結合，以便於用大竈燒水。日本人喜好沐浴成癖，因此日治時期也有較現代化的沐浴空間引入臺灣。洗浴空間呈一座獨立的建築，配置在三合院的後方，大部分仍是接近廚房出口外側。設有愈是的人家，通常是配備有蓄水的水塔、燒熱水的赤銅鍋爐、燃料室及柴火間、冷熱分開的浴池、洗臉池等等的盥洗空間。早期，用自來水仍是奢侈，因此有時候也將浴室設在水井近旁，俾便取水方便；也有些人家是用幫浦將井水抽至蓄水塔存放再使用的。

圖 11　后里張天機宅前廊

圖 12 清水濟陽堂前廊

4-1-6、長廊空間的變化

　　傳統閩南式建築，有出步起的建築類型，亦即建築正面配有步柱通廊。但是，步廊則被視為「巷路」的一部份，而非生活空間。由於室內幽黯，若干建築則在正廳門前築有抱廈、涼亭，或稱「拜亭」、「前庭」，則往往在此設桌椅，而為家務、乘涼與家庭活動的場所。

　　日本人受到西洋殖民建築的影響，重視洋樓建築涼臺的遮陽通風效果，許多官廳建築都築有連拱外廊。這些也間接影響，後來興建的

臺灣宅邸，往往擴大了原有的步廊進深，用以已經取代了過去的抱廈，成為具有休憩功能的涼臺。於是乎，「戶碇腳」的家務工作、納涼閒聊，便成為臺灣人日常休憩生活的一部份。

4-1-7、天花與電燈

傳統的廳堂照明，是用燈梁懸吊兩盞燈籠。日治時期的明潭水力發電，促成了用電的普及化。安裝電燈成為現代化時髦的表徵。然而，過去閩南傳統建築的徹上露明造作法，使得電線不易安裝。配合電路與燈頭的裝設，天花板因此應運而生。天花板不僅成為電線隘子裝設的基腳，而且提供燈頭安裝基座一個裝飾發揮的重點，同時也成為安裝線路時的人孔翻板蓋。

較豪華的大宅，往往採用類似楓丹白露所用的歐式拼花天花；也有採用企口版拼合的天花。日治晚期，則矩形方格天花較為盛行。講究的天花，會在房間四個角落處留設通風口，以利屋頂層的空氣對流。

圖 13　園天花與燈座痕跡

圖 14 清水濟陽堂天花與燈座手孔

圖 15 后里張天機宅天花與燈座

4-1-8、開窗的增大

　　原本傳統閩南式建築的開窗，是以「光廳暗房」為原則，室內總是幽暗，為的是要強化防禦功能，儘量減少建築開口。殖民時期，被要求增大住宅的開窗，其實已不僅是衛生上的通風采光原因，更涉及便於警察從窗口監視臺灣人的活動。

　　殖民時期，有別於前清封建社會，殖民教育提高了教育普及率。臺灣的地方菁英更經常倚恃其財力，就讀更高的學府，甚至遠赴日本內地、中國大陸、歐美等地去深造，以圖增長學識，俾便與日人一較長短。若從一些地方菁英家宅書齋裡書架上的藏書來看，便能理解這些業主的知識水平。他們已經不是清朝時期的單純勞動農民了，他們晉身到富於文化認知的知識仕紳階級。對於他們而言，書齋需有大面積的玻璃窗，以便於能引進光線適合在室內閱讀；大窗戶不只是警察的監視口，也是屋主讀書時所需要的。

4-2、建築裝飾與表徵的變化

4-2-1、門面裝飾

　　傳統建築雨水直接自屋前滴流而下，但是西式房屋，經常透過天溝收雨水，自兩旁接管流下。此時天溝前，則經常以女兒牆收頭，也經常做出大面牌樓山牆，作為裝飾重點。殖民時期，日本引進堆花洗、翻模洗石子的洋式裝飾圖樣，以及西洋磁磚，都成為牌樓山牆、女兒牆等門面位置的主要表現材料。

　　日本官廳的列柱柱頭，往往沿用西洋古典柱式的裝飾花樣，這也被臺灣民間大量模仿採用。但是臺灣用法，除表現在楣樑下的柱頭形式柱頭雕飾外，也經常表現在石柱與木柱交接之處。

圖 16 芬園下茄荖西洋樓牌樓面

圖 17 埔心二重黃宅牌樓面

圖 19 大甲黃宅牌樓面

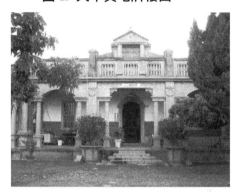

圖 20 后里張天機宅牌樓面

圖 18　園牌樓面

　　但是，經由日本技師設計的立面與臺灣人自行設計的立面，總是有題材上的差異。日本技師總是表現準確的洋式裝飾題材，也多少表現一些日式趣味；但臺籍設計人或工匠，則往往會表現臺灣業主所喜愛的獅子、麒麟之類的傳統吉祥圖案。臺灣人往往對自己的裝飾有不同詮釋：科林多柱頭被做成大白菜，代表權力的加農球被改成南瓜（金瓜）造型；被賦予生產富饒的象徵。日本技師準確的洋式設計，也會被臺籍民眾以口語譏誚：花環垂帶被認為是蓮霧，屬於「漏財」（露肚臍）隱喻，而被恥笑。

4-2-2、洗手臺

　　自來水在當時是一種時髦的公共設施，足用以誇富炫耀的重點。但是自來水洗臺，並不設置廚房廁所等處，反而設在房屋前廊的簷口處。一方面作為一種取代房間內臉盆架的新設施，同時也是對外誇耀

業主趕得上時髦的表徵。因此,洗手臺經常具有一些造型上設計,最誇張的是把水龍頭塑成一隻「龍頭」。

　　女兒牆、牌樓厝不僅改變了雨水的流向,也成為屋主身份表徵的重點。堆花洗石子與磁磚,成為新興裝飾立面的鑲嵌寶石;甚至包括是自來水與電燈,都可用以誇富炫耀的重點。

圖 21 后里張天機宅洗手臺

圖 22 清水楊宅洗手臺

4-3、庭園與裝飾的變化

　　臺灣割讓以後,日本殖民下的社會發生巨大變化,過去透過科舉進身的制度不再,文人、士大夫階級無立足餘地,傳統文人園林的立基之地蕩然不存。然而,日本的生活方式,並未真正滲透到臺灣社會。含有深刻文化意涵的日本園林型態,如:茶庭、禪宗庭園等,都未產生在臺灣人的庭園中。真正影響臺灣的,竟是在都市化、現代化與小庭園等等方面。日據時期,臺灣「庭園」在傳統與殖民化當中,似乎也走出了自己的路。

4-3-1、都市休閒文化的影響

　　受到現代都市的休閒文化興起的影響，使得過去私家園林的交際功能頓失地位。都市中的戲院、劇場、公園、食堂、料理亭、遊廓、藝旦間…等等，使得文化活動與社交活動，已經無須在家中舉行。同時，日本人並未將貴族社交文化的「茶道」流傳於臺灣，因此也不見茶庭在臺島產生。至此，明清以來的私家園林，其所以存在的社會情境，已然消失。文人聚會、宴請接待等功能，被新興都市休閒文化所取代。傳統園林的繁盛歲月一去不復返。

　　傳統的中式園林，卻由於都市公園、料亭、戲院等休閒娛樂場所的產生，與漢學文人的式微而失去昔日的光彩。洋樓與日式建築，難得以純粹風格出現在臺籍業主的產業，他們即使學習或嚮往日式、洋式生活，但似乎也未曾全盤接受。

圖 23 烏日陳氏聚奎居前院西式花臺

圖 24 盧纘祥宅的日式小花園

圖 25　園花園池泮的日式石燈籠

圖 26 大稻埕某宅花園裡的天宮
樓宇猶如天上宮闕

4-3-2、日式庭園的啟示

但即使如前述情形，「花園」的居家休閒需求仍舊存在。日式小庭園與現代都市元素，於此別具啟發性。日式「坪庭」、「路地庭」由於尺寸極小，利用家中隙地即可成庭園，使得日式庭園元素在臺灣廣為流行。於是石燈籠、石拱橋、跳石、小水池、碎石鋪地等蔚為風尚。許多家庭在昔日「前水池後果樹」的格局下，修建自家的園林，而呈現出豐富的面貌。

4-3-3、都市元素的翻版

現代都市裡的公共建築、公園、圓環、馬路、行道樹等之元素，甚至如日月潭等風景區，被民家所模仿運用於庭園之中，轉化為：可繞行的前院水池、花圃、花臺、草坪、碎石子馬路、噴水池、日月水池、標兵般的椰子行道樹等等。門前玄關車寄的出現，呈現了交通自動化的一個面貌。前院的圓形花圃或水池，也呼應這道弧形道路而產生。後院則出現有水池、疊山的妝點式日式小庭園。

大型庭園則反映出另一種情景，臺中公園傳譯了日本遊舟型的庭園型態，使得頭城盧家、基隆顏家、大林江家等庭園中，創造了划船遊湖的大型水面，湖中皆留有可供休憩的島亭。

4-3-4、都市建築樓宇化的庭園

而在都市建築高樓化的同時，庭園融進樓房的嘗試，也方興未艾。以高低錯落的樓宇，結合屏風假山，烘托主樓猶如天上宮闕。於是一種空中花園的類型，於新興資產階級的家中逐漸散播開來。

五、結論

5-1、西化歟？現代化歟？

　　臺灣的建築變化經驗，與西方、日本、甚或中國大陸，都具有顯著不同的命運。自晚清五口通商以來，臺灣即已接受到一連串西方文化的影響，同時面臨「西化」與「現代化」的矛盾。這時期與中國大陸晚清的狀況是一致的：雖在西方政治的壓力下，國家主權仍在，同時也享受到現代化的好處。但在邁入日治之後，其所面對的已經不僅僅是所謂「西化」與「現代化」問題，同時夾帶著「日本化」與「殖民主義」政治權利壓力，因而呈現不同的影響。臺灣日據時期的現代化，不單是文化問題，也不是單純的現代化問題，而是被宰制、非自覺（自決）性、刻骨銘心的「殖民現代化」歷程。殖民遭遇現代化，是與租界經驗，或被強國侵略的經驗，截然不同的。殖民時期的新生活內容，才是解開這些不同之謎。

5-2、營造生產過程的主導權

　　殖民城市透過公共設影響日常生活，透過「市街改正」干預私宅。又透過城市建築與殖民官廳的「都市轉播」現象，影響鄉間地區。殖民時期臺灣籍建築專業者，在「論述」角色所受到矮化與限制，殖民當局透過警察所執行建築執照的審查，或許是個緊箍咒。工匠階級在傳統廟宇上表現自身主體性間或有之；但是卻未曾見到被殖民的設計者，發展出自覺性的新式建築設計思潮。因而有關新建築形式的自覺，需移轉到日常的生活層面，移轉到業主身上；而非建築師。然而業主自身，對生活設施、建材、樣式、格局以及建築語彙的選擇，更呈現主人主觀的對生活的主張，甚或慾望的隱喻。

　　因此民宅建築的表現，相對地卻表現於商人、留外學生與地方鄉紳等業主，對於新式居住型態的慾望。他們在西式、日式、中式之

間，選擇表達自身身份地位的建築符碼。

5-3、新民宅建築風格的浮現

在臺灣洋樓形式的引進，在晚清與日治兩個階段，提供了不同的影響。市區改正與防火立面的要求，促成建築形式發生革命性的變化。新的營造技術與建材，如標準磚、洗石子、鋼筋混凝土構造，提供了建築一個新的面貌。同時提供涼臺、牌樓面的正面，作為一個具可塑性、可以裝飾並賦予意義的揮灑空間。

建築形式的變化，發生在合院建築、洋樓與日式建築三種類型之間。臺籍的業主所擁有的洋樓與日式建築，似乎不曾擁有純粹的血統，透過空間形式的徵兆閱讀，就能剝解出內在的生活型態變遷之脈絡意涵。從被擴大了的步廊，已經取代了過去的抱廈，成為具有休憩功能的涼臺。開窗的增大，已不僅是衛生上的通風采光，以及便於警察監事的窗口；但從書齋架上的藏書，卻能理解業主已從單純的農民晉身到富有文化的仕紳階級。女兒牆、牌樓厝不僅改變了雨水的流向，也成為屋主身份表徵的重點。堆花洗石子與磁磚，成為新興裝飾立面的鑲嵌寶石；甚至包括是自來水與電燈，都可用以誇富炫耀的重點。應接室、食堂的浮現，意味了公媽廳隱身幕後的時代來臨，沙發取代了太師椅。門前玄關車寄的出現，呈現了交通自動化的一個面貌。前院的圓形花圃或水池，也呼應這道弧形道路而產生。後院則出現有水池、疊山的妝點式日式小庭園。傳統的中式園林，卻由於都市公園、料亭、戲院等休閒娛樂場所的產生，與漢學文人的式微而失去昔日的光彩。洋樓與日式建築，難得以純粹風格出現在臺籍業主的產業，他們即使學習或嚮往日式、洋式生活，但似乎也未曾全盤接受。

5-4、民宅現代化變遷的內涵

日治時期臺灣建築的現代化變遷，並非一如歐美，係透過一連串

自覺性的建築思潮所產生的；而是蘊藏在殖民時期日常生活型態的變遷之中。這裡的現代化地域主義，不是建築師的思潮和主張，而是透過現代生活風格的點滴，來補綴出現代建築的輪廓與身影。現代化新式營造技術與建材，以及日本或西洋的建築文化，皆可被視為貨架上的商品，而透過臺籍業主任意的擷取、拼組，以滿足其在殖民情境下所催逼出來的慾望與渴求。至於，殖民時期一些創造性的主張，責任則落在傳統工匠的肩頭上，臺籍建築師角色尚未浮現。

參考書目

1.葉乃齊，2002《臺灣傳統營造技術的變遷初探－清代到日本殖民時期》，夏鑄九教授指導，臺灣大學建築與城鄉研究所博士論文，臺北。

2.村松貞次郎，1977《日本近代建築村松貞次郎，1977《日本近代建築　歷史》，NHK，東京。

3.沙永杰，2001，《西化的歷程－中日建築近代化過程之比較》，田園，臺北。

4.沈祉杏，2002，《日治時期臺灣住宅發展 1895-1945》，田園，臺北。

5.劉麗梅，1984，JUL〈元老建築師專輯座談會之二：日據、光復、現在〉《建築師》，臺北。

6.楊裕富，1995，JUL《從傳統工匠系統中分析建築工業設計的設計資源（三）：設計的工學基礎》，pp.69-72，國科會研究報告，雲科大，斗六。

7.夏鑄九 譯，1993〈都市象徵〉《空間文化形式與社會理論讀本》，pp.539-548，夏鑄九、王志宏編譯，明文，臺北。出自：Manuel Castells（1977）"The Urban Symbolic", in The Urban Qestion, Cambridge, Mass.：The MIT Press. Pp.215-221。

8.Lefebvre, Henri （1974）1991, The Production of Space, Oxford：Blackwell Publishers.

9.羅吉甫，2004，《日本帝國在臺灣》，p.6，遠流，臺北。

10.關華山，1992年，《民居與社會、文化》，明文書局出版，臺北。

11.方孝謙，2001，《殖民地臺灣的認同摸索》，pp.53-58，巨流出版，臺北。

12.石健生，2000，《戰後臺灣建築模仿活動分析論》，中原碩論，中

壢。

13.綜藝舍編輯部編，1992，《日本古建築細部語彙---寺社篇》，綜藝
　　舍出版。

14.人見春雄、野呂肖生等編，1994，《圖解文化財の見方》，年山川
　　出版社

第六章、晚清臺灣口岸城市的海防礮臺與火礮[1]

鴉片戰爭時期，英軍曾幾度窺伺臺灣基隆等地，也發生過戰鬥。同治年間連續發生安平樟腦戰爭及牡丹社事件。衝突地點，往往是五口通商之後的條約口岸，不僅影響國防安全，更影響經濟貿易。衝突為期最長的，要算是清法戰爭的基隆之役。而在這些戰役之後，清廷每每皆以設立礮臺，消極性解決防務問題。

臺灣各口設立礮臺由來久矣，道光年間鴉片戰爭之前即有兵備道姚瑩的「臺灣十七口設防圖說狀」[2]；五口通商之後牡丹社事件之際，沈葆楨建立的安平砲臺，凡此皆然。但近世現代化的礮臺卻大抵出自劉銘傳之手。因此《劉壯肅公奏議》這本劉銘傳奏摺之存稿，提供了我們許多當年興築始末的寶貴線索。舉凡礮臺座落點之選擇，興修過程的種種程序，以及所採用的人員及工程技術，都可獲的一些側面資料。為期與古文獻接軌，以下「砲臺」及「火砲」等文字，都將以「礮臺」、「火礮」替代。

一、《劉壯肅公奏議》所見的臺灣各口岸礮臺

1-1、興議與修建年代

劉銘傳於光緒 10 年（西元 1884 年）清法戰爭將戰為戰之際，自天津出發赴任臺灣之際，即上奏：

「……方今法勢鴟張，微臣至臺，自以設防練軍。澎湖、基隆

---

[1] 本文曾於 2010，12，10-11，在廣州，華南理工大學建築學院，「第五屆中國建築史學國際研討會」中發表（論文集 pp.529-551）。

[2] 姚瑩，1840〈臺灣十七口設防圖說狀〉，《中復堂選集》，p.74-84，臺灣文獻叢刊第 83 種，臺中：臺灣文獻委員會。

　　各礮臺，聞皆不能合度，急須次第改脩。槍礮尤須早
　　辦。……」[3]

　　也就是說，早期設置於臺澎之礮臺，清法戰爭時期劉銘傳基於軍事立場，大體都認為有改修的必要。也造成戰後漁翁島西礮臺（西嶼西臺）的改建。至於清法戰後，劉銘傳屬意派遣修築礮臺的人選，也有以下記載：

　　「……查有記名提督吳宏洛，素守吳淞口礮臺，……十一年六
　　月經臣派往澎湖察戡，所論水陸險要，明切無遺。……」[4]

　　劉銘傳除重用淮軍系統吳宏洛為軍隊、礮臺部署之參謀。例如：自古澎湖灣西嶼內垵一帶設有西嶼頭內塹汛，設有礮臺一座、烟墩一座。[5]但在外垵、內垵皆設立礮臺，可能就是吳宏洛提供的意見。又例如：基隆原本僅有內口門砂灣一帶設有礮臺；但清法戰後，內外口門各設了一座礮臺以為扼守，極可能也是吳宏洛的意見。此外，劉銘傳也起用吳為招募淮軍來澎湖協防之主要助手。[6]時當為光緒 11 年，即西元 1885 年之際。

　　至於，礮臺興建與購礮、起礮兩項工作，為縮短防務間隙，劉銘傳是同時間分頭進行這項兩步驟的：

　　「上年法兵退後，臣即飭各員趕造基、滬礮臺，並與洋商議購
　　三十一尊後門巨礮。……」[7]
　　「……各口自十二年正月興工，分築礮臺，惟安平舊臺尚可修

---

[3] 劉銘傳，1884〈恭報到臺日期並籌辦臺北防務摺〉，《劉壯肅公奏議》卷三保臺略，p.165，臺灣文獻叢刊第 27 種，臺中：臺灣文獻委員會。

[4] 劉銘傳，1886〈遵籌澎防請飭部撥款摺〉，《劉壯肅公奏議》卷五設防略，p.243，臺中：臺灣文獻委員會。

[5] 周于仁、胡格，1736（乾隆元年）《澎湖志略》煙墩、礮臺，p.48，收錄於《澎湖臺灣紀略》，臺灣文獻叢刊第 104 種，臺中：臺灣文獻委員會。

[6] 劉銘傳，1886〈遵籌澎防請飭部撥款摺〉，《劉壯肅公奏議》卷五設防略，p.243，臺中：臺灣文獻委員會。

[7] 同前註。

茸應用，其餘基隆、滬尾、澎湖等處，皆擇地另造新臺，旗后本有礮臺一座，後在大坪山修築一座。……」[8]

文字中明確地說明澎湖、基隆、滬尾等處之礮臺，是在劉銘傳手上興建（另築新臺）。興建時間，起於光緒 12 年正月，相當於西元1886 年。同時，這些礮臺的各礮位，也都在銘傳手上完成選配、購礮、起礮安裝的。

1-2、購礮與起礮

劉銘傳「購礮」方面，是經過幾番磋商，並經過數位幕後功臣之手，奏摺對此也有明確記載：

> 「……使據上海洋行開價……；嗣經滬尾領事並稅務司電商英礮廠，往返磋磨，……；現經旗昌包辦，……並將礮位運至臺灣，不支運費，花洋不折，……急須定議給價。」[9]
> 「……各處建造礮臺，購辦大礮，……旋與英商怡和洋行議購阿馬士莊新式後腔鋼礮三十一尊，隨配礮彈架具等件，包運到臺……」[10]
> 「……經臣函致出使英國大臣劉瑞芬派參贊知府李經方隨時查驗。經方以事關重大，不時親赴礮廠查戡，並雇熟習礮工妥實洋人駐廠監視。迨各礮造成，劉瑞芬另派隨員驗試，均與合同相符。……」[11]

從一連串的敘述中，不難瞭解怡和洋行、旗昌洋行是接洽的商

---

[8] 劉銘傳，1888〈修造礮臺並槍礮廠急須外購機器物料片〉，《劉壯肅公奏議》卷五設防略，p.266，臺中：臺灣文獻委員會。

[9] 劉銘傳，1886〈遵籌澎防請飭部撥款摺〉，《劉壯肅公奏議》卷五設防略，p.243，臺中：臺灣文獻委員會。

[10] 劉銘傳，1889〈買礮到防立案片〉，《劉壯肅公奏議》卷五設防略，p.264，臺中：臺灣文獻委員會。

[11] 劉銘傳，1889〈英國購礮請獎監辦參贊片〉，《劉壯肅公奏議》卷五設防略，p.265，臺中：臺灣文獻委員會。

行，而滬尾英國領事、淡水海關稅務司也協助了這項兩國磋商，而購買的對象是阿馬士莊礮廠，貨品是 31 尊後膛大礮，而且包含隨配礮彈架具等件，都由礮廠包運到臺。其間，出使英國大臣劉瑞芬，以及參贊知府李經方，在監造、驗礮方面出力不小。前述所有的進程，議訂合約時間約在光緒 12 年（西元 1886 年），而各礮組件打造完成，運抵臺灣各口，則延至光緒 15 年（西元 1889 年）。

　　待大礮組件運抵礮臺之時，緊接著是卸船、組裝問題，也就所謂「起礮」這項工序，奏摺對此也有詳細的記載：

> 「……修築礮臺需用鐵水泥及修製槍礮零件機器，類皆隨時添補，數既未能預定，購又未可後時，……」[12]
> 「……臣於各海口應安礮位，先行酌度形勢，分別配支。並因澎湖起礮碼頭，難於築造，復與英商議定，另造屯船二隻，包起上岸，加給規平銀五千兩。……」[13]
> 「……茲據英商於光緒十四年六月間至本年二月底，已將所辦礮位陸續運臺，一律起岸，由各防軍驗收，……」[14]

　　在這裡提到：「修築礮臺」需用鐵水泥等。又提到：澎湖「起礮碼頭」難於築造，於是將另造屯船二隻，包起上岸等語。因此在劉銘傳的文字中，將礮位安裝於礮基之上，稱為「修築礮臺」；而將礮位組件卸船、上岸、吊起、組裝等等，稱做「起礮」。同時這裡透露了「鐵水泥」這項營造材料，這對我們修復古蹟的工作，將是十分重要的線索。

---

[12] 劉銘傳，1888〈請飭部定外洋購料章程摺〉，《劉壯肅公奏議》卷五設防略，p.262，臺中：臺灣文獻委員會。

[13] 劉銘傳，1889〈買礮到防立案片〉，《劉壯肅公奏議》卷五 設防略，p.264，臺中：臺灣文獻委員會。

[14] 劉銘傳，1889〈買礮到防立案片〉，《劉壯肅公奏議》卷五 設防略，p.264，臺中：臺灣文獻委員會。

1-3、營造技術的紀錄：鐵水泥、子牆、土牆、礮基

關於營造技術的記載，《劉壯肅公奏議》中有多項紀錄：

> 「……本年春夏，各軍陳報壕溝、兵房、並外圍均已完工，因礮位未到，子牆寬窄高低須視礮架部位方能定築。澎湖築臺四座，基隆、滬尾各二座，因地勢土鬆沙濕，非重用外洋鐵水泥層壘堅築，不能勝巨礮震力，各兵房具仿外洋圖形，以用鐵水泥三萬六千桶。……」[15]

> 「現在澎湖運到大礮十七尊，……。據礮臺監工洋人鮑恩士並礮廠派來總兵聞德詳勘，各臺均能合度，惟子牆礮基丕須鐵水泥逐層封築，方可堅凝。」[16]

> 「……五海口共造礮臺十座，計需鐵水泥二十萬桶。查鐵水泥價銀每桶二兩九錢，需款太鉅，當飭委員會同洋人覆勘，其子牆不當敵礮之處改用土牆，外用鐵水泥敷面，礮基亦多用石子與鐵水泥參合以期減省。反覆籌議，至少尚須十二萬桶，……」[17]

奏摺中提到負責監造的兩個洋人名字，一是礮臺監工的鮑恩士，一是礮廠武官監造的聞德，可以看出營造過程是洋監工、兵工自建的工作組織型態。

此外，文中提及礮臺的各部位名稱：壕溝、兵房、外圍、子牆、礮基等等。若將這些名稱對照 1554 年以後 Vauban 式的西洋防禦工事的名稱，則似乎可以得到一定的對應關係：

---

[15] 劉銘傳，1888〈修造礮臺並槍礮廠急須外購機器物料片〉，《劉壯肅公奏議》卷五設防略，p.266，臺中：臺灣文獻委員會。

[16] 同前註。

[17] 同前註。

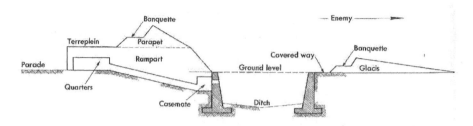

圖 1　1554 年以後 Vauban 式的西洋防禦工事的斷面概念[18]

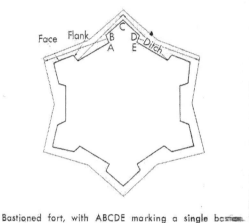

圖 2　Vauban 式防禦工事運用稜堡（Bastion），所產生的火網編成效果[19]

（1）壕溝：Ditch

（2）兵房：Quarter, Barrack, Keep

（3）外圍：Glocis

（4）子牆：Parapet

（5）礮基：Banquette

　　此外，奏摺提及子牆寬窄高低須視礮架部位方能定築，說明了子牆與礮基、礮架之間具有尺寸關係。但是詳細尺寸細節就不得而知。

---

[18] 1979，"Fortification"，Ecyclopedia Americana，vol.11， pp.622-627，Americana Co.，Danbury，Conecticut，US.

[19] 同前註。

　　文中又提到子牆、礮基等需用鐵水泥逐層封築，方可堅凝。這裡的鐵水泥所指的，即是英國人在 19 世紀中葉所發展出來的卜特蘭水泥（Portland Cement），當時是以桶裝出售。

　　當時提到對這種鐵水泥的使用，其實只將它視為傳統三合土夯土工法的替代品，所以採取的也是類似夯土法的「逐層封築」方式，而非近代成熟混凝土工法的澆置灌漿。在此處，我們可以將「逐層封築」法，視為初期的混凝土工法，作為近代建築史的一項註腳。

　　此外，令人印象深刻的是，鐵水泥的三種構築方式：（1）鐵水泥逐層封築，（2）土牆外用鐵水泥敷面，（3）多用石子與鐵水泥參合。而文中語氣，似乎認為「純」鐵水泥「逐層封築」為強度最高的材料，土牆外用鐵水泥「敷面」（水泥粉光）其次之，有骨材的「石子與鐵水泥參合」又其下之。與現代混凝土理論觀念有極大的差距，更凸顯了初期的混凝土工法的特殊觀念。

　　這種構築方式，不僅西嶼西臺如此，劉銘傳手創其他各地礮臺，也是如是。基隆小礮臺「海門天險」，子牆礮基由鐵水泥所築成，甚至營壘垛口、踏垛作法，也有類似跡象。（圖3、圖4、圖5）

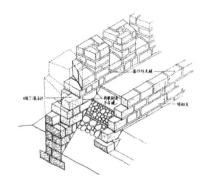

圖 3 基隆海門天險中所見到的另類「鐵水泥敷面」與「逐層封築」的混構法[20]

---

[20] 王鴻楷 主持，1989《基隆二沙灣礮臺海門天險古蹟修復研究》，臺北：臺大土木所都計室。

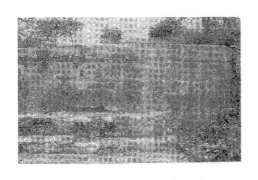

圖 4　基隆海門天險子牆所見的
「逐層封築」痕跡[21]　　　　　　**圖 5　基隆海門天險不當敵礮子牆採**
「土牆外用鐵水泥敷面」痕跡[22]

1-4、有構法資料而無形法資料

雖然奏摺中曾提到「各兵房具仿外洋圖形」等語，但是臺灣文獻全集，以及宮中檔，都遍尋不到相關圖面資料。但是作為構築法的文字資料，預算資料，材料總計，都記載於劉銘傳奏摺之中。

因此，我們或可這樣說，《劉壯肅公奏議》提供了礮臺的構築法，但未曾提供形式上的敘述。在礮臺、礮位形式上的理解，我們必須在奏摺之外的資料，去尋求答案。

兩查法兩比法中，對照其他劉銘傳同期礮臺—如：基隆海門天險、滬尾礮臺……，也都是可能的方法。但是下面仍要說明幾項建築史、科技文明史上的線索，以及其可能提供的貢獻。

二、十九世紀末的火礮發展

2-1、對火礮彈道學的思維

西方火礮技術的發展，莫約在英法聯軍的年代，觸地開花彈及來

福膛線陸續被發明出來，蒙古親王僧格林沁戰敗，蒙古守軍全軍覆沒。在此一時，更精確更輕巧的鍛造銑礮已成西洋主流了，而中國仍停留於紅夷大礮、威遠大礮等鑄造礮的時期。19 世紀末，追求更輕質、更強勁的礮管，成為這個時期火礮競爭的基調。

一尊礮的「射程」遠近，決定於其礮彈自礮口射出的初速。當然，速度的提供，是在於礮膛中火藥爆炸所提供的推力。然而火藥爆炸不能超過礮管管壁所能提供的反力，若超過管壁強度極限，礮管便炸裂了，即所謂「膛炸」。若在這極限內，同要重量的礮彈，填裝火藥（藥餅、藥包）越多，礮彈初速愈大，射程也愈遠。所以射程的關鍵在於這尊火礮的礮管強度，也就是說：「礮管強度」正比於礮彈「礮口初速」，也正比於這尊礮的極限「射程」。

清朝《大清會典》所列之火礮，採用的皆是青銅鑄造（圖 6）。其原因無他，就是青銅為一種易於鑄造的的材料。但是 19 世紀的歐洲，銅本身沈重而強度不及於鐵，以致鍛鐵銑製礮已逐漸取代青銅成為大礮主流。鍛造方式是以熟鐵條纏繞成螺旋狀，在經過錘鍊打造及銑出礮膛，製成鍛鐵礮。

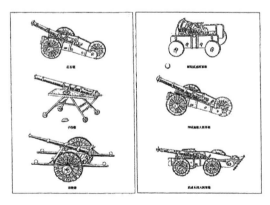

圖 6 清朝《大清會典》所列之火礮[23]，應為早其中國火礮之代表形式

19 世紀的歐洲，從英國的平爐法、旋轉爐法，到德國的坩鍋法鍊

---

[23] 《大清會典》火礮

造,都使得鋼鐵得以直接鑄造,不再如干將、莫邪時代須經千錘百鍊,曠廢時日。鑄鋼廠所生產的鋼錠,經軋製過程,打造砲管,再銑出礮膛,製成鋼鐵大礮。鋼鐵管壁應力強度自然高過鍛鐵,鍛鐵高過青銅。這不僅加強了礮管管壁強度,礮彈射程增加,更使得礮管變輕巧,馬匹拖拉得以健步如飛。[24]以下謹就礮管的發展做一概述:

2-2、礮管形式與類別

(1)前膛礮與後膛礮的發展時期

拿破崙時期,滑鐵盧之役中法軍吃盡普魯士軍後膛來福槍的苦頭。後膛槍礮的快速裝填,來福線膛所帶來的準確性,令人印象深刻。晚清北洋大臣李鴻章曾就西洋火礮特色,提出他的觀點:

> 「查礮位一項,德國全用後膛,英國全用前膛,俄法則小礮多後膛,大礮多前膛,美國仍用老式滑膛。其中著名商廠,德曰克鹿卜,專造後膛全鋼之礮;英曰阿勿士莊,專造前膛熟鐵包鋼之礮;……論攻堅致遠,前膛不若後膛;論穩固經久,後膛不若前膛。故行仗小礮宜用後膛,取其輕而及遠;輪船、礮臺所用大礮,究以前膛為宜。此洋礮之大略也。」[25]

這一席話,證實了當時一般人士對於前膛礮、後膛礮的偏見觀點。所謂「論攻堅致遠,前膛不若後膛;論穩固經久,後膛不若前膛……」的觀點,其實是對火礮物理性質的理解不足所致。

攻堅致遠與前膛、後膛無關,重要是來福膛線。由於,過去的滑腔槍礮在藥膛引爆下,火藥爆炸力並不保證均勻,子彈射出槍口時,作用力並不只有朝向槍口方向的力量,子彈亂飄是滑腔槍礮的常事。

---

24 周建明〈李鴻章與中德軍火貿易〉引李鴻章:「惟德國克鹿卜四磅鋼礮可以命中致遠,質堅體輕,用馬馱拉,行走如飛……」(http://www.cqzg.cn/html/63/t-697963.html)原刊於《武大報(人文科版)》2007 年第 04 期。

25 同前註。

因此拿破崙時期，步兵作戰時，百米外是瞄不準的，需成排射擊才能發揮威力。排成方陣擊鼓前進的步兵並非特別勇敢，而是敵人的前膛滑膛槍，不盡然會射到自己。來福線槍膛的發明，才改變了一切。

　　來福線把子彈的藥膛爆炸的推力，改變成兩種力量：第一種是依照槍管軸線前進運動的力量，另一種是轉動慣量（旋轉）的力量。因為圓形運動可以吸納所有垂直於軸力的分力；而平行軸力的分力，全部總合成前進軸力。所有火藥爆炸的分力，不是化做前進軸力，就是化成轉動慣量（圖 7）。簡言之，轉動慣量確保了前進軸力的方向性，使得不再有任何分力讓子彈「飄」出彈道主軸。這才是「攻堅致遠」的關鍵，而非前膛、後膛。李鴻章昧於物理學，以致完全誤解礮學原理，也對火礮的選擇做出錯誤的判斷。

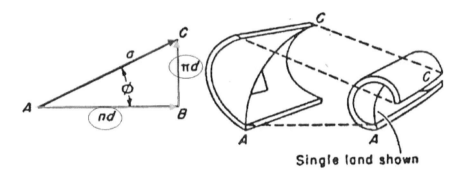

Fig. 4. Rifling of uniform twist develops the line AC.
圖 7　來福線所造成的前進與旋轉的兩項分力[26]

　　（2）純鋼礮與套管礮：克魯伯（克虜卜）與阿姆斯壯（阿姆司脫朗）

　　19 世紀末，德國與英國在礮管的強度上各有各的發明，而彼此競爭。德國的克虜卜（Krupp）家族，17 世紀即為鑄礮鐵匠。1810 年阿爾弗雷德・克虜卜（Friedrich Krupp）運用坩鍋成功混和了碳和鐵，並

---

[26] 1979，"Gun"，Ecyclopedia Americana，vol.13，pp.606-612，Americana Co.，Danbury，Conecticut，US.

在埃森（Essen）建立鑄鋼廠生產鑄鋼。不久即生產鑄鋼礮管，使得礮管管壁強度獲得一大躍進。[27]

　　1847 年阿佛列・克虜卜（Alfred Krupp, 圖 9）建造了第一尊鑄鋼後膛大礮，即使 1851 年世界博覽會讓他出名的卻是鐵路的鋼輪，但他的最愛還是鑄鋼後膛大礮，他發展出閘門式後膛式閉鎖機構。阿佛列一直認為後膛礮優於前膛礮，但當時的膛膛閉鎖裝置發明不久，人們仍對後膛礮的氣密性、穩定度信心不足。[28]直到普法戰後的實戰證實，後膛礮才成為全球主流，克虜卜廠的火礮逐漸獨霸全球市場。

圖 8　學習演放克虜卜大礮的大清留德學生[29]

---

[27] Biography：Krupp，Sponsored Links40 Hotels in Essen.（http：//www.booking.com/Essen-Germany）

[28] 周建明〈李鴻章與中德軍火貿易〉（http：//www.cqzg.cn/html/63/t-697963.html）。

[29] 取材自廈門胡里山礮臺網站（http：//www.hlspt.cn/Html/mtbd/zgyc）

圖 9 阿爾弗雷德‧克虜卜
（Friedrich Krupp）[30]

圖 10 威廉喬治‧阿姆斯壯
（William George Armstrong）[31]

　　同時，英國阿姆斯壯發展套管礮，也獲得相當的成就。威廉喬治‧阿姆斯壯（William George Armstrong, 圖 10），身兼工程師與企業家，是英國火礮標準的奠基者。阿姆斯壯礮廠，在美國南北戰爭（1861-1865）中，獲得豐厚的利潤，雙方的火礮都以此廠為主。1839年阿姆斯壯發明了液壓起重機，1847 他在埃爾斯威科（Elswick）建立工廠，並安裝了這種機械。1855 年，他利用運用了他的工廠和機器，開始製造他的套管火礮。這種礮已經是具備來福膛線，並且。阿姆斯壯還於 1880 發明了後膛礮的斷隔螺栓礮閂（圖 11），提供了現代火礮快速裝填和穩定的後膛閉鎖裝置。[32]

---

[30] 取材自 http：//en.wikipedia.org/wiki/Krupp

[31] 取材自 http：//www.victorianweb.org/sculpture/thornycroft/30d.html

[32] Armstrong William George （http：
//www.cartage.org.lb/en/themes/biographies/MainBiographies/A/ArmstrongW/1.html）

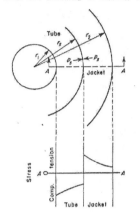

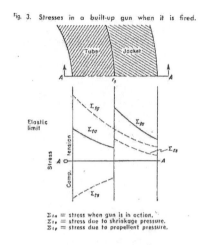

圖 11 阿姆斯壯發明了後膛礮的斷隔螺栓

圖 12 阿姆斯壯礮採用套管礮礮閂

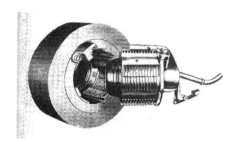

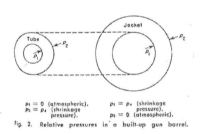

圖 13 阿姆斯壯套管礮外套管加在內管壁上的潛在應力,係一種預力系統

圖 14 阿姆斯壯套管礮內管及外套管間原有強度(Σta)、套合後應力(Σts)與擊發時的合成的應力強度(Σtg)

　　阿姆斯壯的套管礮(圖 12),不同於一般的鑄造礮,甚或鍛造礮,它的礮管不是一整塊金屬。套管礮是利用多層次的礮管的生產技術所生產的礮。內管係由一個或多個鋼鐵製的主要礮管,而在其外層的包裹以鍛造的外管。而外管則是靠預先加熱,運用熱漲冷縮原理擴大口徑,以滑動套入預計的位置。一當外管冷卻之時,自然與內管嚴密套合,形成一體化的礮管。外管有如預先套在內管的橡皮筋,預先

在內管壁上形成額外的圍束力（圖 13、圖 14）。這種運用預力原理的
管壁，使其能夠承受內膛更大的爆發壓力，勝過同大小的純鋼或純鐵
礮管所能承受的強度。[33]阿姆斯壯更利用埃爾斯威科工廠液壓汽鎚作為
打造套管礮的生產利器，獨步大英帝國火礮市場。阿姆斯壯大礮，也
與克虜卜純鋼礮，平分秋色。

　　因此晚清時期，以李鴻章為首的洋務派人士，心中的火礮標準大
約是：陸軍行軍採用克虜卜純鋼礮，海軍、海防則採用阿姆斯壯大
礮。[34]

（3）礮箍環是套管礮的身份證

　　套管礮由於是每一款型號的套管方式，都是個別設計個別試驗，
所以套管形式宛若指紋，每一款型號都各不相同（圖 15）。尤其是，
礮口唇部形式、弧度，礮尾礮閂或弧或凹，套管之數目及環狀部位，
都是主要特徵。以下就阿姆斯壯 6 吋礮各型號做一比較，即可發現其
間差異。其他個口徑也都大抵如此。

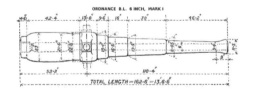
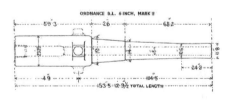
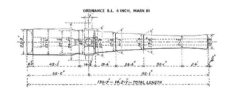
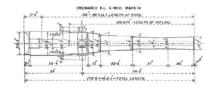

---

33 'Hoop gun' From Wikipedia，the free encyclopedia（http：//en.wikipedia.org/wiki/Hoop_gun）
34 周建明〈李鴻章與中德軍火貿易〉李鴻章所說的：「……論攻堅致遠，前膛不若後膛；論穩
　　固經久，後膛不若前膛。故行仗小礮宜用後膛，取其輕而及遠；輪船、礮臺所用大礮，究
　　以前膛為宜。此洋礮之大略也。」（http://www.cqzg.cn/html/63/t-697963.html）。

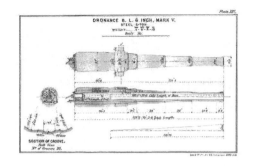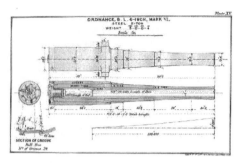

圖 15 阿姆斯壯 6 吋後膛礮 Mark I,II,III,IV,V,VI 等六種型號，每一型號之套管箍形皆不同。[35]

2-3、礮乘形式與類別

（1）山礮、野礮、艦礮、要塞礮

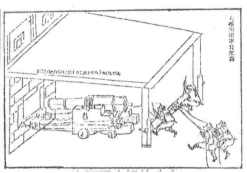

圖 16 鴉片戰爭之前大清與西方火礮礮乘多以木造[36]

[35] 引自 http：//en.wikipedia.org/wiki/BL_6_inch_gun_Mk_I_-_VI

[36] 引自 http：//www.palmerstonforts.org.uk/art/gal1.htm，以及魏源，1895《海國圖志》，

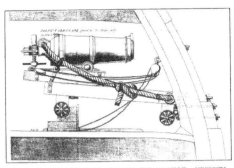

圖 17　1779 英國發展的海軍短礮
（Carronade）也是木造礮乘，
已經發展出 19 世紀滑動是礮乘
基本型，但方向固定不可迴旋。[38]

圖 18　19 世紀英國漢普夏納爾遜礮臺
（Fort Nelson Hampshire）採用木架礮
的乘，[37]**但是已是有軌道可供迴旋的**
要塞礮。
但其滑動砲乘只有前滑輪，後輪是在
裝填之時，以裝輪槓桿撬起，並絞動
繩索滑輪協助礮乘滑動。

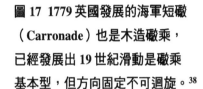

　　早期火礮，無論類別，大約多用木輪木架礮乘。19 世紀末則逐漸將野砲、山礮、礮臺、艦礮等的礮乘，逐漸分型分類。而礮乘形式，開始有了：木架、輪架、輪軌架等等的區別。

　　其中所見各用於陸軍行軍用砲，不分山礮、野砲，都有兩個大輪，及後支撐架。至於海防礮臺要塞礮則建立礮基（Slide），多用弧形軌道（Racer Track），圍繞一個真實磨心（Pivot Block），或虛擬軸心以便迴轉。礮乘（Platform）則以輪子和軸心架構於軌道上、磨心上。（圖 19、圖 20、圖 21）

　　（2）礮乘的輪軌架：駐復機的早期形式

　　依據記載，運用彈簧及油壓的唧筒形駐復機，要到 1897 年時才由法國人發展成功，開始時運用野戰礮，有效降低了發礮時的後座力

[37] 引自 http：//www.palmerstonforts.org.uk/art/gal1.htm
[38] 楊仁江，1991《臺灣地區現存古礮之調查研究》，臺北：內政部。

（Recoil）。[39]臺灣地區的礮臺礮乘，凡是清朝所購買建造的，一定早於 1895 年，極不可能有及唧筒形油壓駐復機。若要能使用到這種駐復機，極可能是在日俄戰爭時期，由日本人所安裝補強的。

至於 1895 年以前大清帝國所安裝的礮臺礮乘，所採另一種駐復機系統。礮乘是由兩部分所組成：一是滑車部分，宛如早期木滑車礮乘，有兩托架由礮耳部支承整個礮管。另一部分是礮乘車架，這是由兩支向前略傾斜的軌道，支撐滑車的重量，下方則安裝輪子，以便於在弧形軌道上迴轉滑動。平時，滑車架著礮管因為車架軌道的斜度，而落在車架前端；一旦火礮擊發，滑車便趁著後座力滑向後端。

早期的前膛礮，在滑車滑向後時，是利於裝填火藥礮子的。點火擊發之前，再讓它自動溜回去，或是將之推向前端，以備下一波後座力再退回後端。

圖 19 滑車礮乘的駐復機方式（基隆役政公園所保存火礮）

---

[39] 1983，《佳慶百科彙集》〈人類與科技 I〉，佳慶文化事業有限公司，臺北。

（3）光緒《礮乘新法圖說》中的類別：

光緒年間，江南製造局一連串的翻譯著作中，有一本《礮乘新法圖說》，記載著相關的各式火礮的礮乘形式（圖 20）。其中所載的礮臺火礮，其礮乘與礮軌形式，若大略分類，約可分為：同心圓單軌、同心圓雙軌、同心半圓雙軌等等。

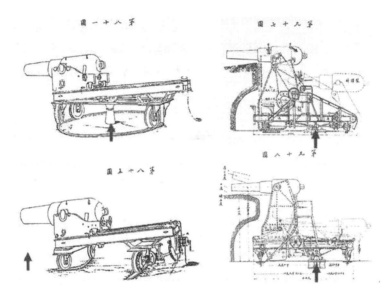

圖 20　光緒《礮乘新法圖說》所揭示的各式礮乘形式

然若比較基隆役政公園所保存火礮（圖 19），則似乎書中缺乏相似的前磨心後弧軌礮乘。但是基隆的這種礮乘，在圖 21 英國礮臺中，是具備類似的礮乘及礮基安裝方式。也就是說，基隆留存的這尊火礮之礮乘，不是《礮乘新法圖說》所推薦的礮乘。

若是經由力學分析，基隆的這組礮乘，載重應分別落於磨心與礮乘後端的鐵輪之上。也就是說，磨心大約負擔了 1/2 的載重。由磨心特別巨大的量體看來，也似乎能體會出其間的載重負擔。而相對地，反觀《礮乘新法圖說》所推薦的礮乘，似乎就顯得輕巧許多。就以同心圓單軌來看，礮乘前後兩端鐵輪，分別負擔 1/2 的載重，而磨心成為一度靜不定支撐點，幾乎可以視為無載重。對於磨心的靈活度而

言，若垂直力愈小，摩擦力也愈小，靈活度自然愈高。換言之，同心圓單軌礮乘靈活度上要優於基隆的前磨心後弧軌礮乘。也就是說，若就磨心的靈活度而言，基隆礮臺配置的礮乘並非是最優秀的。

（4）英國礮臺同好網站資料中所見的礮乘

若引自英國礮臺同好網站[40]的各式礮乘，無論類型是前磨心、後磨心或中磨心，甚或無磨心的礮臺礮乘設計，似乎在歷史中都曾發生過。在眾多礮臺礮乘類型中，是否曾經有一條逐步發展脈的絡呢？然而目前這似乎未見到有任何現成的答案。

（5）劉銘傳時期的礮乘可能只有一種

劉銘傳當初購買的 31 尊火礮，一如前節所述「隨配礮彈架具等件」，自應包括礮乘等配備。由於，劉銘傳請李經方等人協助洽商時，火礮主體、口徑是業已指定了的，但礮乘部分就很可能有所彈性了。

---

[40] 同註 37。引自 http：//www.palmerstonforts.org.uk/art/gal1.htm

圖 21　英國礮臺同好網站所見 19 世紀英國各式火礮與礮乘[41]

---

[41] 同註 37。引自 http：//www.palmerstonforts.org.uk/art/gal1.htm

圖22 澎湖西嶼西礮臺、基隆小礮臺、社寮礮臺、打狗旂後礮臺所見礮乘[42]

圖23 澎湖西嶼西礮臺、基隆小礮臺、社寮礮臺、打狗旂後礮臺所見礮乘[43]

　　然而，劉銘傳究竟買到了何種型制的礮乘呢？若就現存日據初期，日軍佔領臺灣各口岸礮臺時，所拍攝之照片，不難看出當時劉銘傳購置之礮臺礮乘，大都為同一種類型：前磨心後弧軌礮乘。這也就是依據前述分析，靈活度比較低的一種。

---

[42] 不著撰人，1915《臺灣寫真帖》
[43] 不著撰人，1915《臺灣寫真帖》

　　難道劉銘傳、李經方是被騙了嗎？或許他們有其他的考量。劉銘傳曾經提到：

> 「……本年春夏，各軍陳報壕溝、兵房、並外圍均已完工，因礮位未到，子牆寬窄高低須視礮架部位方能定築。[44]」

　　確實，礮臺子牆與礮乘（礮架）緊密相關，但由於購礮委員並不在現場，不知礮臺空間是僅足迴轉一個有限的角度，亦或足可 360°全圓迴旋。因此，最保險的做法，是訂購一種最有彈性的礮乘，空間不大時可轉半圓弧，空間充分時也可 360°全圓迴旋；前磨心後弧軌礮乘可能便是這種狀況下的選擇。

　　比較遺憾的是，臺灣日據末期，大量的金屬都被熔解作為軍需。過時的舊有礮臺之火礮恐亦不能倖免。現在能見到的為一的真品遺物，就僅剩基隆役政公園留存的 8 吋礮一座（圖 19），留供後人緬懷了。

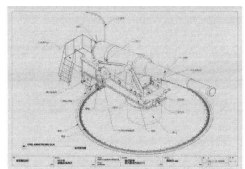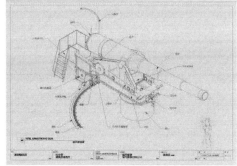

圖 24 澎湖西嶼西礮臺全圓弧軌及半圓弧軌仿製礮設計圖（綠邦實業繪製）

---

44 同註 14

圖 25 澎湖西嶼西礮臺礮位復原完成情形

第七章、臺灣晚清到日治時期穀倉類型源流初探[1]

一、緣起：發現穀倉類型

1-1、穀倉見證農業史

臺灣自清乾隆年間，即完成平野的水田化運動，稻米的生產蓬勃展開，直至道光年間造就了第一波的民生富裕。水田農舍間的地景中，夾雜矗立著鼓亭畚，但清朝以來的倉廒卻至今少見。

日治時期，組合穀倉與統制倉，曾盛行一時。光復後，又因國共戰爭，穀倉亦曾因儲備戰備糧食，而一度被重視。然歷經臺灣邁向國際貿易年代，日治以來之穀倉逐漸凋零沒落，而被電氣化冷凍倉庫取代。自從彰化福興穀倉修復完成，第一座穀倉，方以亮麗新姿重現人們面前。至今為止，全臺有超過 10 處穀倉古蹟被指定保存。

1-2、清代穀倉的系譜

（1）清代地方志中所見的倉廒

清代地方志對「倉廒」的陳述，往往是說明官方權屬，且位於何處，並敘明規模：「五座、二十五間」或是「三座、十五間」等等。字裡行間大約可以知道許多「倉廒」是以五間為一座，甚至有紀錄是以舊廢棄官署房舍為倉廒者。這也就是說，「倉廒」其建築的耐候性，幾乎與一般房舍無甚差異。

---

[1] 本文曾經與陳成章聯名，於 2018，03，03-04，發表於湖口，戴氏宗祠，「2018 建築史研究會」，主題：『建築在地性的意義』。

（2）民間的儲穀設施類型

至於民間倉廒，則於地方志中少有敘述，但就宜蘭頭城十三行，應是民間船頭行倉廒遺構。此外，就吾人所知的，尚有鼓亭畚、笳櫥（或土庫）、粟仔間之屬。鼓亭畚、笳櫥在一般農民家中仍常見留存。至於粟仔間，僅有富裕的農業地主家中，才備有如此的儲穀設施空間。

（3）清代臺灣本地米糧種類

清代地方志所提及臺灣本地米糧，大抵不出占城米及糯米（秫米）兩大類，但另夾雜有早稻、旱稻、水稻種類，總計約有十幾種之多。除糯米外，臺灣以占城米為主的早期稻米，至日治時期被統稱為「在來米」，顆粒較硬乾，以較粗放的儲藏方式即可保存。前述官方、民間的儲穀設施，已皆可因應得宜。

（4）倉廒、粟仔間的支配主體

儲穀設施的所有者，倉廒有可能是官方或民間，而粟仔間應是富裕的地主私人所擁有。而碾米調製，乃至包裝、運輸，則係屬碾米的店家「土礱間」的權力。土礱間一般是由小租戶地主或富農所經營，他們才有足夠的資本備置碾米設施。當佃農交穀給土礱間，也形成了土礱間的米穀壟斷，他透過調製米穀，不僅壟斷了米穀的貨源，而且主導了銷售通路：運送那個港口，裝上那艘船，皆由土礱間決定。這種壟斷情形一直延續到殖民時期。

1-3、日治時期新式穀倉類型

1920 年，臺灣總督府意圖改善米穀的乾燥調製以及貯藏問題，提出「獎勵補助農會設置農業倉庫計畫」，從此陸續有許多的「產業組

合」農業倉庫興建。1933 年全球經濟不景氣，加上日本內地的米價慘跌，臺灣頒布「米穀統制令」，獎勵米穀貯存及設立「統制組合」、「統制倉庫」。因此，日治時期新式穀倉類型大抵分做兩種：

（1）組合倉庫

係指以合作社型態組織的「產業組合」所建立的農業倉庫，為期能將米穀的調製過程的倉儲、乾燥、碾米、包裝等程序，一貫化作業完成。為方便調製作業，米穀儲存方式採散裝倉槽分格儲存方式。

組合倉庫大小規模與產業組合規模相關，所以倉庫大抵也分大型、小型兩大類。大型組合倉庫進深相當於兩座小型農業倉庫，屋頂形式也與乾燥散熱通風策略有關，而有採太子樓形式或用老虎窗形式，不同種的類型。

（2）統制倉庫

為其集中管理，統制倉庫多採統一規格 13*26m 無隔間建築，倉儲方式採取袋裝堆棧方式。多靠牆面上下氣窗換氣散熱乾燥，屋頂形式單純。

二、日治新式穀倉取代清代穀倉的社會成因

2-1、日本殖民對臺經濟政策主軸

日本在臺灣的殖民經濟政策，基本上是以 1904 年所提出的「工業日本，農業臺灣」為基調。因為自從明治維新之後，日本內地產業即因工業部門擴張，造成農業部門相對縮減，導致米糧供應不足；復以 1904 年以來，朝鮮戰爭、日俄戰爭連年征戰之下，日本政府面臨更嚴重的糧食問題。此時，臺灣米成為抒解日本內地糧食壓力的重要來源。

　　另一方面，隨著明治維新後生活水準的提高，日本內地對於精緻砂糖的需求加大，因而形成大量的進口入超。這促使日政府決定提高殖民地臺灣的糖業生產質量，對抗外國進口砂糖，以彌補貿易損失。因而產生了殖民時期前二十五年（1895－1920）的一系列經濟、農業政策課題。其中最關鍵的要項，在於殖民政府直屬的官營企業與日本內地大型資本的結合：根據東嘉生的說法，臺灣殖民資本的累積可分為三個階段：

　　（1）透過專賣制度保護本國資本的壯大；

　　（2）利用各種獎勵辦法協助商業資本與島內之產業資本結合；

　　（3）放任官營與本國在臺資本的壟斷形成獨佔企業。[2]

　　在農業方面，殖民政府更透過「公共埤圳規則」和「官設埤圳規則」（分別實施於 1901、1908）、「土地調查清理」（1905）、「輸出米檢查制度」（1904）、及「米種馴化」等措施，全面的推動符合貿易規模及市場需求的米作生產方式。同時，透過對日方大資本的開放，引進各種運輸設施建設（如：輕便軌道、鐵路、公路），警察權與保甲制的建立等軟硬體措施，控制農業生產的再製與運銷。[3]凡此種種，意圖在官營資本與日方大資本合流下，如何取代「土礱間」的米穀壟斷狀態。

　　其實，臺灣自前清道光年間，即因江南稻米不足供應京師，而改由臺灣稻米北輸供應。即使日治初期，臺灣米對大陸輸出仍然繼續。

　　但是 1897 年日本內地稻米歉收，臺灣米開始輸入日本。惟當時臺灣米在日本市場有品質不佳、在來米不符合日人口味等問題。臺灣總督府遂將稻米品種改良與增產，定位為重要課題，並從 1899 年開始引進日本稻種在臺進行改良試種。[4]凡此根據日本內地市場的品味，對臺

[2] 東嘉生著，周憲文譯，1955《臺灣經濟史概說》，帕米爾書局，臺北。

[3] 陳志梧，1988《空間變遷的社會歷史分析：以日本殖民時期的宜蘭地景為個案》，臺大土木所博論，臺北。

[4] 胡忠一，103，3，〈臺灣農會發展史〉，《檔案季刊》，13：（1），pp.20-33。

灣米進行改良的行動，被稱為臺灣稻米的「米種馴化」；箇中包括「日本米馴化試種」（試種日本米）和「在來米改良」（臺灣米口味改良）兩項工作。

其中，日本米的馴化試種方面，透過各州的「農事試驗所」的持續的育種試驗和生產技術改善，以及各地「農會」的相關推廣活動，於 1922 年（大正 11 年）試種成功，並於 1926 年（昭和元年）正式命名為「蓬萊米」。而後普遍獎勵臺灣農民種植，使得蓬萊米在昭和年間成為臺灣地區主要輸往日本內地的米種。根據統計，臺灣於 1922 年蓬萊米水稻田面積僅有 414 公頃，1925 年即增至 68,697 公頃；1935 年更增至 295,811 公頃，佔當時總稻作面積的 43.6%。

其次，在來米的改良方面；1910 年（明治 43 年）起，臺灣總督府推動所謂「除去紅米事業」、「純系分離育種」等措施，對在來米種植的品種加以限定。1910 至 1914 年之間，舉辦一連串的講習活動和「袋米品評會」。配合米作的改良及產量的提昇，一個有效的運銷網絡的建立，成為進一步完成稻米商品化目標的重要環節；而「農業倉庫」正是這個環節中重要的一「環節」。

2-2、臺灣總督府與土礱間的鬥爭—初期農業倉庫獎勵政策

1920 年，臺灣總督府提出「獎勵補助農會設置農業倉庫計畫」，意圖改善米穀的乾燥調製以及貯藏問題，預定實施至 1931 年，要於獎勵重點產米地設置 25 座農業倉庫。1921 年 3 月 18 日，先發布「農業倉庫令施行規則」，接受補助的各地農會，包括 1922 年潮州、臺中農業倉庫，1923 年西螺、桃園農業倉庫，1924 年新莊、屏東農業倉庫，1925 中壢、臺南歸仁、彰化及員林農業倉庫，依序陸續完成 11 座農業倉庫。[5]

---

[5] 黃筠舒，103，3，〈臺灣農會穀倉建築回顧與保存現況之研究〉，《檔案季刊》，13：（1），pp.46-59。。

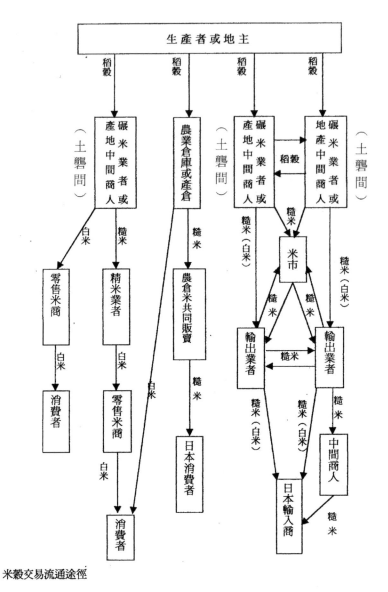

米穀交易流通途徑

引自陳志梧《空間之歷史社會變遷：以宜蘭為個案》

　　1922 年 12 月 29 日頒布「農業倉庫業法」，1923 年發布「農業倉庫業法施行規則」。其中「農業倉庫業法」規定，農業倉庫的業務包

括受寄物的調製、改裝、運送及販賣之仲介等，也可以發給農業倉庫券為貸款擔保。又規定，合作社、農會及農業公益法人都可以經營農業倉庫。至於「農業倉庫業法施行規則」也詳細規定農業倉庫申請設立的條件及業務規程[6]。

這時期的農業倉庫，皆是由州農會所經營管理，主要業務包括稻穀的收購、貯藏、加工調製、包裝、輸出等事務，因此穀倉的空間機則以米穀調製與貯藏為主。總督府提供「正確」的調製過程、包裝、米穀貯藏空間，試圖建立米穀調製的標準典範，以提升輸日米的品質，意圖拉大對「土礱間」產品的品質優勢。但首批的農倉設置地點過少，受利用程度不高，僅有示範性的作用[7]，打破「土礱間」壟斷的意圖仍未達成。

在 1925 年之後，在 1926－1931 年間，農業倉庫可謂之完全停擺。第一期獎勵欲設置 25 座農業倉庫，但自 1922 年至 1925 年間，其農倉的經營其實是相當緩慢，加上農民利用程度不高，即停止獎勵設置，首批總督府所獎勵設置的僅止於 11 座。

2-3、農業產業組合在「蓬萊米」發表之後盛興

臺灣於 1922 年蓬萊米水稻田面積僅有 414 公頃，1925 年即增至 68,697 公頃；1935 年更增至 295,811 公頃，足見「蓬萊米」對於臺灣農民與地主們都具有強大市場吸引力。雖然「蓬萊米」口感受歡迎，銷售價格好；但是，質硬的「在來米」使用傳統鼓亭畚、笳櫥、粟仔間保存沒有問題，軟 Q 的「蓬萊米」卻很容易腐敗，非得仰賴新標準的農業穀倉儲存，才能保障米穀品質。因此，「米種馴化」後的蓬萊米才是奪取「土礱間」生產壟斷的真正關鍵。

---

[6] 臺大建築與城鄉研究發展基金會/宜蘭工作室規劃，1999，《宜蘭縣二結穀倉調查研究修護計畫期末報告書》，宜蘭縣：蘭陽文教基金會委託。

[7] 劉翠溶，2001，4，〈日治後期臺灣合作農倉功能試探〉，《臺灣史研究》，7：（1），pp.135-173。

　　「米種馴化」促成好價格「蓬萊米」問世，也鼓舞了臺灣農民的轉種，同時小租戶們也理解到必須從鼓亭畚、粟仔間、「土礱間」擁有者，轉變為「農業穀倉」、「農業產業組合」的經營者，才能充分掌握「蓬萊米」的儲存、調製、產銷的過程。然而，成立產業組合、農業穀倉所需的新式生產設施確實具有一定的資本門檻，資本額不足的小租戶地主們，無法獨力創立農業穀倉，必須透過集資的方式以公司型態才能經營。

　　殖民時期的臺人經濟活動，由於受到法令限制無法成立「株式會社」（今之公司），只能以持分的方式招募會員及資金，成立合作性質的各類「產業組合」（今之產業合作社）。當時金融狀況係以民間私人借貸的風氣較盛，產業組合的社會性功能又較不易為一般農民了解，故擴大推廣極為艱辛。

　　為了提高組合的營運績效，除了存放借貸的金融業務，各地信用組合亦開始擴及購買、販賣、利用的相關業務。組合擴充業務，增加糧食加工及農產品收購販賣等業務。

　　1930 年（昭和 5），世界經濟不景氣，各金融銀行面臨倒閉破產的危機，私人借貸的情況更加混亂，農民不是借貸無門即是讓借出的血汗錢付之一炬。在如此局勢下，信用組合基於受政府鼓勵因而具有較高信譽，促使許多人開始將錢轉寄存於此。不過，當時「產業組合法」規定借貸仍須由評定委員會審查，並限定金額上限二千元。

　　農業倉庫成立之初，因民間社會仍多習於往私人開設的「土礱間」碾米，因此倉庫多為供沒有收藏地點的農民自由「寄倉」；稻穀的進出，猶如現代儲金簿的方式逐次記錄，並由組合收取手續費。

　　相較於戰爭時期及戰後初期的工作量，此時期的稻穀儲藏量極少，工作人員一天僅採一班制，按一般機關正常上下班。然而，在「信用部」、「倉庫」、「碾米工場」三種功能的結合下「組合」的經濟功能已經大大提昇，對於本地資本的累積起了很大的作用。另一方面，隨著「組合倉庫」的普遍設立，稻米經濟資本主義化的過程，

亦更加全面的展開。

　　對農民而言，農業倉庫除了是一處具先進設備，具備乾燥、防止稻穀變質、防鼠害等等的儲存場所之外，寄倉所得的「倉庫證」亦可以作為借金擔保，向信用組合及銀行貸款金額。

2-4、「米穀統制令」與「統制組合」、「統制倉庫」

　　1933 年（昭和 8），由於本地蓬萊米大量輸往日本，導致日本內地的米價慘跌，加上全球經濟不景氣，引致日本內地向殖民地施壓，而在臺灣實施「稻米生產抑制政策」，並頒布「米穀統制令」，獎勵米穀貯存及設立「統制組合」、「統制倉庫」。此舉對於各地「組合」設置農業倉庫，造成重要的激勵作用。

2-5、產業組合與左翼政治運動

　　日人左伯尚美在探討「農業合作」（亦即產業組合）的論著中，曾有清楚的界說：「所謂合作社，是捲入資本主義的漩渦，而掙扎於其矛盾的重壓下之小資產者（或是勞動者），以合作方式來彌補其弱點，為了加強其對資本主義經濟適應力的經濟組織」[8]。事實上，在日本國內，自 1897 年（明治 30）第一次擬定產業組合法案起，對於資本主義之剝削本質即有清晰的認知，於是促成了 1900 年（明治 33）「產業組合法」的正式定案。

　　殖民時期臺灣產業組合之設立，與日本本國之產業組合為何種關係，本研究尚未能給予解答；然而，其源自於一種對抗資本主義經濟的思潮，應可做概略的推斷。根據陳芳明（1998）的說法，在日據時期臺灣左翼運動中，「由東京帝大臺灣青年會於 1927 年成立的『臺灣社會科學研究部』，……不僅與日共（日本共產黨）成員、日本左翼

---

[8] 左伯尚美著，周建卿、林勝豐合譯，1979，《蛻變中的日本農業合作》，臺灣商務印書館，臺北。

組織有所過從，並且還與臺灣島內的文化協會、臺灣農民組合進行密切的聯絡與支援。」[9]

在在宜蘭二結穀倉研究的訪談中，揭露了產業組合潛在的「土地改革使命」；一位曾於殖民時期擔任利澤簡信用組合的受訪者清楚的說明：「一個佃農身分的農民，假設他的勞動能力自二十歲維持至四十歲；若由信用組合提供二十年的長期借貸，用以幫助他向地主買斷所耕之土地；而後他逐年以一定比例的稻穀償還，二十年後他的兒子即可以自耕農的身分生存」[10]。

至此，我們對於農業倉庫的設置，獲得一個初步的社會經濟背景之理解：

在殖民經濟的資本主義化過程中，為完成整個產銷體系的運作，農業倉庫的集穀、精製、包裝、運輸、農業資金借貸與週轉的功能，為臺灣本地資本創造了一個較日人資本更具競爭力的經濟環節。

做為農業倉庫設置與營運者的「產業組合」，一方面獲得這一難得的資本累積的機會，吸引了地主鄉紳階級及小資產家的興趣；同時，亦引起左翼團體的注意，試圖在意識型態上做連結，並擴張其社會運動之領域。

然而，不論是地方的資本累積意圖，或是左翼勢力況張，均為殖民資本主義及殖民政權之下的一種反動；二者意外的在「組合倉庫」這一機制上會合，形成臺灣殖民時期一個複雜又矛盾的結盟現象。它極有可能在殖民歷史之中，展現出特殊的政治經濟力量，來回應殖民者所加諸於臺灣人身上的壓制；然而，1937 年爆發的中日戰爭，以及1941 年展開的太平洋大戰，使得這一可能性迅速消失。

---

[9] 陳方明，1998，《殖民地臺灣—左翼政治運動史論》，p.249，麥田，臺北。
[10] 臺大建築與城鄉研究發展基金會/宜蘭工作室規劃，1999，前揭書。

2-6、二次大戰時期之統制經濟

戰爭的來臨，徹底改變了組合倉庫的社會經濟功能及潛在的左翼運動理想，而將一切措施交由官方當做戰爭工具。

（1）大戰前期之組合倉庫收編

1931 年（昭和 6），不論在日本或其殖民地朝鮮和臺灣，都出現米穀供給過剩的情形。同時，因米穀供給過剩而引起米價暴落。為了匡救農村可能的貧困問題，日本政府於 1933 年（昭和 8）3 月 29 日頒佈「米穀統制法」及其施行令。[11]

1937 年中日戰爭爆發後，為儲存戰備糧食，促使殖民政府於 1938 年制定「臺灣重要農作物增產十年計劃」。1939 年（昭和 14）頒行「臺灣米穀輸出管理令」、設置「米穀局」，全島實施「統制經濟」。此時臺灣已成為日軍侵略中國華南的重糧補給基地；原本 1933 年頒行「米穀統制令」以來的作為抑制生產的政策，至此改為加強生產。

1939 年戰況陷入膠著。為了確保日本國內糧食無虞，對臺灣與朝鮮地區稻米加以統籌調度，於同年頒布「米穀移出管理令」，規定臺灣總督府按各年其生產成本等資料，訂定價格收購民間生產的米穀統一輸往日本，民間不得自行輸出。但由於價錢不夠合理，而導致生產者囤米，不願出售給政府，總督府也無法控制大量的米穀輸出，反致島內糧食缺乏。因此，於同年 10 月發布「米穀配給統制規則」，即所謂「米穀專賣制」，規定 1940 年實施總收購總配給，從生產、儲藏、加工、運輸、分配、至銷售階段均全面統制。[12]

此時的農業倉庫除了配合政府管制外，並不能私下進行米穀交易、買賣或加工，原本農倉的功能轉為快速調製包裝與運輸，提供戰

---

11 劉翠溶，2001，4，前揭文。
12 劉翠溶，2001，4，前揭文。

時之糧食需求。因此除了原本的農業倉庫外，此時期興建的統制米穀倉庫，不若過去農業倉庫講求良好的通風與隔熱性能的空間設計考量，量體採單一固定的 13m*26m 的大跨距空間規格，一律以袋裝形式貯藏糙米，僅在牆體設置防潮層阻隔溼氣。

此一時期，米穀交易由自由買賣轉為政府公定米穀價格、統一收購。在「臺灣米穀輸出管理令」的政策下，米穀交易改由政府公定價格，進行統一收購。此時之「組合」及「倉庫」，猶如一個半官方性質的機構，負責替殖民政府辦理米穀收集與專賣的任務；而農業倉庫之功能也轉為一個「集穀精製及外送」之機關。

1940 年（昭和 15），日當局對米作農家實施稻米可能販賣量調查，並規定除自用米以外，農家所有米穀必須全數賣給指定輾米場或農業倉庫。

經濟統制後，米穀除自用外需全數交到指定的農業倉庫，指導員「出水」到各戶去點收，用牛車、馬車、及「里阿卡」載回倉庫交由倉口點收。據說指導員判定之自用數量並不足最低所需，因此許多農家都會偷藏一些稻穀，否則就得挨餓。因此許多農民對於擔任戰爭時期糧食收刮者的「指導員」，充滿了對立與仇恨。

島內人民開始實施食米配給制度後，配給的標準雖依勞動輕重、年齡、或孕婦而不同，但仍不斷降低此一標準，更要求人民食用地瓜等雜糧為代用食。當時人民生活極苦，一般民眾配給的米最多只供六分飽。[13]

（2）大戰後期

1941 年（昭和 16）太平洋戰爭爆發，日方戰況吃緊，而日本國內稻作歉收，糧食供應關係惡化；為加強軍糧收集，對臺灣之稻作採取獎勵措施，公佈「米穀生產獎勵規則」。同時，在臺灣島上各州廳設

---

[13] 臺大建築與城鄉研究發展基金會/宜蘭工作室規劃，1999，前揭書。

立「米穀納入組合」，頒布「米穀應急措置令」，規定稻米由國家統一向生產者直接收購，再接地區分配給「納入組合」屬下的輾米工廠或農業倉庫再製與配送。

1942 年，甚至實施全島「食米配給制度」。此時，私人「土礱間」完全無立足之地而全數瓦解。同時，隨著各州廳農業會組合成立，各地的信用組合被收編成為各街庄農業會，並轉為由街（庄）役場直接統制管理的公部門機關。

1944 年（昭和 19），設立各市街庄農業會，隨後各州（廳）米穀納入組合，亦改為州（廳）農業會，而各地之農業倉庫亦編入農業會，與各州（廳）農業會米穀部成為一體，擔任戰時糧食政策中負責集穀與加工運送的軍需後勤部隊。原本由「組合」所設置的「農業倉庫」，此時完全被收編入單一體制之「農業會」。至此，農業倉庫成為各地區的米糧控制中心。

（3）組合倉的戰時高生產力

組合倉一搬擁有先進的設備及專業的空間設計，從儲存、輸送、到輾米，整個過程幾乎不需要人工；只要操作馬達的啟動，透過機器運轉即可將稻穀自各倉槽運至二、三樓。大戰時期，日本戰力吃緊，臺灣的米穀不僅需供應本地人民，更大量輸往內地（日本）及南洋，因此農業倉庫日以繼夜將不斷收入倉庫的稻穀輾製成米糧；於是，輾米的作業由戰爭前的每日一班制，加強為每日兩班制，二十四小時的加工；當時，以二結穀倉為例，每天得生產力約四百包（六十公斤裝）的糙米，白米約數十包。然後碾米調製完成，分裝布袋包裝，放置鐵道旁的堆棧，火車貨車一來，即可裝車運送到基隆、高雄港，輸出到日本內地以及南洋戰地。

三、穀倉的建築系譜：從鼓亭畚、笳櫥、粟仔間到組合倉與統制倉

3-1、靜態系譜--傳統社會的儲穀設施

一般農民家屋兼有「鼓亭畚」與「笳櫥」（或土庫）。

（1）鼓亭畚、鼓廩畚、車輪畚

「鼓亭畚」或寫作「鼓廩畚」，用粗竹篾製作，成碗狀，外塗泥施灰以防水。前開口，隔木板以為門，俾便收納。上蓋頂如斗笠，底呈圓形，略架高以防鼠。若底盤用圓車輪紮竹製作，則或可稱之為「車輪畚」。

（2）笳櫥、土庫

「笳櫥」為長橢圓形竹篾籠子，前開方口並做木門。竹篾籠子打橫，下架四隻腳以墊高防潮防鼠。笳櫥通常僅作竹篾，以利透氣。若為加強防潮防水，可在竹篾表面上敷土粉灰，則稱為「土庫」。在雲林、臺南、新北深坑區，都有土庫的地名，相信是源於這項儲穀設施。笳櫥通常置於室內，鼓亭畚則立於戶外。（如圖1）

（3）粟仔間

更在新豐徐宅測繪時，見識到租戶家中的「粟仔間」儲穀設施，其為若干磚造隔間，並列於一列護龍裡。家庭穀倉無法像組合穀倉或統制倉那麼有規模，但卻能見到儲穀設施的基礎發想。

以上是屬於靜態系譜的儲穀設施，所不同的是，「鼓亭畚」與「笳櫥」是散裝儲穀；而「粟仔間」多半是袋裝儲穀。在這系譜下的設施，不受歷史影響，留存於民間農業傳統，至今仍有被使用。

3-2、清代倉廒系譜

清代於地方志中，原本存在有許多官方倉廒，但時經日本殖民統治，許多清代倉廒業已改建，目前僅就宜蘭頭城及臺南東山所見，判斷當年倉廒的可能型態。

（1）土壁倉廒

宜蘭頭城十三行，據判斷應屬倉廒建築。其第一進四周土牆厚皆近約 60 公分，足見隔熱、防盜可能是其意圖。牆外圍有寬 220 公分外廊，廊外則用石版臺度木柵欄與水溝以及道路做分隔，其目的則顯然為防盜、巡守、通風、遮陽、防泛。十三行建築作為倉廒目的似乎相當明顯。但由於現場看不出有任何作為散裝穀容器的跡象，應為袋裝穀倉的可能性較高。（如圖 2）

（2）篾仔壁倉廒

臺南東山穀倉原有兩座兩種型態：一為篾仔壁雙邊帶廊無開窗式設計，另一為篾仔壁四邊帶廊有天地窗式設計。

1.篾仔壁雙邊帶廊無開窗式

這種設計，似乎只是把頭城十三行的厚土牆改為編竹夾泥的篾仔壁，外加磚砌水裙堵臺度，頗似民家構築方式。結構上，更是採多落柱的穿門式結構構築。穀倉則仍然靠牆外寬闊的外廊提供遮簷蔽日，提供降溫涼風。所以，雖然王鼎盛、李乾朗報告中強調該建築年代應為三十四年以後之建物，但型態上卻仍似是清末倉廒類型格調。然而可惜這棟建築似乎已因傾圮或改建而不存在了。（如圖 14）

2.篾仔壁四邊帶廊有天地窗式

臺南東山穀倉，另有一棟介於前述建築與殖民時期系譜的穀倉，採用篾仔壁牆體，屋頂呈入母屋（歇山）型態，四邊則帶 2.75 米寬的遮簷走廊，並且附有天窗及地窗式設計，強化室內通風與對流。內部

結構則改採 7.34 米大跨度的西洋式桁架。因此，雖然採用篾仔壁牆體，但整體上已經近似殖民時期的統制倉型態。這座穀倉，極可能是清代倉廒邁向殖民地時期穀倉的先期型態。（如圖 15）

臺南東山的這兩座穀倉，王鼎盛、李乾朗報告中推斷是散裝穀倉，但是卻缺乏散裝穀倉的分隔倉槽型態，以及散裝穀倉可供裝穀出穀的機制，因此似乎可以大膽地認為他們是袋裝穀倉，而且，甚至說是清代倉廒的延續型態。

3-3、殖民時期系譜

殖民時期的穀倉，至今最主要的留存資產是較晚期的組合穀倉與統制倉，然與更早時期土礱間及州廳穀倉，究竟有何種型態上的不同，已經不易區別了。以下組合倉則以宜蘭二結穀倉為例，而統制倉則以臺北一號糧倉為例，做一說明。

（1）組合倉：以宜蘭二結穀倉為例

倉庫部份的平面主要為一長寬約 25.5m×l7m，面積約 130 坪的長方形高大空間。內設有十個左右對稱的儲穀倉槽之外，均為供行走、檢視、及輸送設備架設的廊道空間。

1.倉槽

十個儲米倉槽分為東西兩列，每列各五個；單槽面積為 15.3 平方公尺；高 5 公尺，儲存量 76.5 立方公尺；總儲存量達 765 立方公尺，近 50 萬臺斤。原有「流籠」捲揚機，可將農民送來稻穀送至二樓，倉槽上方無頂蓋，即為稻穀倒入口；儲穀時槽內置數個長形粟氣籠子以利於通風散熱防潮。每一倉槽內則在磚墩上鋪設木板，與地面隔離；倉槽四周內壁用竹篾襯以角材，內儲稻穀，並能與結構壁面之磚牆形成空氣層，均作為保溫隔熱防潮之隔層。

2.廊道

I.外廊道：倉槽之外設有 2m 以上之廊道，可通風及冷卻廊下空

氣，以便引入倉槽內，通過粟氣管道，作為通風乾燥散熱之用。外廊道並可廊道做為人員作業空間之用。戰後，外廊道用以儲放化學肥料，於是築牆與外界隔離，也失去了通風效果。

II.內廊道：兩側倉槽之間於一、二樓均設有廊道，初建時為設置輸送帶的空間，亦兼具巡視的通道。戰後，一樓廊道之輸送帶毀損，改用人力車運送。

III.二樓廊道：為 RC 通道，原具巡視用途。戰爭後期，流籠損壞，改為人力背負搬運入倉之通道。南北兩端設有通往二樓廊道之木造樓梯通達。

3.屋頂屋架

倉庫空間之平面方整對稱，結構上相當穩定，其屋頂桁架形式亦較為單純（見圖）；其在二樓廊道上方，利用倉槽內牆面落柱承重，縮短桁架跨距，落柱上端則設太子樓及通氣窗。戰後因屋頂損壞修改，取消太子樓，截斷落柱之高度。

4.防潮散熱設計

倉庫部份的主要功能在於儲穀，因此在通風防潮上有細緻的設計：

I.通風散熱

於兩側廊道及倉槽之磚牆下端，皆開有小氣孔，讓儲存槽空氣透過地板底部能向外流通，以利其水平向的通風，並透過粟氣竹籠從地板通氣，將倉槽儲穀溼熱空氣帶出去。倉槽中央二樓廊道，上方有太子樓的通氣窗，讓熱空氣由此排出，以利其垂直向的通風。（如圖7、圖8）

II.防潮

本建築利用兩側走道隔開倉槽，較同時期興建的頭城穀倉更為考慮周到。每一倉槽內槽內置數個長形粟氣籠子以利於通風散熱防潮。每一倉槽內則在磚墩上鋪設木板，與地面隔離；倉槽四周內壁用竹蔑襯以角材，內儲稻穀，並能與結構壁面之磚牆形成空氣層，均作為保

溫隔熱防潮之隔層。

III.屋頂氣窗

屋頂中央沿脊線採用俗稱「太子樓」之氣窗，使整個空間保持通風，並因靠近各倉槽頂部開口，而能直接向上通氣。太子樓兩側開窗，在高處形成橫向氣流，依據白努利定律形成負壓，抽出低處各倉槽壁縫、粟氣較濕熱空氣，形成煙囪效應，達成散熱除濕效果。（如圖3）

5.碾米場

I.碾米空間

碾米場部份為一棟三層樓磚造木樁架屋頂建築，總面積約 192 平方公尺。其三層樓空間均設置著輾米機器，以精米流程為空間設計的主要依據，從空間安排上可看出輾米過程所需要的各步驟機械動作。

II.附屬空間

一樓中央原為動力機械室，東側空間為儲藏室，北側後方為碾米後粗糠出口堆積室。據耆老口述，機械室曾作為放置胚芽米之精米製作機器三部，而儲藏室曾做為選米間，但僅維持了短暫的時間即停止。

III.碾米流程

碾米場之運作，與倉庫息息相關；以下根據耆老訪談，概述輾米流程：

各農戶繳穀→過磅→倒入溝槽→由流籠傳送升降→上層輸送帶分送倉槽→進倉槽統計倉儲數量→碾米時由倉槽下層開口流出→下層輸送帶傳送→進入脫穀過程→袋裝→過磅→人力搬運→搬運進倉→以火車運送出境。

（2）統制倉：以臺北一號糧倉為例

一號糧倉為日據時代因防範臺北橋遭美軍轟炸時，臺北人恐有斷炊之虞，所以才在臺北市的中心點興建的備糧倉庫，其建築主要特色是由大垮距之檜木桁架所構成，而牆面為多層次牆體，充分考量防

濕、隔熱、通風等效果。而現有外牆牆面還遺留二戰時美軍掃射時的痕跡，為主要見證一號糧倉所經過之歲月痕跡。

1.建造位置

一號糧倉位置據末代管理人姚木森先生所言，所以選在中崙係因此地處於臺北盆地中心所致。若將臺北市地圖摺四分之一幅，本區恰在兩摺線交點處。因此居於地理中心點，故能有效運輸到中樞所在的臺北市各個角落，成為絕佳的糧倉地點。光復之後，由於國共戰爭的延續，戰備糧食更為急要，本糧倉的地位更在臺灣省糧食局的主導下，重回歷史地位。

2.糧倉的隔熱策略

糧倉的隔熱建築設計，是本座歷史建築最重要的特色，應列為主要保存重點，否則將失去保存意義。

穀倉建築的主要作用在保存穀物，但穀物在堆積存放中，常會因發芽過程而產生高熱。若要避免發芽，更要保持乾燥防霉，良好的保溫通風設計，即成為穀倉建築的設計重點。這些主要設計重點，在本糧倉則包括：木摺夾牆、上下氣窗、天花板、壁面框架、外廊等等，茲述如下：

I.木摺夾牆：

具隔熱效果。糧倉除承重磚牆之外，尚有一層粉灰木摺（板條）壁的隔層，與磚牆體之間夾束一層空氣層，形成保溫瓶般的效果。（如圖 11）

II.上下氣窗：

具對流排熱效果。全屋是利用空氣熱對流，作為散熱方法。下氣窗用以進氣，較小，吸入戶外下方冷空氣；而上氣窗用以排氣，較大，更有利於抽氣，將穀物堆置產生的熱空氣排出室內。（如圖 13）

在本糧倉的四方，皆開有上下氣窗，意即在引進八方之風。上氣窗在八方之風的引動下，並藉由天花板和雨庇的導風，才能在春夏秋冬各季節，都能取到不同方向的風來運用，形成上層風流與負壓，達

成排氣與強化室內對流之效果。

　　此外下氣窗窗箱上方尚有拖拉門板可供開關，通向夾牆內並通達天花板上方，可作為保溫空氣層的調節、散熱之用。（如圖12）

　　III.天花板：

　　用以隔絕屋頂受太陽直曬而產生的熱氣，並作為對邊上氣窗之間通過氣流的導流板。當上氣窗處形成通過氣流，形成負壓，依據白努利效應，就能吸引下方室內熱空氣，形成排氣作用，並引動下方氣窗帶進冷空氣，強化對流。（如圖3）

　　IV.壁面框架：

　　壁面留有半圓形凸出框架，用以形成棧貨與壁面孔隙，形成通風散熱效果。（如圖12）

　　V.外廊道：

　　原用於避風雨，保護門戶鋼鐵門扇之用，亦有幫助冷卻簷廊之用，使下方進氣孔空氣變涼，以期強化倉庫內空氣對流冷卻之效。（如圖3）

四、穀倉建築之現代啟示

4-1、綠建築的啟發

　　前述種種，不論傳統、清代、日治時期的穀倉是，未使用電冰箱的年代的一座的建築冷卻保溫箱，甚或可說它是「不用電的建築冰箱」。在今天這個講究「節能省碳」的年代，確實極具啟發性的。本糧倉作為歷史建築，更是具備「綠建築」研究的參考價值。

4-2、臺灣獨特的在地建築

　　傳統社會及清代的在來米（占城稻等）、秫米，不及蓬萊米嬌貴，所需糧倉設備精緻度較低，無須達到組合倉、統制倉的嚴格標

準。換句話說，因為蓬萊米的特殊性，在臺灣亞熱帶氣候下，為了避免嬌貴的蓬萊米中途發芽、腐敗，必須採取特殊溫溼度控制，臺灣的組合倉、統制倉應運而生。

　　值得注意的一點，臺灣的組合倉與日本穀倉西洋穀倉型態皆不同[14]，係針對臺灣亞熱帶氣候，以及為儲存對臺氣候仍須調適的外來米種—蓬萊米，而設計的穀倉，當然應是全世界獨一無二。

4-3、在歷史條件中產生的建築

　　在「工業日本，農業臺灣」的殖民方針下，總督府訂定「農業倉庫業法」，提倡農業組合，其實原本只是意圖以農業穀倉，作為和替代民間土壟間的一項策略，瓦解其對米穀市場壟斷的一項鬥爭工具而已。

　　但歷史總出人意表，左派順水推舟，推動農業組合運動，讓資產階級與佃農互蒙其利，並透過農業組合形成結盟，共同對抗殖民壓榨。

　　然天不從人願，戰爭時期終於來臨，軍國主義政府強化了統制經濟，農業組合變成了農業會，農業穀倉淪為國家對農民的壓榨工具，最後穀倉竟成為支援侵略戰爭的最前端之糧食後援單位。

圖 1、土壟、笳櫥、鼓亭畚等傳統米穀生產儲存設施

---

[14] 陳煜稜，2004，《臺灣日治時期產業合作事業經營之農業倉庫研究》，成大建築系碩論。

圖 2、頭城十三行倉廠

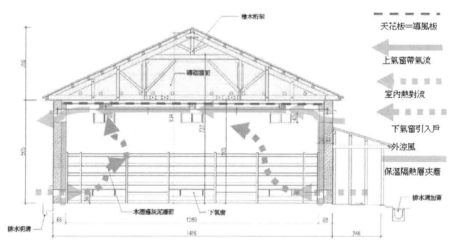

圖 3、臺北中崙一號糧倉（統制倉）通風散熱示意圖

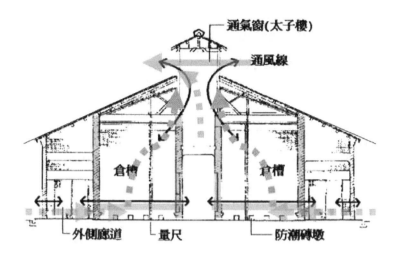

通氣窗(太子樓)

通風線

倉槽

倉槽

外側廊道　量尺　防潮磚墩

倉庫橫剖面一

圖4、二結穀倉（組合倉）用太子樓散熱，與統制倉不同（底圖取材自臺大城鄉
所報告）

圖5、二結穀倉(組合倉)

圖6、臺北中崙一號糧倉(統制倉)

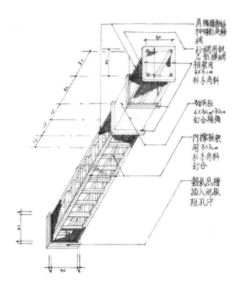

圖7、二結穀倉粟氣做法（取材自劉殿明建築師圖說，葉乃齊繪製）

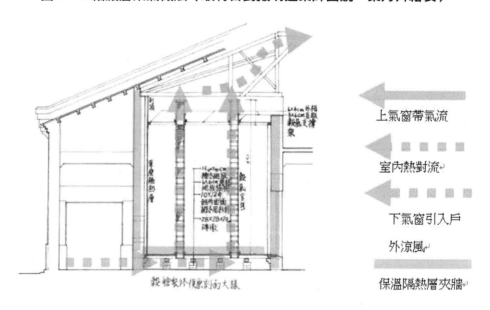

圖8、二結穀倉粟氣做法，與散熱方式。（取材自劉殿明建築師圖說，葉乃齊繪製）

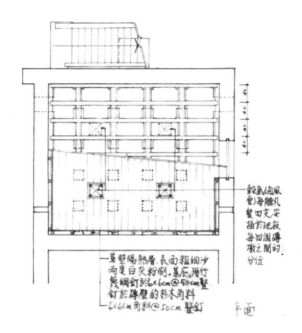

圖 9、二結穀倉粟氣於倉槽內配置（取材自劉殿明建築師圖說，葉乃齊繪製）

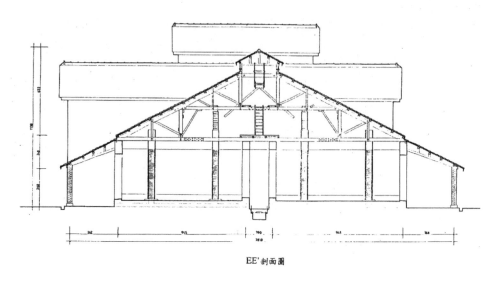

EE'剖面圖

台中縣潭子穀倉屋頂桁架剖面圖

圖 10、潭子穀倉用太子樓散氣，也與統制倉不同（取材自王鼎盛、李乾朗報告）

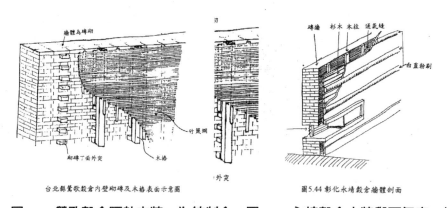

台北縣鶯歌穀倉內壁砌磚及木樁表面示意圖　　　　圖5.44 彰化永靖穀倉牆體剖面

圖 11、鶯歌穀倉隔熱夾牆，為統制倉標準做法。（取材自王鼎盛、李乾朗

圖 12、永靖穀倉夾牆與下氣窗，為統制倉標準做法。（取材自王鼎盛、李乾朗報告）

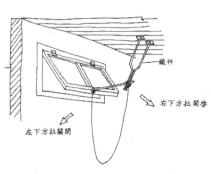

圖5.45 彰化永靖穀倉通風窗開合裝置

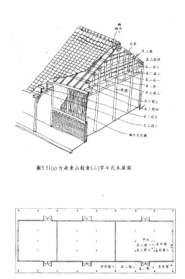

圖5.51(a) 台南東山穀倉(二)穿斗式木屋架

圖5.51(b) 台南東山穀倉(二)穿斗式木屋架木柱平面圖

圖 13、上：永靖穀倉上氣窗，與本糧倉做法相似。控制窗戶開閉的繩索與鐵件，值得參考。（取材自王鼎盛、李乾朗報告）

圖 14、右：臺南東山第一座穀倉，可能是古老的漢人傳統穀倉原型。（取材自王鼎盛、李乾朗報告）

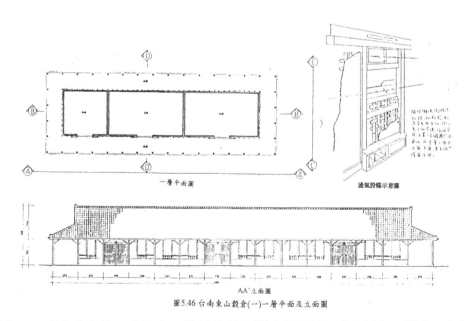

一層平面圖

通氣設備示意圖

AA'立面圖

圖5.46 台南東山穀倉(一)一層平面及立面圖

圖 15、臺南東山第二座穀倉可能是統制倉做法之原型。（取材自王鼎盛、李乾朗報告）

參考書目

1.王鼎盛、李乾朗，1997，《臺灣地區穀倉建築之機能與結構》。

2.東嘉生著，周憲文譯，1955《臺灣經濟史概說》，帕米爾書局，臺北。

3.陳志梧，1988《空間變遷的社會歷史分析：以日本殖民時期的宜蘭地景為個案》，臺大土木所博論，臺北。

4.胡忠一，103，3，〈臺灣農會發展史〉，《檔案季刊》，13：（1），pp.20-33。

5.黃筠舒，103，3，〈臺灣農會穀倉建築回顧與保存現況之研究〉，《檔案季刊》，13：（1），pp.46-59。。

6.臺大建築與城鄉研究發展基金會/宜蘭工作室規劃，1999，《宜蘭縣二結穀倉調查研究修護計畫期末報告書》，宜蘭縣：蘭陽文教基金會委託。

7.劉翠溶，2001，4，〈日治後期臺灣合作農倉功能試探〉，《臺灣史研究》，7：（1），pp.135-173。

8.劉殿明，2005，9，《宜蘭縣五結鄉二結農會穀倉修復計畫》圖說，宜蘭縣文化局委託。

9.呂大吉，2013，《老房子文化運動計畫臺北市松山區八德路二段 346 巷 3 弄 2 號（歷史建築『一號糧倉』）》圖說，臺北市文化局委託。

10.陳煜稜，2004，《臺灣日治時期產業合作事業經營之農業倉庫研究》，成大建築系碩論。

第三篇

故園陳煙

第八章、臺灣私家園林之源流與變遷
─從清朝到日據[1]

一、緒言：臺灣園林的風格問題

近年來，江南園林榮膺世界文化遺產，誠實至名歸。江南園林的影響所及，甚至北京皇室苑囿都受其餘蔭。園林在臺灣雖不若的江南發達，但三百多年來，文獻可徵的園林仍約有三四十座之多。著名的例子大多集中在台南、台中、新竹、台北等地的地方政治、經濟重鎮城市。從外觀上而言，臺灣園林與江南園林具有一些明顯之差別，然值得在歷史脈絡中，去釐清這項地方文化風格的成形過程。

在地理條件上，臺灣全島東高西低，而且西部平原面對大陸，漢人的移墾與開發則以西岸為先。而歷史上西岸這一狹長地帶，仍又可以分為幾個次序，明末清初以台南（臺灣府城）為中心的嘉南平原，北界濁水溪南至下淡水河。然而真正大批移民的墾拓要到乾隆時代才開始。中部平原為臺灣農業最富庶的地區，其經濟力量雄厚；而北部丘陵自咸豐之降，因晚清五口通商後而貿易鼎盛，於是方能積累財富以營建園林。就目前所蒐集之本島園林資料顯示，仍以台南附近分佈較多，計有九處；而中部有五處，北部有七處。然而南部的古建築及園林歷史久，較不易保留，部分明鄭時期的園林，甚至在清廷有計畫的摧毀下，幾乎片瓦不存；因此現存遺構之數量卻以中、北部較為多。[2]日據以降，則外在條件產生扭轉性的變化，以致傳統園林急速萎縮，而以小型庭園，散見於各地。

綜觀臺灣園林的發展，有幾個背景因素，首先是自然地理條件。亞熱帶氣候影響，使得植栽、雨水的空間受到重視，所謂「前水池後

---

[1] 本文曾於 2004，08，24－27，於中國北京「第三屆中國建築史學國際研討會」發表過。
[2] 《台閩地區的古蹟與歷史建築》，p.183 台北：內政部文化中心，p.183。

果樹」被形容為大型宅院的充分條件。因此，園林的設置受到相對地重視，使得合院式的住宅外，還有園林可以享受自然，或藉以避暑。而且臺灣的濕熱氣候，使得樹木較易生長，且種類繁多。同時雨量充沛，透過農田渠道取得水源，亦不虞匱乏。

在臺灣及閩南地區，園林於口語中被稱為「花園」，原有其家居傳統。每在民居合院中庭，沿牆常列石條花椅數隻，羅列花卉、盆景者，此即花園。規模較大者，或以花台替代花椅，沿牆背襯以泥塑假山為屏風。凡此種種，蓋皆居家後院私密的休閒空間，或與「園林」概念有所落差。

此外，建築風格上源於閩南建築的脈絡，紅瓦紅牆自古而然，因而曾有人作「赤瓦歌」，來歌詠此番建築景象。然而在建材取得方面，由於所有人力主要投注於農業墾拓，手工業相對不發達，卻出現移民社會特有窘境：「一磚一木皆取諸內地」。況且清代臺灣不產優秀石材，花崗石全自大陸運抵；民居、駁岸則常取用於河底卵石。營造園林，更缺乏類似與太湖石等質量的掇山材料，唯一能稱為「奇石」的，大約僅有珊瑚礁的「咾咕石」了。

園林風格或許受限於建材的取得、地方營造的傳統、氣候條件等等。但是一個園主，其主觀的品味、價值、慾望、意圖，甚至生活方式，都將反映於園林的設計之中，所以園主才應該是影響臺灣園林性格的關鍵角色。然而由於園林的修建曠日廢時，而且造價昂貴，除了官署所附屬的園林外，能以私人能力創建園林者非富豪、鉅商就是顯官。所以臺灣園林中園主的社會角色，關係著園林風格頗深。主要成員則約可分為官僚、文人、農業富紳、商業富紳等，四種角色。明鄭時期及清中清的園林以王府重臣的背景最多，如一元子庭、陳永華別墅，鄭經的北園等。而乾隆以降的「水田化運動」滋養富農階級的產生，農業富紳利用所積累的財富培育子弟晉身文人階級，中葉之後的園林就以文人最盛，如鄭用錫北郭園、林占梅潛園、陳維英的太古巢等。晚清五口通商以後，國際貿易解決了土地開發飽和窘境，新的生

產方式促使新階級的崛起，新興的貿易富商逐漸取代了過去富農在社會上的影響力。他們在名利之外就轉而為對充實休閒文化生活之開拓，使得各地的大戶無不以擁有一處園林為榮[3]。築園的目的意在誇富，園林成為上流社會人士的交際應酬場所，提供作為宴客、聚友、遊玩、休憩、聽戲、住宿之處。

　　而私家園林，對於園主的造園心態上，將有不同的意義：一則是退隱的園林，一則是進取的園林。前者代表中國文人在逆境中的志節，以個人退隱山林的心境反映在園林中，表達「寧靜以致遠，澹薄以明志」生活的態度。或者擷取山川之勝模擬為園中景物，或者盡收大自然的風景為園林，而以超大尺度來比擬人在天地有如「滄海一粟」般的渺小，聊表寬闊胸懷。然而後者則指在特殊歷史時勢中掘起，經商致富，進而參政，充滿地方望族對社會進取的意圖[4]。反映在園林上則呈簷牙高啄、丹朱相映、構思奇巧、變化多端。然而在現實上，對於大部分的園林應是兩者兼或有之；前者是根本，後者是奢求，在退隱、進取的心態間只有程度差別，絕難以獨見單純意圖者。

　　臺灣除了私家園林外，亦發展出官署園林的類型。在清初的府城台南，在巡道署後就建有寓望園，而府署中也設有鴻指園。此外，從晚清台北城內的籌防局及布政使衙門資料來看，其後面皆設有園林，有假山有水池，亦屬於官署園林[5]。然而，前述寓望園內即有臺灣八景中的「斐亭聽濤」、「澄台望海」兩景[6]，某種程度能反映出滿清渡台官僚，對於早期臺灣蠻荒未化的無可奈何；以致置身衙署中的園林來逃避現實上的危險，並藉由聽濤、望海一舒煩憂。在此，官署園林充分表現出作為另一項重要造園心態，亦即是作為現實環境的避難所。

3　同上，p.190。

4　同上，p.190。

5　李乾朗，1996，《新竹市古蹟公園潛園調查研究》，p.14，新竹：新竹市立文化中。

6　高拱乾，《台灣府志》，卷十「藝文志」「詩」「台灣八景」，pp.279–281，台灣文獻叢刊第65種，台北：宗青重刊。

二、明鄭到清末臺灣的傳統園林

2-1、臺灣園林性質分類表

2-1-1、明鄭時期

　　明鄭時期，由於是屬南明的延平郡王藩屬，隨軍而來的皇族、重臣及文武官員等藩國封建王府重臣，都有正式的宅邸，間或附有園林。隨行而來文人墨客也建有宅園，可惜經過清廷有計畫地抹滅，遺跡大都湮沒無存。而園林可分有王府重臣園林、官署園林及文人園林三類[7]。

王府重臣	官署園林	文人園林
一元子園	何斌之園林	夢蝶園
陳永華別墅	四合亭	
北園別館		

2-1-2、清代初期

　　清代領台後，大清帝國官署取代了藩國封建系統，但仍大多有在官署內佈置園林之風氣，而豪族富農的第二代，第二代之後的子弟轉而向仕途取功名，亦走向知識份子士大夫，所建造園林多為收租的行館或別業，其次，豪族之後代，也有漸向都市遷移，由農轉商。得知一般達官富戶及文人也有建園林之癖。[8]

7　李乾朗，1986，DEC，《台灣建築史》，五版，p.84，95，台北：雄師。
8　同上，p.105。

官署園林	文人園林	富紳園林
鴻指園	李氏園	書帶草堂
縣署內園林	一峰亭	蘇萬利花園
營署之亭園	遂初園	
寓望園		

2-1-3、清代中期

清代中期，江南稻米不足供應京師，經過乾隆年間臺灣平野的水田化運動後，道光年後台米大量供應京師所需。如此一來帶動臺灣地主、富商兩階級的勃興。富庶的經濟環境，同時也造就鼎盛的文風，使得許多富豪大興土木，建造了不少龐大而精美的建築，文人普遍受禮遇，社會上好吟之風頗盛，風氣所及，園林亦隨興起[9]，豪族文士築園林，既可以文會文，文可讀書自娛。

文人園林	富紳園林
郭園	台南紫春園
宜秋山館	歸園

---

[9] 同上，p.135。

太古巢	潛園
	卯橋別墅
	留種園（士紳）

2-1-4、清代晚期：

　　五口通商與開山撫番，促使臺灣茶、糖、樟腦的相關產業勃興，也同時造就了新興富紳階級和城鎮發展。晚清園林規模均甚浩大，或許細工品味上仍稍嫌不足，但是在格局的奇巧構思上卻有其成功之處。晚清之臺灣園林漸與江南的文人園林在觀念上有些偏離，也就是說臺灣園林已走到另一種較為世俗化的途徑。這種傾向大概可歸於當時開埠貿易的整個大背景，富商難免呈顯不同於江南園林之色彩，自然形成一條特殊的風格。[10]

官署園林	文人園林	富紳園林
布政使衙門園林	霧峰的萊園	板橋林本源
	窺園	台中吳鸞旂
	勵園	

---

[10] 同上，p.179。

2-2、探討臺灣較著名的園林

2-2-1、一元子園

為鄭氏時代之第一園林，為明寧靖王之府邸園林，其位置應在當時施政官署台南承天府之近旁（即現今台南大天后宮），據傳側旁巷內原是妻妾居住的梳妝樓，園林建在王府之旁也應極為可能的，寧靖王為明太祖九世孫，別號一元子，園林故名為一元子園。寧靖王於永曆十八年春隨鄭軍渡台，築宮西定坊，據臺灣通史記載，寧靖王善於書法為文，承天府的廟宇匾額都有他的題字。永曆三十七年（一六八三年）清軍攻台，寧靖王自縊而死。其妻妾亦皆自縊，合埋於南門附近，世稱五妃墓。而一元子園卻在一六八四年改建成媽祖廟。[11]

2-2-2、陳永華別墅

在台南永康鄉，現已不存。陳永華係鄭氏參軍，為福建同安人，另有同時期宣毅左鎮黃安的邸宅，現亦不存，其舊址不明。[12]

2-2-3、鄭經之母董太夫人的北園

據傳係現在台南大北門外的開元寺，寺後現還有傳說董氏自植的七弦竹。此外，鄭經亦自建一邸宅，據傳園林內峻宇雕牆，林泉佳趣可掬。[13]

2-2-4、夢蝶園

李茂春的夢蝶園乃於一六六四年所築，位址即現今之台南法華

---

[11]　《台閩地區的古蹟與歷史建築》，p.192，台北：內政部文化中心。
[12]　同上，p.193。
[13]　同上，P.193。

寺。李茂春字正青，福建龍溪人，明隆武二年（一六四五）舉孝廉，其性恬淡，風神整秀，並善屬文。時往來廈門，與諸名士遊。永曆十八年（一六六四年），當延平郡王鄭經來台時，特邀避亂的縉紳之士一齊東渡，茂春也跟著來到臺灣，卜居在永康里，築草廬一間名曰「夢蝶」。而諮議參軍陳永華特寫之撰了一篇碑記。李茂春於此親手栽梅種竹，每日唸佛經淨化心志，因而人稱之為李菩薩。李氏死後，改夢碟園為準提庵，葬於新昌里，墓碑移存今法華寺園中。施琅入台後，康熙二十三年（一六八四年）知府蔣毓英定名為法華寺。夢蝶園本為茅齋，後改為陶瓦，清流修竹。二次世界大戰末期法華寺被毀，一九五六年才又重修葺。園林中建築大抵不存，唯存池水橋亭一所，僻居寺內左院一隅。目前法華寺亦有竹林，由此可推斷當年李氏是以竹林茅舍造園，藉以寄恬淡舒放之情懷。不過值得一提的是原陳永華為茂春所撰的「夢蝶園記」碑在清代遭到禁毀，到了嘉慶五年（一八〇〇年）李氏的一後裔子孫生員李夢瓊呈請准將原碑重刻，此即為今日法華寺所藏碑文。[14]

2-2-5、歸園

歸園位置座落於台南歸仁鄉西南的蔗田中，現或可略見其原貌。歸園的故事涉及清代台南的吳姓三大望族：既枋橋頭吳（即紫春園），磚仔橋吳（故居在永福路忠烈祠後），以及竹仔街吳（故居在民權路附近）。歸園的園主即是竹仔街吳，其始祖錫泰公於永曆年間即來台定居，傳至第三代世繩公主持家政，家道一時鼎盛，田園萬頃。當時由於枋橋頭吳家正在興築紫春園，世繩吳公亦擇地於歸仁北里下宅仔一帶興建大型宅第公館，時稱「下仔公館」。本預定落成後，舉族遷居於此，不幸世繩公竟於道光十一年（一八三一年）病逝。所遺工程，

---

[14] 同上，p.193。

僅公館部份由其次子國雨繼續完成，而第宅工程就停止了。日據時期公館輾轉轉售於台南詩人陳江山先生，經其一番整修，易名為「歸園」[15]，可能因襲歸仁地名，或取自歸去來兮之意。

歸園在本省園林史中是相當重要的作品，原因除了它為現存園林中年代最久遠外（創建於一八三二年），同時其配置形態亦是唯一的。即是鑿大池，中間突出一半島，建築物再建於其上。由於其地點位於農田之中，可引用水進來，池水之形狀略呈葫蘆形，池中除半島外，另浮出二小島。園林入口安排令人印象深刻，大門為厚達一公尺的磚砌圓門，其上題「歸園」二字，由此推斷此門應係日據時期陳江山氏所改築。半島上的建築物為一三開間堂屋，正立面入口採帕拉迪歐式三連拱門窗，也應屬於晚清之後仿洋樓樣式之作品。堂後堆有高大的土台，有迴階可登，西側並建有一形式封閉的小亭。土台為咾咕石所疊，推測可能有利於登高眺望四野平原。此為本省園林史中以水池環抱形式處理的唯一例子。[16]

2-2-6、紫春園

台南社教館後面的紫春園，相傳原為明鄭時期，因獻圖攻台有功的何斌所建。道光二十年（一八四〇年）富紳吳尚新在原址上增改，因而又稱為「吳園」。吳氏為台南清代的望族，另有兩吳姓望族為磚仔橋吳及竹仔街吳，後者即為歸園之創建者。紫春園在日據時期因市區發展而遭到部分破壞，日人在其西南角建公會堂（現改為社教館）。現況亦不甚樂觀，池水漸乾枯，建築物部份被改建，水院被切半。目前所存園林規模並不大（約 1200 平方公尺），參照昔日照片，我們可

15　《台灣古蹟全集》第三冊，pp.249－251，台北：戶外生活。竹仔街吳氏家道沒落之後，此地公館為另一望族吳鼻所取得；嗣後分產時劃歸吳乾所有。待吳乾他遷後，為陳全所購得；陳全遷居台南後，宅園便日漸凋零荒廢，園中石桌、石椅被搬走殆盡。嗣候才由陳江山所購得並整修。

16　《台閩地區的古蹟與歷史建築》，p.195，台北：內政部文化中心。

約略看出其原來之格局。

　　園林部份建於邸宅之西方，緊接著大宅後為一南北向長方形水池，臺灣園林可能由於天氣炎熱，故對大水池有所偏好。紫春園的大小池中並沒有突出半島，但日據時期卻加裝了噴水池。池水引自何處則不得而知，但在住宅與左側護龍之間有一狹長形水院，以雙拱橋與主水池相隔。池之北側，植有大榕樹，並以泥塑、咾咕石疊砌假山，名之謂「飛來峰」，蓋借景自杭州靈隱寺山水，隱喻池水為西湖。池西設有石欄杆、小徑。池之南岸，昔有奇石陡立，間植奇花異木，並有迴廊可接至東岸的住宅。整個園林的最大特點是一道迤邐池畔的遊廊，而相連遊廊於兩端，彼此對望的水榭、涼亭，則成為全區之精華。水榭在宅後，涼亭則位於北側護龍後。居府城而鬧中取靜，得有如此閑雅幽邃密境，宛若天上人間。[17]潛園主人據傳曾在此盤桓後，矢志返鄉闢建庭園。

2-2-7、潛園

　　新竹潛園今若完整地存在，那麼臺灣的園林史就不會讓板橋林本源所專擅了。新竹在清代有兩個非常重要的園林一為俗稱「內公館」的潛園，另一為稱「外公館」的北郭園。潛園的遺址在新竹西門城內，所以稱為內公館。其建造年代據《新竹縣治古蹟考》是由林占梅在道光二十九年（一八四九年）建造。另一說為道光十六年（一八三六年）建造。

　　林占梅字雪村，號鶴山。其始祖在明末就自同安遷來台南。後來才定居新竹，到了其祖父少紹賢，因從事航海運輸，並辦理全台的鹽業，積累成為巨富。林占梅出生於道光元年（一八二一年），少年時就表現出眾，依據《臺灣通史》「林占梅列傳」的記載：

17　同上，pp.195－197。

「占梅少穎異，讀書知禮，無紈褲氣」。[18]

　　他一生尤其對於捐輸朝廷不遺餘力，例如道光二十一年，英軍乘鴉片戰爭進犯基隆，占梅即捐款作沿海防衛費用，因而獲加道銜。道光二十三年又捐款在八里坌防禦，事後以知府即選。第二年嘉義、彰化一帶發生漳泉械鬥，占梅於是招募鄉勇扼守大甲溪，防止漫延至新竹。另外咸豐三年（一八五三年）他亦辦理全台團練及剿平基隆海盜，因而被擢升為監運史。同治元年（一八六二年）占梅招募鄉勇協助平定戴潮春事件，又被加封為布政使銜。福建督撫以占梅急公好義，奏請簡用，但占梅此時因病辭官，後來就退隱不出了。同治四年以四十九歲過世。

　　林占梅工詩書，精音樂，據說他擁有一具唐代名琴「萬壑松」。而其篆、隸書法，如今亦可見於潛園中僅存的觀音亭牆壁上。他的著作有《琴餘草》八卷及《潛園唱和集》。潛園則為他一手創建，據說耗費十年才建成，面積約達一萬平方公尺。園中以奇石著名，然若就現存遺蹟看，則難以得知他究竟收集那一類石頭。依其曾經遊歷京師、江南來看，可能是太湖石或鎮江硯山石之類的奇石，或許林氏家族經營航運，方有能力可運輸奇石來台。

　　潛園的位置檳剛好在新竹西門內側北方（此地現亦稱為潛園里），其園林在邸宅之南邊一直延伸至城牆下。園中以水池為中心，四周有閣、亭等建築物，水的來源是取自城牆外的護城河，再由水閘引入。園的大門置池冬東北角。自大門轉入的幾個重要建築為涵鏡軒、碧棲堂。轉過碧棲堂沿大池向西行有一臨水遊廊，廊下一邊為欄杆，一邊則為頗具名氣的漏窗，造型則有芭蕉葉、蝴蝶及各種飛禽走獸等等，據傳園中漏窗計有一百多種之多。遊廊之盡頭恰好接上爽吟閣。

---

[18] 連橫，《台灣通史》，卷三十三「列傳五」，pp.901–905，台灣文獻叢刊第 128 種，台北：宗青重刊。

　　爽吟閣為全園之精華所在，外形上看是屬於歇山頂的二層閣，其前方附建一類似廂房的水上迴廊。由城壕水關引水入池，水池環繞著這座水院建築群，引水入院的涵洞有如水關，而爽吟閣猶如城門樓，院內水池即潛園，水院則彷彿是將整座新竹城池的縮影。此時，園主林占梅即坐擁這座小城池，並同時觀看著外在的新竹城。爽吟閣是封閉的，正中開一小門，可從小門出來沿石梯乘小船游池。而小船平時即停泊於迴廊內。《淡水廳志》記載：

　　　「中有水泛舟，奇石陡立，又有三十六宜，梅花書屋，掬月弄香之榭」。[19]

　　又據文獻載，園中植有多種梅，有白梅、紅梅及綠萼梅等一百多種樹木；有人稱為「潛園探梅」，既是欣賞園林中的梅花，也是探訪名士林占梅的雙關語。總之園內較著名有：1、釣魚橋，2、涵鏡軒，3、陶愛草廬，4、香石山房，5、碧棲堂，6、小螺墩，7、爽吟閣，8、蘭虹橋，9、吟月舫，10、浣霞池，11、宿景圓亭，12、留香閘，13、雙虹橋，14、清漪橋，15、消遙館，16、林下橋等。這些建築物除了少數尚可確定出其原址外，已為都市計畫道路所破壞，現況大抵皆為民家所佔滿，多處無法得悉其座落與方位。

　　然至一九七七年為止，尚存有觀音亭、大門、古井、香石山房，碧棲堂的局部及少數的住宅建築，近年來正加速湮滅當中。觀音亭於日據時期為蔡某所購得，其正堂內懸有林占梅的行書匾額「涵鏡閣」，應是自他處移掛至此。堂前步廊拱壁尚有占梅的隸書「靜脩」與「儉養」四字，此外廂房牆上亦存部份篆書。而園中爽吟閣建築群被日人遷建到新竹市南方的松嶺上。

　　乙未割台之時，由於林氏族人抗日立場堅強，事後殖民政府利用

---

[19] 陳培桂，《淡水廳志》，卷十三「古蹟考　園亭（附）」，p.346，台灣文獻叢刊第172種，台北：宗青重刊。

新竹市街改正機會挾怨報復，將潛園劃入計畫道路範圍，此為日後損毀新竹林氏家園之伏筆。唯有爽吟閣受到特殊待遇，被遷建到松嶺上新竹神社近旁安置。之所以爽吟閣被保留，原因是其為能久親王紀念遺跡，日本佔領軍統帥北白川宮能久親王，在攻抵新竹城時曾下榻於爽吟閣。然而，如今的爽吟閣現況仍是二樓全毀，而底樓為人佔住，除了幾根石柱依稀可辨認出係原來遺物外，其餘已不忍卒睹。[20]

2-2-8、北郭園

　　新竹的另一名園俗稱「外公館」的北郭園，為開台進士鄭用錫於咸豐元年（一八五一年）所建，較潛園晚兩年。鄭氏祖籍福建金門，乾隆五十三年生，在他父親鄭崇和時即渡海遷台（一七七五年），先居於後龍，後定居於竹塹城（即今新竹）。在康、乾乃至道光年間，台籍的生員能考上舉人或進士者少之又少，而鄭用錫卻於道光三年（一八二三年）考上進士，因此人稱為「開台進士」。據文獻載，他以中過進士作過官的紳士身份化解了許多北部地方的分類械鬥，對地方公益事業又極熱心，一八二六年新竹城由莿竹城圍改建為磚石城牆，他即為督工仕紳之一。爾後又籌組鄉勇，悍衛鄉梓，在臺灣史上是一位相當重要的人物。

　　北郭園鄭用錫在道光三十年（一八五０年）年所建，其址在新竹北門街一帶。這一帶約在新竹城外，所以稱為外公館。在這一條街上，今天尚可看到連續達百餘公尺的鄭氏住宅群，其中有進士第、春官第等大宅以及家廟。然而，北郭園沒有建於鄭氏住宅群的後院，卻是獨自座落於新竹城畔。園中有幾座建築並題名為園中的幾座建築並題名為「橫青山室」、「青草山房」及「養閒深處」。北郭園實景照片，

---

20 《台閩地區的古蹟與歷史建築》，pp.197－200，台北：內政部文化中心。

則在日人杉山靖憲於一九一六年的《臺灣名勝舊蹟誌》[21]中錄有一張，其背景緊鄰城壁，並有奇石假山。據傳其園門設於南邊，入門則見一大池，池中有小島及石刻獻燈，池東有疊亭式水榭，此為本省罕見之例。從北行需過一小橋，橋對面有假山，假山之後即出現第二門，上面題有「北郭園」三字（此門毀於一九七七年），門旁有一座洋樓。續前行，可見一垂花門，稱為「稼雲別墅」，其側兩壁有優良的鼎紋花窗。再前行則進入「青山橫室」，此建築之中庭為水池，中間架有橋相連聯，非常有趣。

　　據《淡水廳志》記載：

　　　「中有小樓聽雨，歐亭鳴竹，陌田觀稼諸景」[22]。

　　又據鄭用錫自作「北郭園新成八景答諸君作」中八景為：1、小樓聽雨，2、曉亭春望，3、蓮池泛舟，4、石橋垂釣，5、小山叢竹，6、深院讀書，7、曲檻看花，8、陌田觀稼。[23]

　　這八景所描寫的建築即為「小壺天」、「北郭園」、「稼雲別墅」、「偏遠堂」、「履仲踏和」及「蓀芝斯室」等，關於北郭園之設計建造，據鄭用錫所作的〈北郭園記〉中謂：

　　　「庚戌適鄰翁有負郭之田，與余居相近，因購之為卜築計，而次子如梁亦不惜厚資，匠心獨運，購材鳩工，前後凡三、四層，堂廡十數間，鑿池通水，積山為石，樓亭花木，燦然畢備，不數月而成，巨觀可云勝矣」。[24]

　　此段話已然指出在建地前一年才購地規劃。而這片水田即是進士第宅與北門城牆相連之位置。又據〈續北郭園記〉：

---

[21] 杉山靖憲，1916，《台灣名勝舊蹟誌》，台北：台灣總督府。

[22] 陳培桂，《淡水廳志》，卷十三「古蹟考　園亭（附）」，p.346，台灣文獻叢刊第 172 種，台北：宗青重刊。

[23] 鄭用錫，《北郭園全集》，1992，台北：龍文。

[24] 同上。

「北郭園之作也，肇於咸豐之辛亥年，其始不過居中建有廳室
事，前後門垣，庭院，旁及西廊，書舍房攏，規模畢具，而廳
事後鑿池通泉，上有亭，下有橋，荷花掩映，亦幽居之勝概也。
然而嘉木美植，天池之精華，少稍有未備，譬如富家大室，其
堂廈雖燦然巨觀，而人才未養，學殖多荒，空諸所有，如無人，
良足概矣。」[25]

又咸豐三年（一八五三年）繼續興建，分內外兩園，入園處有時
鐘樓一座，增建達三年之久。園成後，鄭氏即致力於寫作及公益事業，
著有《北郭園詩抄》[26]，又組新竹最早之詩社「斯盛社」，並整修學堂，
賑饑恤寒。咸豐八年（一八五八年）過世之後，園林繼續由其族人經
營，日據時期再於北郭園大門西側建西式洋樓一座。至光復初年，其
後人漸變賣田產，同時有部份園林範圍為馬路穿過，已不復舊觀了。
一九七七年則幾乎全被拆毀，這一足以媲美潛園的佳構，竟然如此消
失。[27]

2-2-9、太古巢

圓山舊稱為龍峒山，其形勢有如隆起之大圓篔，環境幽勝奇石磊
磊，古木森森，有山林水泉之美。咸豐年間說碩儒陳維英在圓山麓興
建別墅一所，題曰「太古巢」，隱居其間，吟詩自樂。陳維英生於嘉
慶十六年（一八一一年），咸豐九年（一八五九年）中舉人，同治八
年（一八六九年）五十九歲逝世。曾任閩縣教諭，回台後掌教於宜蘭
仰山書院、淡水廳的學海書院及新竹的明志書院。淡水河流域諸港埠
中，艋舺自五口通商以後已漸呈衰敗，大稻埕則商務鼎盛；而陳氏所
卜居之大龍峒，則因其為北台著名教師，授業門生者無數，爰成為當

---

[25] 同上。

[26] 鄭用錫，《北郭園詩鈔》，台灣文獻叢刊第 41 種，台北：台灣銀行。

[27] 《台閩地區的古蹟與歷史建築》，pp.201－204，台北：內政部文化中心。

時文風最為鼎盛之地處。大龍峒書生漸多，爰有所謂「十步一秀，百步一舉」景象。今於陳氏故居大埕前，即聳立有旗竿座兩對（原有三對），分別為陳維藻、陳維英及陳樹藍三人中舉時所立。

咸豐十年，陳維英擇圓山築別墅園林「太古巢」。與其說太古巢是一個園林，不如說是欣賞一個天然風景的觀景點。他的「題太古巢」一詩中表達：

> 「山中甲子不知年，夢入華胥一枕邊。壞土原無盤古墓，枯枝獨闢有巢天。兩儀石上搜遺跡，八卦潭前隱散仙。自笑草廬開混沌，結繩坐對屋三椽。」[28]

文中透露，陳氏別莊乃以圓山一帶的天然景觀「兩儀石」、「八卦潭」為借景，而他的太古巢也只是以枯枝搭蓋的三開間的草廬而已，但其文人的想像與胸懷，卻能帶給他最壯闊的空間。他以為自已是白燕來投胎，所以其園以「巢」稱之，據淡水廳志載，他另有一廳園稱為「嘯」園，其地點很可能仍在劍潭附近。又有一說謂另有一園稱為「棲野巢」。

圓山及劍潭一帶昔日為台北風光最為幽靜的地方，日人據台之後就先建一鐵橋橫跨基隆河上，並在北岸山麓建臺灣神社（其址現為圓山大飯店），而南岸則自一九一四年闢為動物園，光復後部份又租給商人經營兒童樂園。陳維英的太古巢變為名符其實的公園了。[29]

2-2-10、板橋林本源園林

板橋林園可說是本省園林史中最為出名的了，有關介紹述作非常多[30]。林家來台之祖先林應寅係清乾隆四十三年由福建漳州府龍溪縣

---

[28] 陳培桂，《淡水廳志》，卷十五「文徵（下）」，p.447，台灣文獻叢刊第172種，台北：宗青重刊。

[29] 《台閩地區的古蹟與歷史建築》，pp.203－204，台北：內政部文化中心。

[30] 早期林本源園林相關照片及文獻，最重要者暫舉其中六種：（1）日據時期曾出版一套四

白石堡遷來臺灣，初住淡水廳之新莊設帳授徒，當時淡水河流域水道通暢，商賈雲集，新莊又為重要之商港，善於經營者無不獲利豐厚，但林應寅乃一學者，不善此道，不久其子平侯來台，受雇於米商鄭谷，雖年輕，卻能吃苦耐勞，且富有商業天才，鄭谷並借金給他經營。數年後，稍有積蓄即獨立經營米業，終於致富。後來又與新竹林紹賢合營全島鹽務，並兼營帆船貨運，往來南北洋，漸成北台巨富。是時，林平侯年已四十，衣錦還鄉，納粟捐官，分發廣西，署潯州通判，攝來賓縣，有政聲。旋調升桂林同知，署柳州府，時清嘉慶，道光年間事也。嗣平侯無意仕進，乃辭官返台，移居大嵙崁。大嵙崁山嶺重疊，瘴氣迷漫，兼之土番常裸體出入，極感不便，遂遷居板橋。清道光二十七年，卜居板橋西北側高地，建弼益館居住，是為林家板橋建宅之始。平侯有子五，國華、國芳最賢，才氣縱橫，有乃父風。三落舊大厝即係國華、國芳合力所營建。五落新大厝及花園部分均係維源一手完成。

　　林維源字時甫，為人忠厚樸實無華。光緒二年，巡撫丁日昌來台視察，曾邀維讓去郡筩，時維讓生病不能應邀，故由維源赴約，丁日昌曾告訴他：「方今海防重大，財政支絀，子為臺灣富戶，亦當捐報國家。」所以維源在那段時期曾先後捐獻一百一十萬兩協助海防。光

十五張的柯羅版照片圖集，印刷精細，目前已難得一見。此為最詳細的圖片資料。（2）日據時期曾出版台灣寫真集數集及一些有關台灣景觀介紹的書籍，其中偶也有出現林本源園林之資料圖片，尤以遊園會及博覽會時刊行最多。（3）《台灣建築會誌》，第四輯，第一號，日人高橋彝男的〈林本源邸研究〉，其內容豐富，並附有實測圖，其時，三落大厝前的第一進尚未拆除。平面圖部分測有三落·五落·定靜堂·來青閣·方鑑齋·香玉簃及汲古書屋。園中個種花窗及院門也精確的測繪，此圖對於日後的修復整理特別重要。（4）日據時期在昭和十年由澀澤壽三郎所編著的《林本源園林案內》一書也有一些圖片及文字資料。（5）台北縣文獻委員會於一九六九年所出版的《林本源園林建築史料》。此書為搜集舊日資料所編纂者。刊有一百四十多張圖片。（6）一九七三年由東海大學建築系、台北縣政府及交通部觀光局贊助，漢寶德及洪文雄所著的《板橋林宅調查研究及修復計劃》。本書園林部分之建築設施資料不足，其重點著重於形式及空間之討論及修復計劃之原則。

緒五年督辦台北府築城有功，授四品鄉銜。其後劉銘傳來台，維源又捐五十萬兩，功擢內閣侍讀，又遷太常寺卿。光緒十二年劉銘傳辦理撫墾事務，以維源為幫辦大臣。後來又歷任鐵路協辦大臣‧太僕寺正卿及侍郎，由於林維源樂善好施，當局曾在新莊立有尚義可風石坊。維源性喜交官府，所以建園林作為社交之場所。

　　園林應自白花廳始，經過五落大厝左側之長甬道連結汲古書屋，此為藏書處，自此迴廊分以上下二層繞行方鑑齋水院，此為讀書觀戲之建築群。方鑑齋前抱廈即為觀眾席，隔水對面一涼亭即為戲台，左側相連平頂迴廊，除可供額外之觀眾觀賞外，也圍閉成為音響空間。右旁則以假山、榕樹、小徑、小橋及一特殊之斜角亭為側舞台，演員可自方鑑齋後台，行經充滿布景之側舞台，直登戲台涼亭。整體與日本歌舞妓戲院之花道設計雷同。再沿遊廊可步行至來青閣，廊壁上留有不少名人雅士墨寶。來青閣為園中最為精緻之木造建築，據傳為昔日貴賓下塌之所，登樓四望，青山綠野盡收眼底，故名。來青閣前有亭，額曰「開軒一笑」，實為另一戲台，以漏窗圍牆形成音響空間。繞過來青閣後，遊廊分成二路；一向北經香玉簃、定靜堂至月波水榭，一向西跨陸橋「橫虹臥月」到達觀稼樓、定靜堂及榕蔭大池。觀稼樓較來青閣為小，卻為榕蔭大池端景所在，昔時可遠眺林氏擺接庄（板橋）田畝。香玉簃為遊廊擴大而形成的廂房，專為觀賞奇花異卉所設。月波水榭居於定靜堂東面花瓣形水池之中，其旁有「拾級」一景，為一環繞大樹之石階，藉此可登其上水榭屋頂。定靜堂為則四合院形式，院中穿心亭應為衙署格局，蓋為招待官方賓客之用，也應為盛大宴會之處。花園的終點及高潮應榕蔭大池莫屬，形不規則，中有雲錦淙方亭，連橋帶亭以類似蘇堤的方式貫穿池面。池周尚有五處涼亭，其中釣魚磯及一座重亭，皆呈斜亭狀，為他處園林所罕見。池面北邊有仿自漳州故里山水之假山群，以閩南特有之灰泥屏風假山手法製作，步道盤桓曲折，或登於峰或隱於洞，宛若迷宮。

　　全園面積總計佔地約一萬八千平方公尺，於光緒十四年起投下鉅

資構築，歷時五年，至十九年始告落成。其工程費用較之光緒初年所建之台北城工程猶超過一倍半，於此可見其規模之浩大。

園林內之建築物與五落大厝均為較晚其之作品，木雕風格頗多相近，恐為同批匠師所為。若以林氏家族歷史觀之，園林部分應早於五落，只因園林幾經歷年修改，直至光緒十四年維源手中方才全心經營。至於設計者，林氏西席呂西村恐年代過早無法參與，而畫家謝琯樵離去前或留有草案。建築則應推一位徐姓唐山司傅，其駐留林家十七年，五落大厝及園林之建造應有參與。期間徐氏或培植了一位在地司傅陳應彬，以致光緒初，林維源督建台北府城時，即以陳氏代替徐氏建造小南門[31]。

2-2-11、萊園

萊園為霧峰林氏一族所營建的園林。林氏在臺灣歷史上佔有重要的地位。遷居霧峰第二代分為兩支，林定邦一支稱為下厝，林奠國為頂厝。林定邦之子文察率台勇討伐太平天國有功晉升至總兵一職，並與叔父奠國一同平定臺灣戴潮春之變，然而文察於返福建漳州鎮南關途中遭遇太平軍陣歿，可謂武功累累，因而被追封「太子少保」，在臺灣中部為最大豪族。

林奠國之第三子林文欽，家族裡雖崇尚習武，但他卻偏好文事，光緒十九年中舉。萊園即為林氏為娛親而建，取萊子斑衣之志。萊園為利用天然山谷之形勢建造而成。面積相當遼闊，園中之重要設施計有：

（1）木棉橋：此橋原為木橋，一九二〇年左右改為鋼筋混凝土橋。

（2）園門：過木棉橋即為園門，門楣上有林幼春所題對聯，為一洋式門樓。

---

31 《台閩地區的古蹟與歷史建築》，pp.205－210，台北：內政部文化中心。

（3）五桂樓：為全園之中心，以其前有林氏堂字輩五位堂兄弟手植桂樹而得名。原為林文欽太夫人聽戲之所。日據時期該樓大事整修，改為一座磚木混構的洋樓，與原貌有所差距。

（4）小習池：在五桂樓前之大水池，乃由「搗衣澗」匯聚山谷溪水而成。池中有島，稱為荔枝島，以一獨木為橋。島上有亭曰「歌台」，日據時期改為鋼筋混凝土構造，改稱「飛觴醉月」亭，並建「虹橋」以為聯絡。

（5）考槃軒：為僅次於五桂樓之第二大建築物，可能日據時期就倒塌了，其址無法考證。原為族人讀書接客之處，日據時期為提倡教育，曾提供為台籍學生借宿之學寮，日後發展為萊園中學。

（6）另外有望月峰、千步磴、夕佳亭（四腳亭）等庭設施，近年來由於興建萊園中學，爰隱匿於校舍之後。

（7）日據時期另添有「櫟社紀念碑」及「鐵砲碑」，表徵林家於文武兩方面的貢獻。可惜那尊鐵砲在軍國主義時期被殖民政府拆除，充作軍需。

（8）其墓園也在園林內之小山上，日據末年曾大舉修建過，唯水泥匠之技術相當高明，完全以鋼筋混凝土模仿木造建築建造，表面做洗石子堆花，獅、象、麒麟等栩栩如生，技術精湛。

林文欽之子林獻堂在日據時期領導文化協會，為了社交的理由也屢加修葺，因此萊園清代建築之風貌較為褪色。然而，相較板橋林本源園林，萊園是迥然不同。萊園配置上較為鬆散、自由，予人的感覺是天然多於人工，園中之設施不多，利用自然的阿罩霧山景和溪池水景，純為天然山林之點綴而已。林本源則完全是城市中的人造園林，需要大片假山出現了。而且佈局上也顯得非常緊湊。[32]

32　同上，pp.210－212。

2-2-12、台中吳鸞旂花園

　　清末台中富紳吳鸞旂，曾在台中城南門附近自宅旁建了一座園林。以致日據時期，此處附近被稱呼為花園町。吳氏曾在光緒十五年起督建台中城，到十七年只完成北門到西門一帶的工程。這座園林殘存了部分的拱橋、水榭、池塘，宅邸部分也還留存著二落規模以及門樓。宅邸前原來有河環繞，現今則已被填平；門樓則遷至台中公園內。園林依附在大宅的右護龍外側，中闢有大水池，池中有拱橋橫跨，池周圍植以樹，並圍有花磚牆以分內外，依目前的情況推斷，水池可能即為園林之重心，水榭一邊接右護龍，另一邊則懸挑於水中，榭的本身為亭子的形式，屋頂為歇山式，這種作法與台南紫春園之作法頗接近。[33]拱橋為混凝土結構，可能為日據時增、改建的。台南紫春園與此園建造年代相差六十年，但形式上卻頗多類似。

2-3、臺灣明清園林的社經背景

　　臺灣園林擁有自己地方風格，正是因建築傳統、區位條件、地理環境因素、地方社經背景等等，而略有所不同。但透過科舉制度，清代臺灣文人、進士，應遠赴福州、北京應試，途中勢必增廣見聞。至於返台後建造自家園林，刻意仿效大陸園林景緻，則於情理所當然（註22）。建築形態品味，本多相通之處，臺灣園林若有傳承大陸園林之精神、手法，理應可自園林空間元素中窺探得知。然園主在一地方，身處之社會經濟環境，以及其扮演之社會角色，皆左右其創建園林之心境、用意，及觀察宇宙之眼光。

　　明鄭時期其實是延平郡王統治下的海外叢邇小島，物資及文明都不足。經濟生產上採屯田制，依社會階級授有官田。社會財富鮮少積累，園林之建造，大抵為上流階級之閒情雅興。

---

[33] 同上，p.212。

　　清代則進入臺灣的移墾社會。漢民到臺灣的目的，即為尋找屬於自己可耕地。通常由墾戶土地開墾完成之後，搖身一變成為地主，於是再行分租招佃。土地逐漸成為大租戶、小租戶、佃戶的三級制的生產關係。然而，開墾過程，墾戶為了避免入侵原住民生活領域，而引致的「番害」，紛紛組織私人武力自衛，成為臺灣鄉勇與地方豪族的濫觴。

　　清初，官署承繼明鄭上流階級之閒情雅興，也紛紛於署衙營造園林。一方面慰藉遠渡重洋的辛勞，聊以抒解思鄉之愁，另一方面用以逃避外界的不文明，時而反覆的民變，以及瘴癘之氣的危險。

　　地主以獨特土地權屬手段壟斷農業利益，聚斂財富，而成為農業富紳。為期鞏固土地既得利益，必須與官府建立良好關係。培養子弟轉向仕途求取功名，成為農業富紳一項必要的投資。運用收租的行館、別業，改闢為精巧的園林，以為結交權貴的場所，也成為另一項的投資選擇。於是，在刻意培養下，由農業富紳階級逐漸產生文人、藝術家，文風漸盛。也透過觀摩官署園林，或園主自身的大陸遊歷經驗，文人園林被逐漸引入臺灣民間社會。

　　另一方面，清道光年間以降，江南稻米已逐漸不敷供應京畿所需；臺灣生產剩餘之稻米，原本只供應福建一帶，此時已逐漸需要向北送達天津。地主中的大租戶多徙居於港口城市，集中所收租穀，待價而沽，身份上也由農轉商。相反的，原先在港口城市裡的富商，也多購田收租而成為地主。於是富商、富農的身份開始重疊，財富積累更加迅速。然而海上貿易最忌海盜，為期以兵船護航商船[34]，與官府建立良好關係又勢不可免。此時，建造園林也成為商人與官府建立公關的一種途徑。

　　兩岸對渡貿易帶來經濟的勃興，晚清五口通商帶來更大的國際貿

34　林滿紅，1993，《四百年來的兩岸分合》，台北：自立。

易利益。新興富商一方面期望向世人炫耀財富，另一方面亟欲表徵文化，以提昇自己的身份氣質，此時建築園林正可以同時滿足這兩項需要。

有關不同園主的身份分類，將可畫分為：1、王府重臣，2、官署園林，3、文人園林，4、富紳園林，依其不同之身份，探其建庭之成因及其人文精神。

2-3-1、王府重臣園林

明鄭時期，台南成為政治、文化中心、皇族重臣、士兵隨鄭軍渡台，而這皆皇族重臣，官兵皆有其邸宅，宅旁附有園林。從一元子園的殘蹟，仍可窺得假山水池之精緻，當年面對異域之臺灣，而遙思故鄉之情，故可想見造園目的乃為一解鄉愁。然而在南明與大陸交通中斷，物資困頓的條件下，能擁有一座園林，仍是權勢的表徵。

北園別館為鄭經為其母董太夫人而特建之園林，而園林之主要使用對象為一家主及親友、女眷平時不可任意外出，故活動範圍限於園內[35]。故建園解平時日常生活之枯燥，也有一地休閒活動。

園名	一元子園	陳永華別墅	北園別館
園主身份	明寧靖王	陳永華係鄭氏參軍	鄭經之母董太夫人
建園目的	建園以解思鄉之情		鄭經為母而特建之園林

---

[35] 黃長美，1990，《中國園林與文人思想》，p.4，台北：明文。

2-3-2、官署園林

清代領台後，官員飄洋過海，來台赴任，多少需要堅定勇氣。然午夜夢迴，思鄉之情油生，實屬真切。若故透過園林的經營，將模糊記憶裡的故里風光，具體而為地呈顯出來，則未嘗不是一帖思鄉病之良藥。

然而府志所記載臺灣八景中，道台衙署內之寓望園即有的「斐亭聽濤」、「澄台望海」兩景，充分表現出滿清渡台官僚，對於台島外界的瘴癘之氣，民變迭起，以及番害頻仍的無可奈何；以致置身衙署園林來逃避現實上的危險，並藉由聽濤（竹濤聲而非海濤聲）、望海（故鄉方向）來一舒懷鄉之愁，同時聊表到任之意而略盡職責。在此，官署園林充分表現出作為另一項重要造園心態，亦即是作為現實環境的避難所。

	園名	園主身份或出資興建者
明鄭時期	何斌之園林	荷蘭通事何斌
	四合亭	天興州署
清代初期	鴻指園	臺灣縣知府蔣充
	縣署內園林	臺灣縣署
	營署之亭園	
	寓望園	道署

清代末期	布政使衙門園林	沈應奎

2-3-3、文人園林

文人園林，是傳統中國士大夫對當時社會情景，現實觀的看法。體現於園林中，則顯現不同人有不同之表達方式。

	園名	園主身份
明鄭時期	夢蝶園	舉人李茂春
清代初期	李氏園	武解元李楨鎬
	一峰亭	中書林朝英
清代中期	潛園	林占梅
	北郭園	進士鄭用錫
	宜秋山館	舉人吳尚霑
	太古巢	陳維英
清代末期	霧峰萊園	舉人林文欽
	窺園	進士許南英

	勵園	舉人林鳳藻
	筱雲山莊	呂炳南

（1）夢蝶園：園主為舉人李茂春是亂世中，鴻志不得展伸的前朝遺臣，他建園的目的有著退隱之意，築夢蝶園歸隱於園中，潛心化外與無為。於園林則以高榕叢竹，橋亭水池，取代爭奇鬥豔的花卉及奇巧的樓閣。尤以橋亭建築，呈現折橋橋亭，無疑投影福建廊橋形式，不僅標示自身福建人身份，更聊表思鄉之愁。

（2）潛園：林占梅身份之特殊，身兼富商、官僚與文人，其家族因運鹽而致富，自幼造訪過京師、江南求取功名，看盡大陸園林風光。是以感染大陸文人園林之特色，著重文人精神，生活起居皆與園林息息相關。實質技巧方面，林占梅引用大陸園林元素，加上本身熱愛詩詞、書法，充分的將大陸文人園林的特質，反映於潛園裡。

（3）北郭園：園主為「開台進士」鄭用錫，為具備進士功名身份的富紳，建園的目的原為私人讀書、休憩之所。但由於他兼具地方富紳望族之身份，園林多少也兼為應酬南來北往的官吏。從園林名稱來看，是充滿文人精神的，引李白詩句「青山橫北郭」名之為「北郭園」；但之後園林之私家空間成為公共應酬空間，所以建築盡其之華麗，花費甚鉅，花草豔麗、珍稀。單純的園林也有另一種含義與目的。況且，興建年代晚於潛園兩年，彼此較勁意味濃厚。

（4）太古巢：園主為陳維英是北台著名教師，選重風光名媚的圓山作為修身靜性之所，含著歸隱山林之感。太古巢據其詩詞，謙稱在規模上只有三開間建的草廬，且為枯木所建，也許算不得為園林，建園或需有假山、水池、別緻的建築及偌大的家產；而陳維英卻居山借水，巧妙地借景鄰近的劍潭與兩儀石的大自然景觀，似乎「大塊假我以文章」，在文人想像世界中，無處不是園林之美。

（5）萊園：園主為霧峰（阿罩霧）林家頂厝的林文欽。中法戰爭

之際，霧峰林家下厝協助台北的劉銘傳，而頂厝協助台南的劉敖。但隨著劉敖在政治上的失勢，頂厝的林文欽也不得不退隱山林，韜光養晦。於是林文欽借奉養之名，取老萊子斑衣娛親典故，而建萊園。林文欽建園深具文人精神之特質，園林以襟山帶水之形勢為界，成為無牆垣的開放式園林，不僅表達與大自然融合的心胸，更為本園的一項特殊風貌。日據時期，林文欽之子--林獻堂，領導文化協會，萊園即文化運動的主要活動場所，例如櫟社的漢學詩人的集會，以及爭取台人教育權益等等皆是。在此呈現出的是，文人風骨的另一種氣質。

2-3-4、富紳園林

臺灣開墾快結束，近完成階段，富紳、富商在社會上有了舉足輕重之影響力，此時他們則在汲汲爭名於利之外，則轉向具文學氣質，充實休閒生活的拓展，在充滿銅臭味，功利之下也嚮往著擁有書卷氣，使得各地大地主莫無不以擁有一處園林為榮。

	園名	園主身份
清代初期	書帶草堂	富紳鄭其
	蘇萬利花園	鉅商蘇萬利
	遂初園	富紳鄭志遠
清代中期	台南紫春園	富紳吳商新
	歸園	富紳吳世繩
	潛園	林占梅
	卯橋別墅	富紳許遜榮
	留種園	富紳盧崇烈
清代末期	板橋林本源園林	富紳林維源
	台中吳鸞旂園林	富紳吳鸞旂

（1）歸園：歸園建造之動機較為單純，只因當時另一富商正興建紫春園，為了不落人後乃建造此片園林，其目的只為了炫耀自己的財富。但仍以咾咕石疊成土台，憑供登高眺遠；也為消南台之酷暑，乃鑿大池以調候。然又不依大陸園林之手法引山泉，而改以水田水入池。

（2）紫春園：園主思鄉前提下，反映於園中思鄉之山水，故模仿泉的山水，以咾咕石造假山，精緻之遊廊、水榭，水榭能為酷熱之南

部帶來絲絲涼意。

（3）潛園：林占梅身份之特殊，既是出身富商本身也是文人，然其園林規模之大，以及營造細節之精緻度，實非一般小康文人所能比擬。因此，潛園某種程度，仍應視為一座富紳園林。

（4）板橋林本源：林本源園林建主為林維源，林維源有現代化頭腦，於晚清協助劉銘傳建設臺灣功勞不小。結交廣闊，甚至與宰相李鴻章、蘇州留園園主張之洞等人，有所有過往。但是，林家特殊歷史背景，開始為經商致富，於是購田成為地主，身兼富商、富農以及透過捐輸而得的官僚等等的複雜身份。由於海上貿易，最忌海盜劫財越貨[36]，因此興建園林，便有交際官府，以求保護的意味。然而，種種心態反映園林上盡是構思奇巧，變化多端，華麗至極。

2-4、明清臺灣傳統園林風格

江南園林之美已經為世界所承認，然而明顯地，臺灣園林與前者風格迴異。本文前述的分析，只為了探索明清之際，臺灣園林的發展脈絡。無可否認地臺灣園林傳承自大陸，文人園林影響到臺灣。然而臺灣也特殊的社會、經濟脈絡，一部份也來自特殊地理條件，不同的美感經驗，而產生傳統社會裡獨特的園林風格。

2-4-1、園主心態與園林生活

（1）以王府重臣園林探討：

一個原本在故鄉裡受人尊重的皇族國戚，卻為避難來到臺灣這個茅蓁未啟的島嶼，思鄉之情必定深濃。反映於園林，即以大陸花木、奇石安置園內，以為紀念。北園別館，鄭經井石、董太夫人手植的七絃竹，即是如此。此外，在貴族王府中，園林本為府邸深院，用以隔

---

[36] 林滿紅，1993，《四百年來的兩岸分合》，台北：白立。

絕外人進出，蓄留女眷之處；婦女在此只能獲得一點可憐的賞花弄草的自由。

（2）以官署園林探討：

來到臺灣仕途之官人，帶著忐忑不安的心境來到了臺灣，逐漸在臺灣裡安定下來。但排解煩憂，故在官署內佈置山水園林，以休憩之場所。然而府志所記載臺灣八景中，道台衙署內之寓望園即有的「斐亭聽濤」、「澄台望海」兩景，充分表現出滿清渡台官僚，對於台島外界的瘴癘之氣，民變迭起，以及番害頻仍的無可奈何；以致置身衙署園林來逃避現實上的危險。並藉由聽濤（竹響共濤聲相和）[37]、望海（滄波海嶼之勝）[38]一展視野，一方面透過自然舒懷解憂，二方面則「以為對客之地」，[39]作為增廣耳目的場所。在此，官署園林的造園心態，不僅作為現實環境的休憩地和避難所[40]；進一步是用園林作為會客接待之所，乃意圖藉由委婉的手腕以解決統治問題。

然而另類的解讀方式，卻是另一番情境。府志所記載臺灣八景中，道台衙署寓望園就佔有兩景，「聽濤」、「望海」即表懸念唐山，無心臺灣治理，所謂「三年官，二年滿」，如此官員難怪民變迭起番害頻仍。

---

37 王必昌，《重修台灣縣志》，卷十五「雜記 古蹟」，pp.536–538，台灣文獻叢刊第 113 種，台北：宗青重刊。巡道莊年詩（斐亭）：「繞聽朝潮又暮潮，怒濤聲裡竹蕭蕭；千竿不藉風搖曳，萬弩何當影寂寥。豈必林泉甘漱石？卻因煙月憶吹簫。星纏舊是楊州路，流水應過廿四橋。」

38 同上。巡道莊年詩（澄臺）：「簿書簡束苦相纏，乘興登台意窅然。煙靄光中三面水，晴雲影裡四垂天。瀰茫境界憑欄外，浩蕩滄溟落照前。極目波濤渺無際，笑他精衛若何填。」

39 同上。巡道高拱乾「澄臺記」：「……然厥土斥鹵，草昧初闢，監司聽事之堂，去山遠甚。匪特風雨晦明，起居宴息之所，耳目常虞壅蔽，心志每多鬱陶，四顧隱然，無以宣洩其懷抱。……「於是捐俸鳩工，略庇小亭於署後，以為對客之地。環繞以竹，遂以斐亭名之。……」「更築臺為於亭之左隅，覺滄渤島嶼之勝，盡在登臨襟帶之間，復名之曰澄。……」

40 同上。巡道莊年詩「澄臺」中：「簿書簡束苦相纏，……笑他精衛若何填。」所描述者正是公牘之繁重，而「乘興登台意窅然」即指透過園林休憩，可以獲得身心的抒解。

（3）以文人園林探討：

文人園林表現於外，是對當時社會紛擾採取隱逸的態度，以高大之樹木、植栽，代替爭妍豔麗之花卉，簡單屋宇替代雕梁細緻閣、樓、亭，隱世之感和大陸「拙政園」之本相同。但反映於園林建築，卻差異如此之懸殊，「拙政園」之精緻和「太古巢」之樸實，無異天壤之對比。太古巢強烈而激進的質樸主義，以自然山水為伴，以枯枝建草廬三椽[41]替代奇閣巧樓，真正表現「富貴如浮雲」的心胸。

相較另一種富裕的文人園林，則以林占梅之「潛園」為代表。潛園的目，視園林為居家生活之一部份，坐擁自身的小天地，居於城市也能享受自然。同時把爽吟閣水院的樓宇，對景挹爽門城樓，將城池縮景於園中樓閣；有居於民間，卻能幃籌邦國大事之意味。然事實上林占梅也於督工淡水廳築城以及討平戴潮春之亂，累建功勳。透過園林，以文會友廣結賓客之同時，確也曾遭逢貴人，屢受晉升。然而，文人相輕自古而然，竹塹進士鄭用錫則建北郭園，較勁意味濃厚。

用以讀書與以文會友的文人園林，也有可能因為藏書豐富而著稱。筱雲山莊的呂家三代，師事廣東學者吳子光，而其筱雲軒並以藏書二萬卷聞名。板橋林本源園林汲古書屋，亦藏有古籍一萬卷。

除了藏書之外，潛園留下「潛園探梅」的雅談，林占梅亦留下《潛園琴餘草》[42]，記錄當中文薈活動的成果。板橋林本源園林則將文薈活動，由名人雅士直接題詩於方鑑齋廊壁面上，形成園林一景。霧峰萊園則將櫟社的文薈活動，記載於「櫟社紀念碑」。

（4）以富紳園林之探討：

富紳園林在臺灣的經驗，或取租館、別業，或因就大宅近旁土地，經營擘劃闢成園林。復以臺灣夏季的酷暑，園林中水池、大樹，多能

---

[41] 陳培桂，《淡水廳志》，卷十五「文徵」，p.447，台灣文獻叢刊第172種，台北：宗青重刊。陳維英「題太古巢」詩。

[42] 徐慧鈺校記，1994，《林占梅資料彙編‧潛園琴餘草》，新竹：新竹文化中心。

帶來涼意，故能成為避暑佳地。然而富紳之間，彼此誇富較勁的情形時有所聞，園林建築爭其鬥妍，則在所難免。

　　富紳園林中集大成者，當推板橋林家。板橋林本源將園林原屬私人讀書、以文會友、奉母事親的園林，轉化為廣結高士、交際應酬之所；原為平實精緻、典雅、休閒之園林，搖身變為華麗、複雜、炫耀財富的表徵。在園林形式和大陸園林沒太大的不同，只是江南園林語言被轉譯為閩南語言。但實質含義卻另有透露，園林功成變成與官員結交之所，給予園林另一種特殊進取的意義。然而板橋林家與曹雪芹《紅樓夢》中「大觀園」的造園用心，似乎也無太大差異。大抵清代臺灣與江南在官場上的文化，應無太大差別。

2-4-2、明清臺灣園林的地方風格

　　（1）以城鄉區位分析：

　　1.城市園林（紫春園、潛園為例）

　　在城市裡得園林，因取地不易，範圍有限，其格局較為緊湊、侷促，園林設施較為密集，水池適中，小橋亭台散列，別有一番造自然風格的情趣，空間組織緊湊，而其想要再有限範圍空間裡塑造出高潮疊起，複雜曲折且多富變化之園林，為城市園林之特點·

　　2.郊區園林：（霧峰萊園為例）

　　郊區園林不受城市的限制，取材真山真水的大自然，將樓、台、亭、閣布置於適當處所，聚水為湖，湖中置島，再以拱橋聯繫，郊區園林依地形山勢巧妙的將園林融合一體。同時以山為屏以水為帶，幾乎拋棄了園林的圍牆元素。這種作法，強烈地有別於傳統人工疊山的園林風格。

　　（2）依園林規模：

　　臺灣園林之規模最大為萊園估計三萬多平方公尺，其次為板橋林宅，亦達一萬八千平方公尺。一般而言，臺灣園林大約都在一千至二千平方公尺左右，然而大陸園林一般均為一萬平方公尺以內，而臺灣

園林要在如此規模內築園，園林只趨向簡單精緻化了。[43]

（3）依平面佈局：

1.集中式（台南歸園）

建築物、花木、假山……等園林元素居於中央，周圍以水池環繞此型平面佈局好似城外有護城河之效果，而立於疊石假山之上，可眺之遠望，風光盡收眼簾。

2.散列式（潛園、北郭園）

以水為中心，建築物散置於大規模型水岸邊，此型平面佈局給予置於何地觀景皆有不同視賞之觀感，處處可見建築於水中倒影，遊廊也因水池之迂迴曲折，搭接四周建築有著彎延迂迴之樂趣，此建築有伸入水中之感，充分接近園林精神重心的水池。

3.側邊式（紫春園、台中吳鸞旂園林）

建築建於園林之一側，有水榭伸嵌入水中，而池周有小路環繞，可環池享景。

4.端點式（板橋林本源園林）

水池置於曲折的園林動線之端點，有終結之高潮效果。池泮有山、橋、涼亭……諸景，池中更可泛舟，儼然西湖縮景。這類園林當不僅止於私人休憩之所，更適合接待大批賓客之用[44]。

（4）依假山分析：

臺灣園林假山迴異於江南。蘇州獅子林以奇疊假山或是到後世對奇石有另一種品觀之用，一般要求甚嚴，質需堅，形需拙，透露瘦，且有寫實與寫意之分。[45]相對於臺灣，一則清代絕少開發美質石材，本地自然景觀輒見河灘卵石，農家牆腳、池岸駁坎多所採用。當地堪稱奇石者，僅海底珊瑚礁之咾咕石或可稱之，然其開採亦十分不易。

---

[43] 《台閩地區的古蹟與歷史建築》，p.184，台北：內政部文化中心。

[44] 同上，pp.188－189。

[45] 李乾朗，1996，《新竹市古蹟公園潛園調查研究》，pp.23－24，新竹：新竹市立文化中。

二則若採大陸太湖石，輒需以帆船飄洋過海，只有少數園林（潛園）內之奇石輾轉運自大陸；然受限船運技術，量體要求不可能太高，移置奇石用意多作點綴。三則閩南地區自古假山作法另有傳統，大規模假山，輒多以咾咕石疊山（紫春園、撫台衙門園林）；或源自中庭花台之院牆襯景的傳統，以磚石為骨架，倚賴匠人手藝，以泥塑做成屏風假山，形態如國畫皴法，呈嶙峋之姿（如林本源園林）。

（5）依水池分析：

臺灣農家大宅，「前水池後果樹」為既有的傳統。至於水池水源，並不要求為泉眼，往往只是鑿地蓄水，或飲灌溉渠水或引自山澗溪水[46]，且多為大水池，一方面臺灣氣候炎熱，以水引風散熱，一方面水池內也可養殖魚類，兼具生產功能。所以比較不見大陸純供欣賞之形式要求。甚至池畔常建築有欄杆，這恐怕也是江南園林少見的。

然池形倘依照歸園前例，一般池中若搭建小橋，則池形多呈葫蘆形，而由水面最狹處跨橋。晚清，或受五口通商之後西洋園林幾何型態影響，如林本源園林則出現海棠形水池。

由於農家牆腳、河濱護岸多用河灘卵石，臺灣園林池岸駁坎也多由卵石砌成，樸實並且符合真實景觀經驗。

（6）依植栽分析：

臺灣身處亞熱帶氣候，原生種植栽多異於大陸。由於早期農村生活的經驗，植栽多種植熱帶果樹，例如：龍眼、芒果、荔枝等（萊園的荔枝島）。也常選用觀賞性花卉或花香植物，如：桂、李、梅等（潛園探梅）。此外，竹、樟、松、榕、桐等高喬木，也為常見。蘇鐵、棕櫚科等熱帶植物，也見採用。臺灣園林植栽注重實用，因採在地的原生種植栽，而少考慮名貴與否。然而，如林本源等富紳園林，主要在炫耀自己財富，因而多引入栽植外來名貴之花木品種。

---

[46] 同上，p.24。

（7）依建築分析：

1.方形院落

臺灣住宅多為三合院、四合院，格局規矩方整，但是固定僵硬。因此後院建園林，乃予人不同之觀感，建築則以閣、樓、亭、榭為主，多採自由配置。然而有趣的是，方形院落型態在清代臺灣園林卻屢屢出現。爽吟閣水院、方鑑齋水院、觀稼樓、來青閣、五桂樓…等等皆呈方形院落，定靜堂更是不折不扣的四合院。

2.軒亭讀書屋

臺灣氣候炎熱，正屋前多建涼亭以期蔽日納風，澎湖稱「庭」，臺灣稱「拜亭」。文教建築，如台南孔廟明倫堂前，亦建有一大涼亭，應是平日讀書之處。私家園林，如：潛園之梅花書屋、林本源之汲古書屋、筱雲山莊之筱雲軒等皆有類似之處。

3.紅瓦紅牆，五顏六色

閩南建築的風格迥異於江南，東南沿海更多採用紅磚。閩南紅磚於釉面有黑色煙斑，名為「顏紫磚」。[47]清初官吏亦對「**台屋瓦皆赤，下至牆垣階砌無不紅**」，留下深刻印象，並作「**赤瓦歌**」[48]以誌之。由於臺灣多土墼壁包紅磚，屋頂屋身皆紅，門窗柱梁等木質部，也塗裝五顏六色的油漆以為搭配，整體表現較為俗麗，富常民藝術氣息。

4.亭榭建築之變體

同時，由於閩南居於五嶺之南，已無降雪之虞，因而採扁桷屋宇，然出簷短而起翹淺，不若江浙之水戧、嫩戧一般地飛簷高啄，屋頂表現有限。因此，亭榭建築為期表現，除常用之攢尖、歇山頂外，另亦產生多樣變體。一則以平面變化，如：海棠形、梅花形、八角形、雙

---

[47] 葉乃齊，2002，《台灣傳統營造技術的變遷初探－－清代至日本殖民時期》，台大建築與城鄉研究所博士論文。

[48] 范咸，《重修台灣府志》，卷二十五「藝文（六）　詩（三）」，p.787，台灣文獻叢刊第105種，台北：宗青重刊。

菱形。一則以形體變化，如：紫春園水榭屋頂擬似歇山，簷口卻轉八角形；汲古書屋涼亭，於海棠形簷口上加一半圓頂，有如蒙兀兒風格之涼亭。又如：林本源孔雀亭為梅花形，月波水榭為雙菱形，疊亭、釣魚磯為斜角形……等等。

5.橋樑特色

從夢蝶園的橋亭開始，臺灣園林的橋樑所見，大多以有欄拱橋為主，蓋取造型美觀之故。北郭園拱橋、萊園虹橋較為平凡。但潛園爽吟閣右旁蘭汀橋，欄牆圍閉，中開海棠形空窗，以窺外景，其隱匿性似為女眷專設之通道。林本源之橫虹臥月，其上為陸橋，聯絡來青閣與觀稼樓；其下為隱道，可通行女眷。兩處皆匠心獨運，相似之創意，三折的橋亭隱匿陰暗、只開小窗，與浙南閩北廊橋同出一轍，縱令江南亦罕見之。

6.漏窗、空窗、花瓶門、月門

月門（圓洞門）在明鄭時期夢蝶園，其遺址即已常見。漏窗、空窗、花瓶門，在江南園林中有極至之表現；而潛園似乎繼承了這項成就，漏窗表現豐富。林本源園林也有所表現，但花樣主題似乎比較接近民間吉祥圖案。

7.書卷牆

江南園林圍牆常採用波浪形的「雲牆」，而在臺灣則常見「書卷牆」。書卷形圖案原本經常出現於裝飾題材、吉祥圖案之中，木雕花材上所刻建築庭院，為期以小見大；也經常以摺疊的院牆，來代表交疊的院落空間。書卷牆，引伸代表讀萬卷書的氣質，源自於前述的民間藝術之中，而具體落為真實的建物。這種作法，主要則見於臺灣林本源園林，其他園林亦較少。

8.扭曲空間與視覺魔術之運用

江南園林不作縮小尺度的建築，而僅作半亭或將樓下層藏於假山之下，以造成錯覺，以小見大。但閩南式建築屋頂體量造型不佳，不適合做半亭，必須另尋方法。

　　林本源園林以小見大的辦法，是採用縮小尺寸，或以透視壓縮。例如：方鑑齋假山旁廊道，用縮小欄杆高度來襯托路的長度與山的高度。榕蔭大池則以惜字爐，則襯於假山之前，比擬為遠方之高塔。

　　此外，上有一種透視壓縮方法，常用於在民藝雕刻之上。為了在侷促的平面中，看出立體空間，經常同時刻出建築物的正面與側面來。同樣手法，若用於園林的表現，就是斜亭。利用被壓扁空間的力面，來影射立體的量體感。舉諸方鑑齋假山旁的斜亭，而榕蔭大池的兩座斜亭，都是這類的手法。甚至可說，閩南地區特有的泥塑屏風假山，也都正是這項表演的精心布景。凡此種種，都似乎是透視技巧的獨特運用。晚清臺灣園林的技術，不知是否受到洋人影響，然在此時似乎已走進巴洛克風格，充滿視覺魔術的趣味，以及扭曲空間的戲劇感。

　　9.戲劇表演空間的興盛

　　晚清的富裕，似乎帶給臺灣戲劇表演藝術的勃興。潛園爽吟閣，即已是一座具有音響共鳴效果的建築群。此外，霧峰萊園的五桂樓、飛觴醉月亭的組合，大花廳的戲台，林本源的方鑑齋水院，來青閣、開軒一笑建築群，五落大厝百花廳戲台，……等等，再再透露了這個年代裡主人、賓客對此道的偏好。

三、日據時期臺灣園林的變化

3-1、日據時期影響園林變化的因素

　　臺灣園林一路演變，至林本源園林賦予娛樂、交際、應酬之功能，為結交名人、權貴之所。但到日據時期，因時勢的轉變，臺灣園林也遂漸沒落，轉向另一種形態出現。板橋林本源曾為臺灣園林帶來一陣高潮，另一種園林模式。它曾經風光，但沒落是不爭事實。它連繫臺灣與大陸文化傳承，也為臺灣畫下個完美句點。日據時期，外來文化影響使得臺灣園林產生另一種別於傳統之造園文化，基本上有以下幾

項背景衝擊：

3-1-1、建築風格與技術的變化

日據時的五十年間，臺灣的建築經由多方面的發展，在樣式上，則有閩南式、日本式、西洋式系統共存。而日本在十九世紀的明治維新後，興起了，日本現代建築運動，此時因公共建築的設計，而引入了西方建築，此時造就了日本西化建築師。在日本統治臺灣時，有些人嘗試日本傳統及西方形式。日式建築在臺灣發展之初，多為松、杉材料木造。但後來發現，松材最忌白蟻，更復以颱風多，使得純木造建築壽命極短。嗣後在主要建築物皆改採紅磚砌造，形式模仿文藝復興巴洛克式的殖民建築。晚期鋼筋混凝土結構成熟，而立面仍常以巴洛克裝飾為主。

一般民間繼續原有清代之傳統，一般仍為三合院或四合院式。市街改正政策下改變了材料，必須採用標準磚代替閩南磚，很多細部被簡化了。街道建築，由於防火建材的規定，立面多出現洗石子及貼面磚的牌樓厝，平面則仍為清代店屋形式。另一方面，日人在興建的日式住宅，仍多為木造雨淋版以及黑瓦形式。同時，由於鋼鐵材質的增進，以及開礦火藥的使用，巨型石材取得不再困難，疊石堆山造景的可能性增高。[49]

3-1-2、受到日本小庭園影響：園林變庭園

日據時期臺灣的傳統園林不見了。由於受到日本「坪庭」「路地庭」的影響，人們發現房屋邊緣的狹小空地即可成為庭園。於是日式庭園的元素大量被採用，庭園變成住宅的一部份，與建築物融合成一

---

[49] 葉乃齊，2002，《台灣傳統營造技術的變遷初探——清代至日本殖民時期》，台大建築與城鄉研究所博士論文。又見李乾朗，1986，DEC，《台灣建築史》，五版，p.269.270.297，台北：雄獅。

體。因此，此時由後院的「園林」、「後花園」的概念，變成前院、側院的觀賞性「庭園」了。有字匾命名的文人園林，被無名的庭園所取代。

中國園林並非全然沒有小尺度庭園的作法。然而，與中國園林不同之處，日本住宅庭園採用縮尺山水，較重視俯瞰觀賞；中國小院落庭園則重視門窗框景的畫面感，需採取平視角度。而日據時期，大量的民宅洋樓化，已經使得中國小庭園平視角度的觀賞條件逐漸消失。

3-1-3、現代都市休閒取代了園林功能

日據時期，現代商業都市興起，都市休閒文化發達，戲院劇場、公園、酒樓料理亭、遊廓、藝妲間等，陸續出現。過去私家園林所扮演之休憩、遊樂、宴請、聽戲、聚會、交際、接待等的功能，逐漸被取代。都市市民階級的休閒需求，取代了官僚、富紳、文人等上流階級專擅的休閒生活。

3-1-4、明治維新以後的文化氛圍

前清時期，園林是作為上流人士透過文會吟詠的交際場所，園林之美是提供詩興的對象與環境。然而日據時期，運用園林作為社交場合的機會大幅減少，漢學在講究「脫亞入歐」的明治時期是不被尊重的，歐式宴會與日式茶道成為統治者社交方式，而漢詩吟詠並已無法作為結識名人權貴的工具。因此大型園林的投資乏人問津，而庭園也回歸到原來的私人家庭領域。

3-2、日據庭園概況

日據時期，由於小庭園觀念引進住家，因此家家戶戶以家中隙地，綠化造園，開池疊石，都成為可能。此時若羅列所有的小庭園，勢將不可能，爰僅就幾種可能性予以舉例說明。一是小型庭園，一是大型

庭園，一是就前清園林的改變，分加討論。

3-2-1、小型庭園舉隅

小型庭園委實太多，茲舉例五處提供討論：1.舊宜蘭縣長官邸 2.斗六吳宅 3.清水國姓黃宅 4.烏日學田陳宅 5.大稻埕富商庭園。

（1）舊宜蘭縣長官邸

官邸建築為臺灣檜木造的日式官舍，此座館原建於明治三十九年（一九〇六年），佔地約八百坪，園林內巨樹成蔭。自日據時期宜蘭廳、光復後改制宜蘭縣，一直是歷任宜蘭縣長官邸，但年久失修，原打算拆除改建，但當時的宜蘭縣長游錫坤因不捨庭園內的十多棵老樹，就決定設法保存官舍，依原樣整建，闢為宜蘭設冶紀念館。

而在日式園林，幾株老樹孤拔挺立，濃蔭綠意間。以飛石雁打鋪法串聯的環園步道，穿梭於老樹間。之外有白砂、花草、石頭構成的枯山水，和層層板石疊拼而成的枯流、石組點景[50]等造景的日式園林[51]，為官舍庭園的代表。

（2）斗六吳宅

為清末斗六吳秀才吳克明所建，約建於光緒十五年前後，日據後因部份朽毀才另改建為西式風格建築（約大正年間），但卻仍將原有之木雕構件嵌入磚牆上，形成非常特殊之混合建築。先前其後人維護頗佳，惟九二一地震後受損，乃移交縣政府維護管理。

此宅座北朝南，為三落式，原為木造建築，現今則多處改為鋼筋混凝土構造，並大量以洗石子堆花作西洋式圖案裝飾，柱身有凹槽，柱頭頗複雜，具巴洛克風味。

東側建有花園，園內有一幢日式建築，其旁闢有水池，並設曲橋，

50　蔡龍銘，1999，《日本庭園石空間之構成》，pp.74－85，台北：雄師。
51　〈宜蘭縣設冶紀念館（日式情調‧宜蘭今昔）〉《自由時報》，1998，APL.。

皆為日據後添建的。步道則有水泥鋪道與跳石兩種，間植草皮。住宅的西側在日據時期建有紅磚洋樓，格局亦中亦西，紅磚洋樓之西側牆外另有一座宏偉的文藝復興式洋樓，亦附建有圓頂之小亭。[52]

（3）清水國姓黃宅

清水國姓里一帶，舊稱三塊厝，原有主要墾拓者：黃厝、吳厝、林厝三姓家族。黃姓土地除清水國姓外，上還擴及大甲日南、大安一帶。昭和六年興建新宅，二落四護，立面洗石子仿三峽老街，作巴洛克式裝飾。前院闢成庭園，開半月形水池，池緣以大小卵石交疊護岸，池中設兩島，島上各有一座石燈籠，並以小拱橋相通。據此推斷，半月池應為原本舊宅即已存在之水池；雙島嶼、小橋、石燈籠等，則應是昭和六年改建時添加。這顯示過去臺灣農村民居的「前水池後果樹」的概念，正在發生變化。

（4）烏日學田陳宅

烏日學田陳宅又稱聚奎居，為一三合院二層洋樓。立面作山牆拱廊，以洗石子裝飾，為日據時期常見富紳住宅型態。前院進門後，無特別之處，惟於中央設一如意型小水池，作為車輛藉以繞行，以停車於正廳階梯前的圓環。這類水池設施，或作魚池或做水池，也有種植樹木，蒔花種草者，常見於日據時期民居建築的前院。主要似乎學自日據時期仿歐式建築之殖民官廳、公共建築車寄前廊的環形道路，抑或是都市中的巴洛克圓環花圃。但是臺灣民居中，仍不滿意只用圓形圓環者，聚奎居的如意型者只其一例，尚有以臺灣地圖為造型的圓環。

（5）大稻埕富商庭園

勝山吉作的《臺灣介紹最新寫真集》中收錄有一幀「本島人富豪之庭園」[53]，其中透露出許多訊息。其一是空中樓閣，二層洋樓建築

---

52 同上，p.180。
53 應大偉等 編譯，1997，《台灣經典寫真》，「本島人富豪之庭園」，p.451，452，台北：田野影像重刊本。原著作為：勝山吉作，1931，《台灣介紹最新寫真集》，台北：勝山寫

的門廊上建出樓台屋宇，額書「蓬萊殿」；同時將低矮中庭廊道做成假山複道，襯托樓台有如天上宮闕一般的感覺。這意味了於層層樓台之中，庭園尋得了新的表現方式。其二是噴水池，以鯉躍龍門之姿，從魚口噴出水來。意味了都市的自來水供應，帶來新的炫富方法。其三是屏風假山與植栽，充分發揮園林中留白和隱蔽的效果。類似的空間處理手法，尚可在永樂町「郭怡美」內院洋樓，以及汐止周家花園見到。

3-2-2、大型庭園案例

日據時期，建造大型園林機會急遽減少，小型庭園已經能滿足人們的需要，也漸少有人再以「園林」之名來命名自己產業。但是也有少數例外，諸如以下較大型園林：1.宜蘭盧纘祥園林　2.嘉義大林省園3.屏東萬巒五溝劉園 4.基隆陋園。

（1）頭城盧纘祥園林

在日本人手繪臺灣鳥瞰地圖中，唯一繪有司家園林者，僅有宜蘭頭城的「盧纘祥庭園」[54]。盧家世居頭城，以航運貿易為業，相傳頭城老街十三行，原盡為盧家所有；頭圍港港道盡頭，即在今盧家大宅門口。大正十三年（一九二四），一場暴雨之後，頭圍港港道淤塞，成為內陸湖泊，盧家航運業盡廢。盧纘祥天資聰穎，自幼受漢學教育，並能博古貫今，從事實業接能得心應手，爰能重振家風。

青年盧纘祥拆除了原來閩南合院大宅，延聘了當年任職總督府營繕課台籍的宋祖平，設計這座豪宅，並表現出融合中、西、日風格形式的花園別墅。盧纘祥頗能賦詩吟詠，曾真對宜蘭景緻寫出不少詩，足見其對園林景觀具有真實之鑑賞能力。盧纘祥庭園，除宅內設有日

真館。

[54]　莊永明 編撰，1996，《台灣鳥瞰圖》，圖 11，金常光子繪，1936，「宜蘭郡大觀」，台北：遠流。

式水池、疊石、土山之小庭園外，主要則是以淤塞的頭圍港湖泊作為園林水池，設兩島原有涼亭可供休憩，平日可划船遊湖登島，緬懷昔日盧家航運風光[55]。

（2）嘉義大林省園

省園位於嘉義大林鎮區東邊。為日據中期作品，主人江氏為當地富紳。園林本身為江氏大宅之附屬建築。宅第為四合院形式，第一進為甚為精緻的硬山頂，第二進為日據時代磚造七開間建築，即是所謂七包三之建築。兩側護龍各為三開間，明間向內凹入，使得護龍看起來也有完整性。

園林建於宅第之左側前方屈左側護龍有迴廊可接到園林入口。園林主要由佇立在大水池中的洋式閣樓及分佈於池周的三個亭子組成。此閣樓一般人仍稱為酒樓，可能是原先即利用為休閒作樂性質之場所。樓為二層紅磚洋樓，形態上看，樓上樓下皆有迴廊環繞，樓的基礎為九根方形磚柱，雖是架在水上的樓，但已失掉中國樓閣的輕巧玲瓏韻味了。樓的上層為為雙柱式，下層為拱柱，樓梯設於迴廊邊，可直上屋頂眺望附近的田野風光。樓本身正面二小橋與池岸相聯，背面有一小石階伸入水中，可能為泊舟之處，其他散置於大池對岸的八角亭、六角亭及方亭雖各異其趣，但全為鋼筋混凝土築造，玲瓏不足。按小方亭壓簷牆上的主人題字，此園是建於一九二八年春，並取名省園[56]。

（3）屏東萬巒五溝水劉園

此園林為家祠庭園，因而在處理手法上與本省其他園林有不同之處。庭園附屬於家祠前的大埕，應為對外的緩衝空間。祠堂之配置採

55 米復國，2004，《盧纘祥故宅調查研究暨頭城老街再發展規劃》期中報告，宜蘭縣政府委託。

56 《台閩地區的古蹟與歷史建築》，p.213，台北：內政部文化中心。

類似孔廟的廊院格局，在臺灣的宗祠建築中極為罕見[57]。前門外的庭園林也是對稱式的產物，平面近似四方形，沿著主軸有一小路貫穿全園，盡端並築有梯階可步下流經園林前面的溪流，應為早期主要船運交通線。園中左右各有一座六角亭，其構造為水泥洗石子，施工尚佳。近年雜草叢生，難現原來規模。然椰子樹整齊的聳立在主軸兩旁，宛若標兵列隊，凸顯殖民帝國式的景觀趣味[58]。然而，無可否認，將大片園林留置於宅前，其實是一種歐式別墅的作風。意味了，西洋文化透過日本殖民的傳譯，體現於臺灣。

（4）基隆陋園

陋園為基隆顏雲年氏所建，早期顏氏自日人手上購下已無開採價值之九份金礦，結果靠經營策略的成功而發跡。陋園可算是日據時期台籍人士所擁有日式園林之代表。其規模較一般人家為大，建築物為日式木造住宅，四周有石山土丘，並有修剪整齊之花木，以及可供遊舟之大型水池[59]。今此地已改建住宅區，庭園宅邸已不存，規模不可復得。

3-2-3、前清園林的變化

前清的園林於日據時期，除了殖民政府因故予以摧毀等等，林本源、筱雲山莊、萊園等處雖然被保留下來，但也因受新的文化衝擊，而有些許的變化。

---

[57] 這種獨立家祠，前院面對水路的配置方式，在台灣不常見，卻常見於越南之古占婆（安南）地區。

[58] 《台閩地區的古蹟與歷史建築》，p.214，台北：內政部文化中心。另外，據目前的植栽調查，在台灣日本文官官舍庭院，多種植闊葉喬木；武官官舍庭院，多種植椰子、檳榔等棕櫚科植物。

[59] 關山情，1981，《台灣三百年》，p.316，台北：戶外生活。又見李乾朗，1986，DEC，《台灣建築史》，五版，p.306，台北：雄師。

（1）林本源庭園

在林本源庭園起點的方亭旁有一蓮花水池，池中有三島，為一池三山作法[60]，極可能受日本庭園之影響。由月波水榭到後門之間，亦有一日式小山水園林。兩者應為日據時期所添加。

（2）筱雲山莊

在迎賓閣與筱雲軒之間，原有水道曲折通水池，據推測應為「曲水流觴」之渠道，可能是文會中吟詩作對的餘興空間。然而，近日在呂家人的陳述，卻說為是「日月池」。極可能是日月潭水力發電後，日月潭成為風景名勝，改變了人們心目中對於此一景觀的審美詮釋。

（3）萊園

日據時期，霧峰林家於倡導文化啟蒙運動之餘，亦設立「櫟社」提倡漢文詩學，萊園即為詩社主要活動地點。然進一步為台籍子弟爭取教育權益，曾於台中籌設立私立中學，並將萊園裡原作為族人讀書接客之處的考槃軒，提供做台籍學生住宿之學寮。日後考槃軒擴大發展為萊園中學。

另外有望月峰、千步磴、夕佳亭（四腳亭）等後山上的庭園設施，由較於隱匿，被賦予另類詮釋。千步磴一段的三十六階的階梯，被詮釋為「三十六計走為上策」，暗示逃往埔里內山方向。其意味了在殖民統治之下，若遇風吹早動，即應走為上策[61]，呈顯殖民地子民的無奈與悲哀。然而諷刺的是，日後在蔣介石統治下，林獻堂逃往避難的竟是日本。

林獻堂在日據時期領導文化協會，為了社交的理由也屢加修葺，因此萊園清代建築之風貌有所改變色。大量建築被以磚造，鋼筋混凝土造所取代，但嘗試模仿木造建築的意圖卻十分明顯。墓園也在園林

60　一池三山之園林，創於秦漢，流行於日本，尤以金閣寺等庭園著稱。但晚近的中國、台灣園林反較少見到。
61　張運宗，2004，《台灣園林宅第》，p.54，台北：遠足文化。

內之山丘上，日據末年曾大舉修建過，唯水泥匠之技術相當高明，嘗試以鋼筋混凝土模仿木造建築建造，表面做洗石子堆花，獅、象、麒麟等栩栩如生，技術精湛。[62]

3-3、日據時期園林（庭園）風格變遷

　　臺灣割讓以後，日本殖民下的社會發生巨大變化，過去透過科舉進身的制度不再，文人、士大夫階級無立足餘地，傳統文人園林的立基之地蕩然不存。然而，日本的生活方式，並未真正滲透到臺灣社會。含有深刻文化意涵的日本園林型態，如：茶庭、禪宗庭園等，都未產生在臺灣人的庭園中。真正影響臺灣的，竟是在都市化、現代化與小庭園等等方面。日據時期，臺灣「庭園」在傳統與殖民化當中，似乎也走出了自己的路。

　　受到現代都市的休閒文化興起的影響，使得過去私家園林的交際功能頓失地位。都市中的戲院、劇場、公園、食堂、料理亭、遊廓、藝旦間……等等，使得文化活動與社交活動，已經無須在家中舉行。同時，日本人並未將貴族社交文化的「茶道」流傳於臺灣，因此也不見茶庭在台島產生。至此，明清以來的私家園林，其所以存在的社會情境，已然消失。文人聚會、宴請接待等功能，被新興都市休閒文化所取代。傳統園林的繁盛歲月一去不復返。

　　但即使如前述情形，「花園」的居家休閒需求仍舊存在。日式小庭園與現代都市元素，於此別具啟發性。日式「坪庭」、「路地庭」由於尺寸極小，利用家中隙地即可成庭園，使得日式庭園元素在臺灣廣為流行。於是石燈籠、石拱橋、跳石、小水池、碎石鋪地等蔚為風尚。許多家庭在昔日「前水池後果樹」的格局下，修建自家的園林，而呈現出豐富的面貌。現代都市裡的公共建築、公園、圓環、馬路、

---

[62] 王鴻楷　主持，1988，《台灣霧峰林家建築圖集》，台北：自立。

行道樹等之元素，甚至如日月潭等風景區，被民家所模仿運用於庭園之中，轉化為：可繞行的前院水池、花圃、花台、草坪、碎石子馬路、噴水池、日月水池、標兵般的椰子行道樹等等。

大型庭園則反映出另一種情景，台中公園傳譯了日本遊舟型的庭園型態，使得頭城盧家、基隆顏家、大林江家等庭園中，創造了划船遊湖的大型水面，湖中皆留有可供休憩的島亭。

而在都市建築高樓化的同時，庭園融進樓房的嘗試，也方興未艾。以高低錯落的樓宇，結合屏風假山，烘托主樓猶如天上宮闕。於是一種空中花園的類型，於新興資產階級的家中逐漸散播開來。

然而，既存的傳統園林仍然扮演一定的角色。板橋林本源，仍是高官名人趨之若鶩的場所。霧峰萊園，則扮演起各項積極的文化運動角色，推動台籍子弟的教育，直至設立中學。

四、結論

園林在中國社會裡，呈現明顯的文化與社會意義。在明清時期，漢人移墾臺灣的過程中，園林的發展，經歷了不同的歷史階段，也有著不同的意義。明鄭時期開啟了園林的濫觴，滿清衙署重開造園風氣。中清以降，民間財富積累之後，富紳、文人競相築園。富紳著重於個人享受，文人則著重在營造詩文氛圍，但兩者都以園林作為交際的場合。於是，在臺灣不同社會條件，以及不同的物質條件下，以及地景特色，產生了新風貌的園林。

然而園林，在臺灣的口語稱為「花園」，原本應是屬於家庭休閒生活中，蒔花種草，舒放身心，私密的後院空間。然而，文人園林改變了它的格局，使得園林審美更上層樓，也成為交流詩文的交際場合。官僚園林，退則提供了心情的避難所；進則成為交際及增廣耳目之地。富紳園林則帶來了享樂主義，不免誇富、較勁意味，同時在清代更是攀權附貴、結識名人的場域。

日據時期的來臨,切斷了清代既有的社會關係,也顛覆了所有的園林意義。日式「庭園」重新改變人們的造園目的與觀點,讓所有的園林意義重新歸零,再重新出發。都市化、現代化、日本文化、歐洲文化、休閒文化,產生交縱複雜的影響。殖民地的臺灣,在接受與拒否之間,重新選擇素材,創造了庭園文化的新面貌。

第九章、潛園：詩文中的園林生活—清中葉臺灣文人園林的乍現[1]

壹、緒言

一、清代中葉臺灣經濟社會變化下與文人園林的浮現

清代中葉，對於臺灣而言，是個詭譎的時代。一方面，從道光年間鴉片戰爭起，即連連烽火。居於海外的多少受到波及，臺灣雖然於鴉片戰爭仍有些許捷報；但卻仍有多起械鬥、民變。另一方面，經過乾隆年間之前的水田化運動，開闢了大部分原野荒埔成農業土地，使得稻米產量大增，積累了民間社會財富，相對地造就了地主、富商階級，也孕育的文人階級的產生。地主以獨特土地權屬手段壟斷農業利益，聚斂財富，而成為農業富紳。為期鞏固土地既得利益，必須與官府建立良好關係。培養子弟轉向仕途求取功名，成為農業富紳一項必要的投資。

然而大陸經過康乾盛世後，生齒日繁，清道光年間以降，江南稻米已逐漸不敷供應京畿所需。臺灣生產剩餘之稻米，原本只供應福建一帶，此時已逐漸需要向北遠送達天津。地主中的大租戶漸多徙居於港口城市，集中所收租穀，待價而沽，身份上也由農轉商。相反的，原先在港口城市裡的富商，也多購田收租而成為地主。於是富商、富農的身份開始重疊，財富積累更加迅速。然而海上貿易最忌海盜，為期以兵船護航商船[2]，與官府建立良好關係又勢不可免。

富農、富商利用所積累的財富培育子弟，晉身文人階級，在這種情境下，新竹鄭用錫於道光三年中試，成為開台第一進士，文風一時

---

[1] 本文曾於 2006/08/18–21，在中國・山東省、濰坊市，於「中國古典園林國際研討會；主題：傳統與傳播」發表過。

[2] 林滿紅，1993，《四百年來的兩岸分合》，台北：自立。

鼎盛。富農、地主們運用收租的行館、別業，改闢為精巧的園林，以為結交權貴的場所，也成為另一項的投資選擇。此時，建造園林也成為商人與官府建立公關的一種途徑。於是，在刻意培養下，富農、富商階級的下一代間文風漸盛，逐漸產生具藝術氣質的文人階級。

二、園林的空間性研究與園林主研究

晚近學者對於園林研究，多傾向對空間性之陳述，而對於園主、使用者的主體經驗則著墨較少。《園冶》興造論曾提到：「世之興造，專司糾匠，獨不聞『三分匠、七分主人』之諺乎？非主人也，能主之人也。」[3]然而無論「主人」或「能主之人」的主體性與園林經驗，一般卻是相對地討論得較少的。因此，吾人可能擁有過多的現代觀點，而較少對園主經驗與原設計者心態的體會與瞭解。為了彌補這項缺憾，閱讀園林主人筆記、撰述、遺稿，探索園林生活情境與經歷，便成為除了專注於「空間性」之外的重要工作。

因此清中葉之後的臺灣園林主，透過觀摩官署園林，或自身的大陸遊歷經驗，逐漸將文人園林引入臺灣民間社會。透過科舉制度，清代臺灣文人、進士，應遠赴福州、北京應試，途中勢必增廣見聞。至於返台後建造自家園林，刻意仿效大陸風光景緻或園林手法，則至為合理。透過園林空間元素探究，臺灣園林若有傳承大陸園林之精神、手法，理應可自窺探得知。然園主所處的時空與社經環境，皆左右其創建園林之心境、用意與眼光，以及影響其扮演之社會角色。在此，園林的新社會角色被逐漸發展出來。

三、以文獻詩集一窺中清文人園林生活情境

清代中葉，臺灣的知名者文人園林如林占梅潛園、鄭用錫北郭園、

---

[3] 計成，〈卷一 興造論〉，《園冶》，黃長美撰述，1987，May，P.23，台北，金楓。

陳維英的太古巢等等，陸續興建完成。中清臺灣文人園林，若問開風氣之先者，則莫過以林占梅的潛園為最早。林占梅未入仕途，官方記錄較少；然其遺留有詩集《潛園琴餘草》[4]手稿九卷，並有其他詩友唱和詩篇。前述資料，若予詳加咀嚼，相信必能貼近潛園主人心境情懷，將有助於一窺文人園林的真實生活經驗與內涵，從而探掘經營其園林的空間美學。

四、潛園的窘境

乙未割台之時，由於林氏族人抗日立場堅強，事後殖民政府利用新竹市街改正機會挾怨報復，將潛園劃入計畫道路範圍，此為日後損毀新竹林氏家園之伏筆。唯有爽吟閣受到特殊待遇，被遷建到松嶺上新竹神社近旁安置。之所以爽吟閣被保留，原因是其為能久親王紀念遺跡，日本佔領軍統帥北白川宮能久親王，在攻抵新竹城時曾下榻於爽吟閣。新竹潛園被都市計畫道路開腸破腹，日帥北白川宮親王曾以潛園爽吟閣為指揮所，之後乃遷閣於隙仔山新竹神社旁；此又造成園林重大破壞。然而，如今的爽吟閣現況仍是二樓全毀，而底樓為人佔住，除了幾根石柱依稀可辨認出係原來遺物外，其餘已不忍卒睹。[5]

然至 1977 年為止，尚存有觀音亭、大門、古井、香石山房，碧棲堂的局部及少數的住宅建築，近年來正加速湮滅當中。觀音亭於日據時期為蔡某所購得，其正堂內懸有林占梅的行書匾額「涵鏡閣」，應是自他處移掛至此。堂前步廊拱壁尚有占梅的隸書「靜脩」與「儉養」四字，此外廂房牆上亦存部份篆書。而園中爽吟閣建築群被日人遷建

---

[4] 林占梅之《潛園琴餘草》，目前流通版本有三。《林鶴山遺稿－－潛園琴餘草》，中央圖書館台灣分館藏手抄本，1927 謄繕，台北。又見「潛園琴餘草」，徐慧鈺校註，1994，《林占梅資料彙編》第一冊，新竹，文化中心。又有《潛園琴餘草簡編》，台灣文獻叢刊第 202種，台北，台灣銀行。另有私人傳抄稿本傳世。

[5] 李乾朗，1996，《新竹市古蹟公園潛園調查研究》，pp.23－24，新竹：新竹市立文化中。資料引自《台閩地區的古蹟與歷史建築》，pp.197－200，台北：內政部文化中心。

到新竹市南方的松嶺上。凡此種種使得空間考證困難重重,「空間性」研究反落於棘手,不得不改求諸文獻之協助。《潛園琴餘草》諸詩槁,成為研究住要線索。

貳、林占梅其人與潛園的興造

一、園主林占梅生平

新竹潛園今若完整地存在,那麼臺灣的園林史就不會讓板橋林本源所專擅了。新竹在清代有兩個非常重要的園林一為俗稱「內公館」的潛園,另一為稱「外公館」的北郭園。潛園的遺址在新竹西門城內,所以稱為內公館。其建造年代據《新竹縣治古蹟考》是由林占梅在道光二十九年(1894年)建造。另一說為道光十六年(1836年)建造。

林占梅字雪村,號鶴山。其始祖在明末就自同安遷來台南。後來才定居新竹。祖父紹賢公,曾因積累農田,經營船舶貿易,又與板橋林木源家族分別經辦臺灣鹽務,設商號「林垣茂」,常往來呂宋島經商因而致富,成為新竹的鉅富。林占梅出生於道光元年(1821年),雖然依據《臺灣通史》「林占梅列傳」的記載:「占梅少穎異,讀書知禮,無紈褲氣」。[6]但是其實占梅四十歲時〈悲歌行〉詩文中卻見另一番自我評價:

> 「……嗟余少日性魯莽,六歲伶仃痛失怙。結納少友事嬉遊,一班牙爪利如虎。王母寡母雙倚閭,幾度呼來復絕裾。……益子而教古有方,割將塊肉託舅氏。舅氏部曹值北行,奈乃從之遊帝京。……生來佚蕩難馴服,舌爛生公布點頭。虎坊橋畔交儔伍,馳毬擊劍金輝土。菊部欣聆薊苑歌,梨園看飽羅門

---

6 連橫,《台灣通史》,卷三十三「列傳五」,pp.901-905,台灣文獻叢刊第128種,台北:宗青重刊。

舞。……」[7]

　　他自認少年浪蕩，但卻由於閱歷廣博，培養了各方面的品味與才能，以致於年長後除個人寄情山林琴詩外，每遇動亂，皆能展現特有之氣度與膽識，而屢屢建功。例如道光二十一年，英軍乘鴉片戰爭進犯基隆，占梅即捐款作沿海防衛費用，因而獲加道銜。道光二十三年又捐款在八里坌防禦，事後以知府即選。第二年嘉義、彰化一帶發生漳泉械鬥，占梅於是招募鄉勇扼守大甲溪，防止漫延至新竹。另外咸豐三年（1853 年）他亦辦理全台團練及剿平基隆海盜，因而被擢升為監運史。同治元年（1862 年）戴潮春民變震動全台，占梅不僅招募鄉勇守禦北淡廳城，更親率勇追擊殲敵南台，因而被加封為布政使銜。但因平戴亂之時，變賣家產毀家紓難，又與鄭家因佃戶衝突，訟事纏身。爰於同治七年，染病鬱卒過世。

二、允文允武興趣廣泛

　　林占梅由於從小「結納少友事嬉遊」，所以興趣廣泛，懂得很多文藝休閒娛樂之事。他不僅隨岳父從遊帝京之時，即「馳毬擊劍金揮土」，「菊部欣聆薊苑歌，梨園看飽羅門舞」。不僅「行盡燕南徧魯齊」，更是「一路風光數諸口，揚州明月姑蘇臺，洞庭群峭西湖柳」。歸台之時，尚不思直返家門，還「多情猶把南樓凭」[8]，在台南內樓屋庭園（即台南吳園[9]）盤桓。

　　林占梅的興趣與品味是多方面的，他擅詩書音律，喜鼓琴吹蕭，擁有多具名琴，數具為明代古琴，最名貴者為為唐代的「萬壑松」。而其篆、隸書法，如今亦可見於潛園與觀音亭壁面上。他又是一位詩

7 〈悲歌行〉，《潛園琴餘草》，卷七，咸豐十一年。
8 〈悲歌行〉，同註5。
9 詳蕭百興論文〈清代台南「吳園」的空間美學建構〉。

人，喜好雅集，仿王右軍蘭亭脩禊以詩會友。其私人著作有《潛園琴餘草》九卷，存有抄本傳世；另有《潛園唱和集》，為詩友脩禊傳唱詩稿，可惜未及付梓即佚失。

林占梅書法亦頗有成就，篆、隸、楷皆見功力。隸書接近漢隸，楷書在柳、顏體之間，遒勁豐潤。既收藏畫作，亦能作畫，山水是也不同凡響，故其園林造景有過人之處，惜今皆不傳。[10]

林占梅多才多藝，能詩、能文、能書、能畫、撫琴、嘯吟、愛花、賞石，綜合性興趣的投注於他的園林生活，以及對園林的興趣與熱情，而這他的詩中則處處可見：

> 「錢塘筮仕為西湖（余以道員，分發浙江），前輩風流慕白蘇。吾家況有樓幽處，孤山蹤跡老梅遺。……」[11]

占梅祖父林紹賢之時，既已經營若干園林別莊，其中可能包括「青草湖孤山別業」[12]。占梅十四歲時曾隨岳父黃壤雲暢遊大陸，走過大江南北，曾遊覽過姑蘇、西湖，尤鍾情於西湖之景。占梅應是仰慕北宋詩人林逋（和靖），隱居杭州西湖之孤山上，以種梅養鶴，過其隱逸生活。以致「西湖孤山」的主題，經常成為占梅吟詠的景象，而有「兩堤行且詠，聊當小西湖」，「攜琴抱鶴孤山行」[13]的詩句。同時孤山放鶴也是林占梅號「鶴山」的典故由來[14]。此外「自笑身如蠖，

[10] 徐慧鈺，2003，《林占梅園林生活研究》，p.256，政治大學中國文學系博論，台北。

[11] 〈悲歌行〉，同註5

[12] 「孤山」陳章瑞〈空間布局及設計手法分析〉（收錄於李乾朗，1996，《新竹市古蹟公園潛園調查研究》，pp.23 - 24，新竹：新竹市立文化中。）的觀點是林占梅除了將此傳奇故事作為其自身的影射，並以西湖「孤山」為潛園之重要景區劃分及景觀營造手法，將潛園南側土丘命名「孤山」，並擬植梅百株，並構「放鶴亭」及「梅鶴書屋」。但徐慧鈺認為林占梅詩集中有〈讀家和靖孤山隱居壁次韻題青草湖孤山別業〉，可見「孤山」可能亦非潛園之景，應在青草湖的孤山別業。

[13] 〈購花難行〉，《潛園琴餘草》，卷五，咸豐七年。

[14] 陳章瑞前文觀點。

潛居稱此園」[15]，並多次提及性喜田園不求聞達，而有「不作封侯，潛蹤已十年」[16]、「吾生知足甚，名利不須論，不官如栗里，此地即桃源。」[17]潛園潛居，既取陶淵明之字為園名，表明心羨「採菊東籬下，幽然見南山」的胸懷，足見其對文人園林隱逸生活之渴望。

同時，也由於富裕之後精緻文化生活，養成了對園林的需要。無論文薈吟詩、撫琴長嘯、書法繪畫，往往需要園林、景緻、花卉來引發靈感、詩興。所謂「無花覓句句難佳，有意求花花莫得」[18]正是說明這種處境。也就因此，林占梅投入精力、財力，積極經營構築園林，作為他個人休閒生活，以詩會友，結交風雅的場所。

三、潛園的景點

此外，占梅家族經濟之豐裕，亦是其得以築園的重要原因。潛園的興建，雖然所費不貲，但由於林家的歷代祖先產業之累積，使林家不僅有能力在竹塹興蓋潛園，其他如新莊，板橋各地，亦有其產業。

潛園及其他別業，興建起於林紹賢，而在成諸於林占梅，歷經數十年，面積約達三十畝。《淡水廳志》記載：「中有水泛舟，奇石陡立，又有三十六宜，梅花書屋，掬月弄香之榭」。[19]其中「三十六宜」為眾家指為「廿六宜」之誤植。據李乾朗研究：又據文獻載，園中植有多種梅，有白梅、紅梅及綠萼梅等一百多種樹木；人稱「潛園探梅」，既是欣賞園林中的梅花，也是探訪名士林占梅的雙關語。李氏依殘蹟

---

15 〈友人詢潛園近景作此答之〉，《潛園琴餘草》，卷四，咸豐五年。

16 〈潛園適與六十韻〉，《潛園琴餘草》，卷五，咸豐八年。

17 〈友人詢潛園近景作此答之〉，《潛園琴餘草》，卷四，咸豐五年。

18 〈購花難行〉，《潛園琴餘草》，卷五，咸豐七年。

19 陳培桂，《淡水廳志》，卷十三「古蹟考 園亭（附）」，p.346，台灣文獻叢刊第172種，台北：宗青重刊。另據徐慧鈺，〈構得潛園堪寄跡，十年樂趣在林泉－－談林占梅的園林生活〉〔《竹塹文獻》（13）：60－75，1999，Nov，新竹〕引吳子光《一肚皮集》考證，「三十六宜」應為「二十六宜」之誤。

推測園景有：1、釣魚橋，2、涵鏡軒，3、陶愛草廬，4、香石山房，5、碧棲堂，6、小螺墩，7、爽吟閣，8、蘭虹橋，9、吟月舫，10、浣霞池，11、宿景圓亭，12、留香閘，13、雙虹橋，14、清漪橋，15、消遙館，16、林下橋等諸景[20]。若依前清新竹縣學附生林亦圖所寫〈潛園記勝十二韻〉[21]紀錄勝景，則有二十二處：

> 此間小住即成仙，景物撩人別樣妍；……靜編籬落栽紅槿，斜倚闌干釣綠煙（釣魚橋）；涵鏡軒迷楊柳岸（涵鏡軒），鬧春樓醉杏花天（鬧春樓）；愛廬雅癖懷陶令（陶愛草廬），拜石閒情慕米顛（香石山房）；棲鳳碧梧堂爽朗（碧棲堂），盤螺幽境路迴旋（小螺墩）；臺凌畫舫通香榭（嘯望臺、鄰花畫舫、掬月弄香之榭），閣接蘭汀繫畫船（爽吟閣、蘭汀橋、吟月舫）；菡萏池環三徑曲（浣霞池），芭蕉牆護一亭園（宿景圓亭）；窗中梅影庭中月（二十六宜梅花書屋），檻外嵐開外泉（留香閘）；留客竹鳴新雨後（留客處），迎風萍約彩虹前（雙虹橋）；源添水活饒清趣（清漪橋），垣借篁圍結淨緣；差喜逍遙林下樂（逍遙館、林下橋），潛園傍跡許流傳。

這些景緻則環繞浣霞池周遭，由三條動線所串連。若依據徐慧鈺對《潛園琴餘草》的研究，則認為：林占梅所擁有之園林至少有四處——潛園、新莊別業、青草湖孤山別墅、池西別業（城西別業），計約三十餘景，其中包含有樓（綠榕樓、宜宜樓）、臺（嘯望臺）、亭（琴嘯亭）、閣（爽吟閣）、齋（著花齋）、軒（涵鏡軒、師蘊軒）、堂（碧棲堂）、橋（蘭汀橋）、池（浣霞池）、廊（迴廊）、舫（吟月舫）、籬（東籬）、圍（西圍）等，極其豐富。[22]占梅悠游于亭台樓閣之間，自然陶冶出的胸襟與涵養，而可說是深具江南文人雅士之風。

[20] 李乾朗，1996，《新竹市古蹟公園潛園調查研究》，新竹：新竹市立文化中。
[21] 引自徐慧鈺編，1994，《林占梅資料彙編》第二冊，p.64，新竹，文化中心。
[22] 徐慧鈺，1999，NOV，〈構得潛園堪寄跡，十年樂趣在林泉–談林占梅的園林生活〉《竹塹文獻》雜誌（13），pp.60－75，新竹。

四、潛園的興建甘苦

在潛園的興建過程中有許多辛苦之處，如〈初晴過南園有感〉中即有花卉遭風雨折損慘重的敘述：

「……藥欄卍字皆圮毀，槿籬六枳應橫陳。山杏牆根身沒土，海棠葉滴淚沾巾。殘紅落地如灰敗，徐妃半面痛湮淪。……」
「群芳搖落誰無恨，階前哭倒養花人。捶胸抹淚聲如犢，大罵雨師太不仁。……」[23]

其時間為咸豐二年。

林占梅對花癡狂不已，自稱

「吾生愛花其有癖，開場築圃甘形役」。

之後，開始從江南購買梅花，但是

「無論珠玉一登舟，舵工土視不知惜。重洋春色望年年，枉把黃金浪虛擲。……」
「我今四訪購之歸，用多運少花終集。……」
「起擬平泉花石綱，開列成編寄吳越。一航噚載十缸回‧十舸運來花成百。遂把荊榛荒蕪園，化成錦繡幽香窟。」[24]

透過數次的航運，逐漸把梅花運回臺灣，逐步完成「疏影橫斜」的梅花花圃。

林占梅對於石材稱：「余園中多蓄怪石，合於縐瘦透三字者，峭立可人」[25]的太湖石。他說：「我生有癖專好遊，怪石奇峰悅我眸，……有泉無石城恨事，數笏能存山意思。」同時又表示「每羨雲林老居士，

23　〈初晴過南園有感〉，《潛園琴餘草》，卷九，咸豐二年。
24　〈購花難行〉，《潛園琴餘草》，卷三，咸豐四年。
25　〈余園中多蓄怪石，合於縐瘦透三字者，峭立可人，因賞以詩〉，《潛園琴餘草》，卷四，咸豐五年。

亂擲太湖變獅子。」但是臺灣偏偏缺乏良質石材。於是透過向江南購買太湖石，但每年唯春半至夏終，才可分船載。而且每遇颱風，非交情至好船戶，不肯代運。因此建造石山的過程是：

> 「回首十年購運艱，舵師顧石盡愁顏。……可憐辛苦同精衛，積塊成堆配載還。」[26]

足見其運購之艱辛。至於疊石造景的特殊技術，出現在詩中「泛鷁回塘曲，盤蛇造洞巔」[27]，應為在潛園裡一疊山巖洞。

對於園林書齋的鋪地，林占梅詩句裡表達這樣的觀感：

> 「小石空庭布，乾宜濕亦宜。風高塵土減，露泡蘚苔滋。……看花新雨後，蠟屐不需隨。」

同時他描述小卵石地坪的花樣為「水鴨千枚卵，沙魚一領皮」[28]，也頗有趣的比喻。

參、林占梅的園林生活

一、園林生活內容

林占梅的〈潛園主人歌〉吐露了他園林裡的生活內容梗概：

> 『試問潛園主，鎮日何所為？開軒納遠岫，種竹沿水湄。清談招樂廣，大睡彷希夷。睡足啟雙眸，窗外日遲遲。息機常抱甕，窺園不夏帷。跏趺撫古琴，低仰吟小詩。琴亦無定曲，心曠神自怡。詩亦不抱體，意到筆自隨。龍涎爇一餅，雀舌釂一卮。詩清為茶甘，琴妙覺香奇。愛聽竹窗雨，虛枕夜長。愛玩溪樓

---

26 〈韶石山峰歌〉，《潛園琴餘草》，卷七，咸豐十年。
27 〈潛園遣興六十韻〉，《潛園琴餘草》，卷五，咸豐八年。
28 〈齋庭以石子鋪地每雨不濘且便散步偶校白傅體〉，《潛園琴餘草》，卷二，咸豐二年。

月，洞簫時獨吹。……放鶴向北亭，觀稼過東菑。種梅入西園，蕩槳泛南池。曲折行三徑，藥圃連菊籬。徘徊度雙橋，蓮島續楊陂。花舒當檻錦，柳拂緣岸絲。眼闊胸次曠，心摹手足追。……素希晉陶潛，北窗傲皇義。複擬唐李約，南山反鹿麋。瞰破名利場，變詐只自欺。……古來知命者，樂道自恬熙。我非昔賢比，襟懷不外斯。……但求常安飽，此外聽天施。如問意雲何？黃老是吾師。』[29]

其中可見林占梅的園林生活內容，包括：遠眺山陵、文人雅集、撫琴吹簫、吟詩茗飲、植花種草、徘徊小步、泛舟放鶴等等。其中園林生活，更有徐慧鈺的《林占梅園林生活研究》論文作細緻的研究。

二、園林手法

潛園居於新竹城西區，所謂「卜築城西里，幽情四序怡」[30]。由於緊鄰城牆，所以借景城牆與城外景觀的機會頗多。「水活泉通沼，城低堞當垣」[31]即是借城壕之水源，以城牆為外垣，於是可以透過城牆遠眺，如〈嘯望臺望遠〉：「重臺登臨眺望遠，矯立誓巍峨。塵市低頭見，田園極目多。山青皆列嶂，海碧不揚波。為有凌雲氣，臨風起嘯歌。」[32]從中可得知，潛園以塵市、田園、青山、遠海等為外借之借景，而且即利用居於城牆邊的優勢。

此外，爽吟閣為全園之精華所在，外形上看是屬於歇山頂的二層閣，其前方附建一類似廂房的水上迴廊。由城壕水關引水入池，水池環繞著這座水院建築群，引水入院的涵洞有如水關，而爽吟閣猶如城門樓，院內水池即潛園，水院則彷彿是將整座新竹城池的縮影。此時，

---

29 〈潛園主人歌〉，《潛園琴餘草》，卷三，咸豐四年。
30 〈園居二十韻〉，《潛園琴餘草》，卷四，咸豐五年。
31 〈有人詢潛園近景作此答之〉，《潛園琴餘草》，卷四，咸豐五年。
32 〈嘯望臺望遠〉，《潛園琴餘草》，卷四，咸豐五年。

園主林占梅即坐擁這座小城池，並同時觀看著外在的新竹城，形成為城中有城，樓內有樓的狀況。

肆、結語

晚近學者對於園林研究，多傾向對空間性之陳述，而對於園主、使用者的主體經驗則著墨較少。《園冶》興造論曾提到：

> 「世之興造，專司糾匠，獨不聞『三分匠、七分主人』之諺乎？非主人也，能主之人也。」[33]

然而無論「主人」或「能主之人」的主體性與園林經驗，一般卻是相對地討論得較少的。因此，吾人可能擁有過多的現代觀點，而較少對園主經驗與原設計者心態的體會與瞭解。為了彌補這項缺憾，閱讀園林主人筆記、撰述、遺稿，探索園林生活情境與經歷，便成為除了專注於「空間性」之外的重要工作。

---

[33] 計成，〈卷一　興造論〉，《園冶》，黃長美撰述，1987，May，P.23，台北，金楓。

第十章、臺灣板橋林本源花園空間之詩情畫意與閩南傳統[1]

壹、緒言

一、園林的詩情與畫意

臺灣傳統園林，建築大抵成諸於明清，與今日造園景觀學域，以植物學、生態學為主之設計論述，多所不同。在臺灣現存園林遺跡，以板橋林家花園規模為最大，傳統則是以文人萃聚，詩文會友的處所。因此在這個場域裡，園主人與其賓客間的主要溝通語言是「詩情」、「畫意」。在此，園林裡以字匾題聯等的語言，提供了「詩情」性美感；園林的空間性經營，則提供了「畫意」。

建築界過去對傳統園林的研究強調了實質空間的視覺性審美，強調空間之佈局、掇山、理水等等的景象創造方式，並組織景象引導，且透過借景、對景、框景等手法，形成一整套之空間美學。然而園林之美，不應只是在空間的迷宮中走走即可感受到美感。常規的空間性研究，卻經常無法說明「美」從何處尋。

但無論如何，整個板橋林家花園空間經營，與景象的創造與引導，激起了遊園與園居生活的經驗與感受，成為園林「畫意」構成的主要骨幹。然而，美感的延伸有賴於語言性的「詩意」，經由額匾詩詞題聯的點染引介，展露了賓主間的主體性經驗，延伸了實質空間之外的情懷、心境、慾望與處境，美感油然而生。「畫意」與「詩意」的結合，更成為重塑空間形式的推手，方才讓空間成為凝固的詩句。

現存臺灣傳統園林中，凡紫春園、夢蝶園、萊園等，所存聯匾題

---

[1] 本文曾於 2014，10，18－19，發表於福州，福建工程學院，2014 年中國建築史學會年會暨學術研討會。

額相對缺乏；而潛園雖保有《潛園琴餘草》詩集，然園林空間卻大抵蕩然無存。於今則僅板橋本源園林兩者具存，更為此項討論不可多得之範本。

二、園林美感的主體：閩南的林本源

《園冶》[2]〈興造論〉中，對造園過程中的主要擘劃角色有這樣的說法：「世之興造，專主鳩匠，獨不聞三分匠、七分主人之諺乎？非主人也，能主之人也。」這「能主之人」，通常是指園主人自己，以及他所筵幕賓，在遊歷於園林之時，藉酒興品評景色興歎人世，或透過詩文吟詠，或見諸繪畫聯題。然凡此種種書法、繪畫、詩詞，不僅獨立作為藝術表現，而且也經常回過頭來，成為修造園林之藍本。

然而對於板橋林家花園而言，「能主之人」也就是意味了園主兼起造人，甚或擘劃者。這都應該包括林本源[3]的三代主人。第一代：林國華、國芳，第二代：林維源，以及第三代：林爾嘉。

但這也應涵蓋了與園主相互唱和的賓客、西席、騷人墨客，包括：廖鴻荃、謝琯樵、呂西村、周凱、林之泉、莊正、蘇大山等等人。在板橋林本源花園的許多地方，將看到他們的匾額題字、對聯詩詞，以及題壁書法等等。這些文字，自然流露出賓主在杯觥交錯間交流的情感、隱喻、底蘊與慾望。賓主也在此酒酣耳熱之際，藉由詩文吟詠，提筆興賦之中，進行他們各種的社會實踐。

然而，整個板橋林家花園各區，究竟何時，由何人所興建？這個問題，若從匾聯落款，來推估園中各建築之興建年代，則約略可分為

---

[2] [明]計成 原著，陳植 注釋，1991，《園冶注釋》，P.47，台北，崇智國際文化事業。

[3] 板橋林家，原來台開基祖林應寅赴台任教師，其子平侯以尋父之名來台，受雇於新莊林恆茂商號。嗣後，平侯受委託赴大料崁發展經營致富，年老將家產悉分五股，凡飲、水、本、思、源五記予五子，其中本、源兩支（即國華、國芳）為同母親兄弟，乃合股店號「林本源」，即「林本源」第一代。許雪姬，2009，Apr.《樓臺重起 上編 林本源家族與園林的歷史》，板橋，台北縣政府。

三期：

　　第一期，在光緒之前，汲古書屋應已於 1846 年興建。

　　第二期，1875 年（光緒元年），定靜堂、香玉簃落成。

　　　　　　1876 年（光緒二年），來青閣、方鑑齋落成。

　　　　　　1878 年（光緒四年），開軒一笑落成。

　　第三期，1888-1893 年（光緒十四至十九年），增築迴廊及其他設施。[4]

　　然此間存有一疑點，即小樓觀稼樓已於日據時期傾圮，厥匾聯盡失，年代存疑。

　　而若從時間上看，第一期約在國華、國芳主家政之時；而第二期、第三期則在林維源主家政之時。此後，第三代主人林爾嘉。然而，林爾嘉幼時雖曾住在來青閣，但乙未割台之際，隨父舉家遷回廈門，從此再無興建此園之機會，爰另於廈門鼓浪嶼闢菽莊花園。因此，整座板橋林本源園林興建，應以第一代家主林國華、國芳，及第二代維源的主張較為明顯，第三代林爾嘉則較為其次的角色。

---

[4] 許雪姬，2009，Apr.《樓臺重起 上編 林本源家族與園林的歷史》，pp.73–75，板橋，台北縣政府。

夏鑄九，2009，Apr.《樓臺重起 下編 林本源園林的空間體驗、記憶與再現》，pp.6–8，板橋，台北縣政府。

徐麗霞，2006，Nov.《林本源園林文學賞析「匾聯之美」》，板橋，台北縣政府文化局。

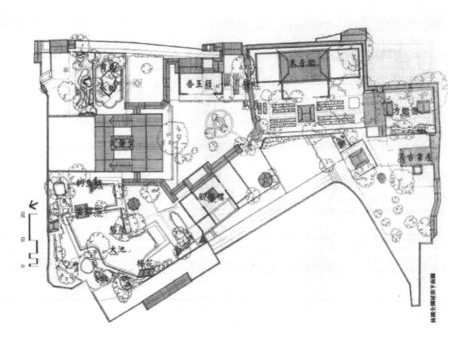

圖 1 板橋本源園林平面

貳、從閩南到臺灣的「畫意」營造：咫尺山水

一、閩台園林美感的地方性

　　許多遊歷過江南園林的人士，對於林本源園林藝術存有許多質疑。從王其鈞近年出版的《詩情畫境-中國園林》[5]書中，甚至在談到板橋林本源花園（以下簡稱林家花園）時，標題為「台式建築風格的板橋林家花園」。字裡行間足見一般人眼中，在傳統中國園林範疇中，板橋林園係屬另類風格。

　　臺灣的園林建築，自然是源自於福建的閩南傳統；對於明清以來，主流脈絡落在江南園林的觀點而言，或許閩南、臺灣式的表現手法，

5　王其鈞，2011，Oct.《詩情畫境–中國園林》，pp.164–169，台北，龍騰文化。

在美感經驗上會有相當的落差。必須去涉獵閩南園林的傳統及臺灣園林的源流，並從板橋林家花園的實存遺構裡，聯繫其閩南園林源流，方能透悉箇中奧妙底蘊。近年，廈門大學曹春平《閩台私家園林》[6]的研究，則對釐清這項落差，提供相當豐厚的資料線索。

1-1、亭沼之勝：水池、涼亭、小橋

過去的閩南社會裡對園林的認知，可能與今日園林專業的認知識有差距的。某些文獻或可為我們透露端倪。

記載明末清初鄭氏小王朝興衰的筆記小說--《臺灣外記》裡，記載鄭成功為叔父鄭鴻逵準備的退休處所為：「擇白沙地方築寨，廣構亭沼，藝植花木，額曰『華覺』，笙歌自娛。」[7]其中，「藝植花木」表示所構築者為園林；又稱「廣構亭沼」，也就是說「亭」、「沼」是閩南社會所認知的園林重要元素。此外，《金門志》「第宅」一節裡稱「黃氏酉堂別業」「有園林亭沼之勝」[8]。但實際走訪水頭黃氏酉堂，則見到有：水池、涼亭、曲橋等等。

也就是說，所謂「亭沼之勝」，其實也包括了穿越水面的橋，水池、涼亭、小橋是構成閩南人觀念中園林三個主要元素。

1-2、美人照鏡

閩南人對房屋之環境景觀，常言：「前水池後菓樹」，其實說明了一種池沼與房屋的空間的組構方式。然《園冶》「立基」篇說：「凡園圃立基，定廳堂為主。」[9]若要考究園林空間的組織方式，則應就園林的「廳堂」這個中心角色來定位。於是考察南安石井鎮中憲

---

[6] 曹春平，2013， Jul.《閩台私家園林》，北京，清華大學出版社。

[7] [清]江日昇，《台灣外記》，P.101，（原書康熙 43 年），台北，文化圖書再版（1988）。

[8] [清]林焜熿，《金門志》，P.22，（原書道光 16 年），台北，宗青圖書再版（1988）。

[9] 計成，前揭書，P.71。

第花園，廳堂之前有：方池、涼亭水榭、曲橋、小樓。漳州可園，吟香閣前有：曲折水池、曲橋。金門黃氏酉堂，廳堂之前有：半月池、涼亭、曲橋。台南紫春園，則有：水池、前廊、雙亭（八角亭、作礵軒）。台南夢蝶園，聚賢堂前有：方水池、延壽橋。……幾乎許多園林，都可以尋覓到相似的空間組構，大同而小異。

　　然而這樣的廳堂前有水池，有涼亭水榭、小橋等等的做法，已非僅僅是「前水池後菓樹」如此的農家式的環境觀；而將廳堂倒影映照在水池中，形成為一種「美人照鏡」的景觀格局；而曲橋則作為一種到達過程中，不斷的盤桓、欣賞與玩味的路徑。

圖2 安海中憲第花園(一) 堂之前有：方池、涼亭水榭、曲橋、小樓

圖3 安海中憲第花園(二)：方池、涼亭水榭、曲橋

圖4 金門水頭黃氏酉堂有：半月池、涼亭、曲橋

圖5 台南夢蝶園聚賢堂前有：方水池、延壽橋

圖 6 台南紫春園有：水池、前
廊、雙亭(八角亭、作礵軒)

圖 7 板橋林本源園林方鑑齋水
院，也有水池、亭樹、小橋

二、 從山水畫論中衍生的「疊景」園林美學

2-1、疊景之一：平遠法疊山—影壁山、峭壁山、屏風假山

此外，閩南、臺灣園林在景象進深處理方面也有獨到之處，而在板橋林本源園林更發揚光大。在郭熙在其畫論《林泉高致集》提到：「山有三遠」，即「高遠」、「深遠」及「平遠」。

> 山有三遠：
> 自山下而仰山顛，謂之高遠；
> 自山前而窺山后，謂之深遠；
> 自近山而望遠山，謂之平遠。……
> 高遠之勢突兀，深遠之意重疊，平遠之意沖融而縹縹緲緲。……[10]

「三遠」即在處理繪畫中景深與距離感的問題。然而，園林技巧正是在咫尺山水中，如何「鋪舒為宏圖而無餘，消縮為小景而不少」，則在閩南造園傳統中，經常見到如何利用繪畫「三遠」法來壓縮景象。板橋林本源花園不僅引用江南造園經驗，更對於源自民間藝術的「疊景」表現手法有所著力，其實是為傳統園林注入了非常特殊的新生

---

[10] 郭思，《林泉高致集》，（http://zh.wikisource.org/zh–hant/林泉高致集）

命[11]。造園中的「高遠」表現在閩南與臺灣之經驗中較為罕見。「平遠」則常見於將遼闊的原野景深，疊壓成屏風假山（峭壁山）、窄淺的布景與書卷牆的抑揚曲折。而「深遠」在板橋則透過民間繪畫習俗表現於斜亭的幻覺空間。

　　原來，郭熙早年見到唐代楊惠之泥塑的「影壁山」，深受感動，因而創「三遠法」的畫論創見。雖然「三遠法」成為繪畫理論，但「影壁山」卻回到牆壁的泥塑山水。「三遠」即在處理繪畫中景深與距離感的問題，而「平遠法」則「自近山而望遠山，謂之平遠」，在造園中即壓縮原有景深，重疊成一片。閩南園林中常在院牆塑的灰泥假山，而在《園冶》〈掇山〉之「峭壁山」提到它來源：

> 峭壁山者，靠壁理也。藉以粉壁為紙，以石為繪也。理者相石
> 皴紋，訪古人筆意，植黃山松柏、古梅、美竹，收之圓窗，宛
> 然鏡遊也。[12]

　　因為「平遠法」再加上「峭壁山」手法，因此近、中、遠兩三重山，全部疊壓在牆面，成了一道雕塑的假山布景，成為缺乏太湖石的閩南、臺灣地區，掇山做法的大宗。然而，林家花園延續閩南「峭壁山」的傳統，更加發展成突出牆頭的「屏風假山」，層巒起伏，突出了天際線。在林本源園林的假山疊景效果，則以「方鑑齋」與「榕蔭大池」為最。

---

[11] 有關於「三遠法」之高遠、平遠、深遠，與透視之仰視、平視、俯瞰視三者之間的對映關係，近世許多學者提出了解釋，但是最終是莫衷一是，結論沒有絕對性的對映關係，僅僅是透過這些手法表達空間的量感與厚度。詳：井手誠之輔〈關於郭熙「山的三遠法」的一些問題〉演講題目，中研院史語所，台北。（http://proj3.sinica.edu.tw/~eaart/upload/zhtw/activity_file/activity_file_3.pdf）

[12] 計成，前揭書，P.213。

圖8 唐代楊惠之「影壁山」泥塑的做法

圖9 福州王麒宅園的「峭壁山」

（1）方鑑齋的假山疊景與側舞台

在林家花園的假山疊景效果，可以取「方鑑齋」來說明。「方鑑齋」為一座具備戲臺的水院空間，戲臺左側則有一連串的有涼亭、假山、曲徑、小橋等等，所有景緻皆壓縮成一幅畫面至於水院一側，成為側舞台。這被壓縮過的側舞台，曲徑小橋與假山之間僅足盈尺，欄杆為襯托假山高度而降低，涼亭應是表現廳堂房舍，但收縮為斜亭，僅容旋身。

整座側舞台其實是一座永久性立體布景，它不僅聯繫後台與前台關係，更將主舞台的表演面延展到了側舞台，這裡成為演員上台前與觀眾回眸一笑之處，與日本能劇的棧橋、歌舞伎的花道有異曲同工之妙。雖同為延伸的側舞台，但卻比他們更具備細膩精彩的布景場景。

但是如前節所述，方鑑齋水院卻是源自於一組閩南的「美人照鏡」傳統，堂前水池、小橋、涼亭的一套空間組合，而被運用於側舞台空間。

圖 10　方鑑齋為一座具備戲臺的水院空間　　**圖 11　流巖島的能劇舞台右後**
**　　　　　　　　　　　　　　　　　　　　　　　　方有棧橋側舞台**

圖 12　方鑑齋側舞台在戲臺左側，有一連串的有斜亭、假山、曲徑、小橋等，
所有景緻皆疊景成一幅畫面

（2）榕蔭大池以假山疊景借鏡江南

　　「榕蔭大池」則又是另一番情景。自不待言，整個「榕蔭大池」
北面俱為一座屏風假山，池畔則有步道迤邐相連。但卻有一弔詭之處，
即是在池畔步道西北某處，出現小拱橋一座，步道既臨岸邊，豈又何
需拱橋。唯一的解釋，是此步道其實並非池畔，而原是獨立於水中的
隄道，只因疊景需要，將原本介於隄道與湖畔間的水域，甚至包括到
遠山之間的遼闊空間，透過前景貼後景，全都疊壓成一個扁平的布景。

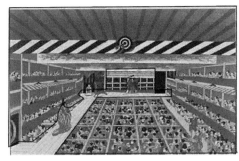

圖 13 歌舞伎舞台右前方為花道側舞台　　圖 14 江南園林則採用「半亭」而非「斜亭」

　　假山之前，原來是一道帶拱橋的隄道。於是，若從定靜堂前院「山屏海鏡」處，自西邊圓洞門望向榕蔭大池，就會同時看到交錯了兩條帶拱橋的隄道，一為「雲錦淙」，另一則為假山前之隄道，兩條丁字相交。然而諸多風景區中，何處湖景有如此丁字相交的隄道？估計最可能的湖景有二處：一為杭州西湖，有蘇隄和白隄；另一則在福州西湖，但隄道縱橫。

　　若說借鏡揚州瘦西湖，則似乎是可能性不大，因為瘦西湖著名的是只有一道長隄。此外雖然，某些史料認為，「榕蔭大池」假山是借鏡漳州故鄉[13]，但漳州似乎缺乏如此的兩道拱橋隄道景緻。榕蔭大池景區估計完成於林維源之手，而林維源與蘇州留園主人盛宣懷互結為兒女親家，自然對江南風光熟悉不過。因此「榕蔭大池」極有可能借鏡的是杭州西湖。

　　有丁字相交的兩道隄道之湖景，則莫非是影射蘇隄與白隄？而這榕蔭大池又莫非是杭州西湖的隱喻？而西畔的疊亭不是叫做梅花鄔嗎？這又豈非暗指著那位隱居在西湖孤山，「以梅為妻，以鶴為子」

13 劉如桐、劉季雲、吳基瑞，1972，《林本源庭園建築史料》，PP.11，台北，台北縣文獻委員會。

的林逋嗎？如今這位「西湖同譜」[14]的林維源，可是興建這座花園的
園主人。他這回「遠借」的借景可是借真遠了，一借就借到杭州，竟
把整座西湖借回到自己家來了。

圖 15 榕蔭大池借西湖的拱橋隧道之一　圖 16 杭州西湖的蘇隄、白隄為重
　　　為疊景手法，前景貼後景　　　　　　　　要風景特徵

2-2 疊景之二：深遠法斜亭

　　在繪畫中的深遠法，在建築圖學的斜角透視，而在傳統雕塑中，
平面浮雕則常常藉由將立體體量的四面，攤平出兩面，來表現背後的
空間。然而，涼亭的矩形平面被擠壓成平行四邊形，而向外攤出兩邊，
於是「方亭」化作「斜亭」，成為侷促空間中，在板橋林本源園林裡
特殊的解決方法。這呈現於諸園林中，應是空前的。

　　同樣的侷促空間，江南園林則使用「半亭」來因應，將建築體露
出一半於院牆之外，而將另一半藏於壁體之中。但「斜亭」則是轉化
民間藝術的「疊景」表現法，係「顯一隅而喻全局」，「隱現無窮

14　徐麗霞，前揭書，pp.161–164。定靜堂的楹聯中有一副林之泉聯：「君曾東海添壽全活多
　　人上為萱堂延鶴算；我亦西湖同譜感深知己偶來梅鄔印鴻泥。」表達為母添壽，雅好隱逸，
　　成為知己之意。同時指出「我亦西湖同譜」，意味了林維源是「西湖同譜」，兩人與西湖
　　孤山的林逋皆為同宗，爰有同樣隱逸雅好。

之態」[15]，借咫尺表現深遠。

　　「斜亭」在板橋林本源園林裡，則有方鑑齋水院側舞台曲徑旁的斜亭，榕蔭大池東端的釣魚磯，以及西端的梅花鄔疊亭。

　　「斜亭」也正是由於它展開斜角兩面視覺效果，在林本源園林中它的使用時機，都位於視覺畫面的轉折之處，以便將正交的兩個立面展開、接續，並轉化為一的連續性畫面，的一個重要連接點。如「榕蔭大池」西端的梅花鄔疊亭，東端的釣魚磯，以及「方鑑齋」水院側舞台曲徑連到前舞台廊道處，也設了一斜亭。

---

15 計成，前揭書，P.79。

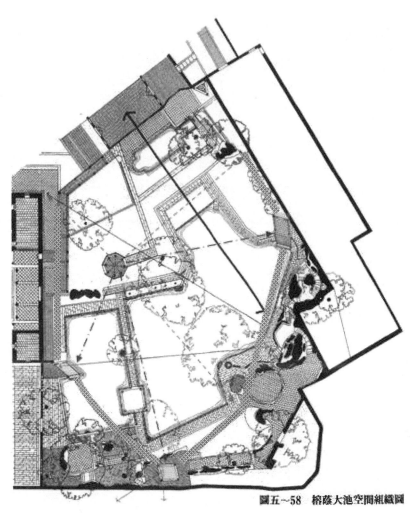

圖五～58　榕蔭大池空間組織圖

圖 17　斜亭的景觀角色：將正交的兩個立面展開、接續，並轉化為一的連續性畫面

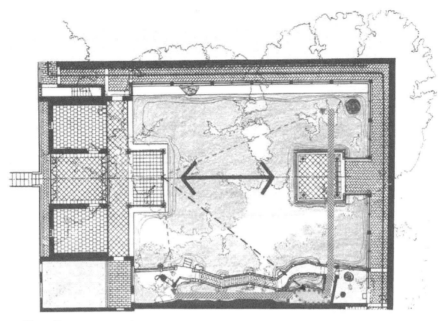

圖五～19方鑑齋遊園路徑及空間示意圖

圖 18　斜亭的景觀角色：將正交的兩個立面展開、接續，並轉化為一的連續性畫面

圖 19　傳統繪畫，用曲折代表空間深度　**圖 20　曲折的書卷造型早已為閩南民間藝術傳統**

2-3、疊景之三：書卷牆

雖然書卷造型，早已是閩南傳統建築裝飾藝術的一部份，而「書

卷牆」是閩南傳統園林的院牆重要特色。在王益順遺稿中的施琅泉州「澄圃」與「東園」有蜿蜒的書卷牆[16]，近世廈門海滄的「蓮潭別墅」也有書卷牆[17]。在臺灣，板橋林本源園林或霧峰林家萊園，卻都採用書卷形牆頭，每每耐人尋味。

　　但是在江南蘇杭地區，園林院牆每每採用「雲牆」頭。雲牆在空間上的脈絡則意味著是在山邊造園，園牆依山勢起建，牆頭亦隨著山勢起伏而呈波浪形，雲牆在意義上則亦為山中之山嵐與雲氣。

　　書卷牆在意義上，則是將院牆開展成蜿蜒曲折的橫軸背景，好讓園內所有景象，全部成為點綴在這巨幅橫軸上的山水繪畫。此外，又如來青閣與觀稼樓北院落的書卷牆，則是以立面的高低曲折代替平面的迤邐延伸，將空間縱深疊景為扁平牆面，以咫尺來代替遼闊，化蜿蜒為平整。同時並將樓閣中央的視野，透過牆頭的淺盪低迴當中，展露出來，以便對向主要景致。

　　觀稼樓書卷牆採扁平牆體，對映海棠池的蜿蜒，成為一種「方」與「圓」的對景。來青閣則用曲折書卷牆將戲臺包夾於中間，書卷牆將整體園林變成橫軸，「開軒一笑」戲臺置於中央，成為展開畫幅的一部份。

---

[16] 李乾朗，閻亞寧，徐裕健，1996，Jun.，《清末民初福建大木匠師–王益順–所持營造資料重刊及研究》，台北，內政部。

[17] 曹春平，2013，Jul.，《閩台私家園林》，pp.141–151，pp.252–262，北京，清華大學出版社。

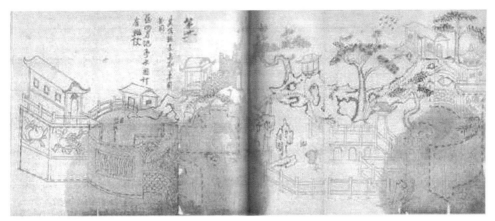

圖21　施琅泉州「東園」有蜿蜒的書卷牆（福建大木匠師王益順描摹畫稿）

圖22　觀稼樓書卷牆採扁平牆體，對映海棠池的蜿蜒，成為「方」與「圓」的對景。

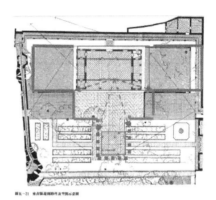

圖23　來青閣曲折書卷牆將戲臺包夾於中間。

圖24　來青閣書卷牆將園景變成橫軸，「開軒一笑」置於中央，成為畫幅的一部份。

　　閩南傳統的書卷牆牆體，從施琅東園以至板橋林本源園林，皆有豐富的表現。初步可以歸納成以下幾種方式。在空間的類型方面，略可分為兩類：

（1）蜿蜒：迤邐盤桓—實際圍塑了空間。施琅東園屬於此類。

（2）扁平：高低曲折—以扁平牆面表徵空間的進深。板橋林本源園林觀稼樓屬於此類。

至於如何展露景物，書卷牆的表現類型，則略可分為三類：

（1）景在牆之前：以牆襯景，景物為書卷牆上之繪畫--書卷牆如紙，風景如繪。施琅東園屬於此類。

（2）景在牆之後：以牆框景，景物宛若書卷畫軸外的所將臨摩的實景。板橋林本源園林觀稼樓北院落，透過牆頭遠眺榕蔭大池假山，則屬於此類。

（3）景在牆之間：以牆夾景，景物為跳脫出書卷畫軸之放大景物。板橋林本源園林來青閣曲折書卷牆，將戲臺「開軒一笑」包夾於中間，則屬於此類。

2-4「畫意」：有形橫軸與無形橫軸

疊景，是體現咫尺山林，閩南園林傳統的重要手法。從影壁山、峭壁山到屏風假山，以至於前景貼後景等等的手法，處理了單一景觀元素的空間尺度問題。書卷牆，用以將園林景觀，組織成有形的橫軸畫幅。然而，斜亭所連綴的環景畫面，則用以構成無形的橫軸山水巨幅。前述種種疊景手法，無論承繼閩南傳統，或是後續在臺灣逐漸醞釀創造，都提供了豐厚的「畫意」美感經驗。

參、「詩情」的主題性再現：『天光雲影共徘徊』

一、園林的文學性主題：天光雲影共徘徊

林本源園林觀稼樓有一方匾額題曰：「天光雲彩」。但經徐麗霞

考證，認為是古蹟修復時書法家誤植，應是「天光雲影」方為正確[18]。因為這句話源自一首朱熹的詩〈觀書有感〉：

> 半畝方塘一鑑開，天光雲影共徘徊。問渠那得清如許，為有源頭活水來。[19]

這首詩，「半畝方池」其實是指「方寸」之「心」，「天光雲影共徘徊」是指外在事物映於心中的種種美妙的展現。「心」的清明，如同「方池」之水的清澈，正由於「為有源頭活水來」，其來源正是題目所題的「觀書」。

板橋林本源花園有許多景象創造都源於這首詩，最明顯的是「方鑑齋」水院名稱，即是「半畝方池一鑑開」此句之縮影。此外「觀稼樓」原有匾一方題曰：「天光雲影」，更是源於「天光雲影共徘徊」之詩句。「天光雲影」於焉成為園內諸多景象的共同隱喻，使得朱熹的詩句貫穿全園的內在意義之脈絡。更甚者，以朱熹在福建講學多年，早已被視為福建鄉賢名士，對映著林家的祖籍原鄉，不能不說一種自身主體性影射和表徵。

二、天光雲影的空間遊戲

2-1、觀稼樓四周

觀稼樓的「天光雲影」一匾，其實揭示此園規劃的主題，而觀稼樓的四周環繞個小院落，都分別進行著不同版本的「天光雲影」空間遊戲。

（1）南院落：廊設東西兩道，中留涼亭一方，南迎豔陽。於是在

18　徐麗霞，前揭書，pp.129–130。

19　朱熹，〈觀書有感〉二首之一《朱文公全集》，（http://ftp.nssh.ntpc.edu.tw/china/chinese/06/觀書有感.htm）。

日光巡行週天之間，涼亭彷彿日晷，觀日影斜橫，推移著白晝的十二個干支。

（2）東院落：有廊貼靠樓之東壁，空地留於東側迎旭日，好讓曙光斜過院牆投進廊內。東邊院牆中心更繪有一輪紅日，輪內圍四隻蝙蝠，乃取「賜福」之諧音。院廊連接南北兩院處，皆仿蘇州留園曲廊，曲折徘徊，虛實掩映。

（3）西院落：則與東院相反，廊靠西側，留東側空地，令夕照得以映滿小樓西壁。廊西更植一列綠竹，彷彿綠色簾幕，夕陽過透竹叢，竹影扶疏映於西牆粉壁，宛若一幅隨風搖曳的墨竹。此情此景，與蘇州怡園之「鎖綠軒」有異曲同工之妙。

（4）北院落：位居觀稼樓正門口處，不做任何廊道，只以書卷牆環繞院落。只因主景面向榕蔭大池假山群峰，且為面北背向陽光，於是彷若聚光燈般地，將陽光撒向正前方的湖面與假山群峰，彷彿待上演的戲劇舞台。院牆則用書卷牆，以高低曲折代替凹凸蜿蜒，化縱深為扁平面，取咫尺以表遼闊。同時並將觀稼樓的中央視野，透過牆頭的淺盞低迴當中，展露出來。

觀稼樓的東南西北四個院落空間，竟將「天光雲影」的文字詩情，揮灑得淋漓盡致。四個院落在位置上各偏一隅，空間變化也不盡相同，但他們竟暗自通力合作，在實踐匾額上所書寫的同一款空間遊戲。

2-2、雲錦淙

從觀稼樓到榕蔭大池景區，通常需從中央隄道過橋，到一方涼亭，涼亭原有匾，題字曰「雲錦淙」，似有深意。「雲錦淙」立於榕蔭大池堤上，淙淙之水如同鏡面，映出天上雲影，彷彿橋在雲之上。於是乎人行過隄、橋，彷彿行於雲端，此時人已非凡夫，而是神仙了。蘇大山原在此題詩：

「聲聲敲徹玉玲瓏，本是西流不向東，除卻天孫機杼巧，人間

　　未許有槎通。」

　　但是，此副聯詩遺失，卻從倒塌的「自涼亭」移來另一副對聯：

　　「綠雲深處水平鋪，異境別開天弍壺，祇許洞僊親得到，冰肌玉骨汗都無。」[20]

　　前一副詩聯「聲聲敲徹玉玲瓏」所談正是淙淙之水。「除卻天孫機杼巧，人間未許有槎通」，竟是把淙淙之水淙淙之水比作星河雲漢，而這道橋竟作牛郎織女相會的鵲橋。然而，此番「相期渺雲漢」的情景，只宜在夜景中得見。

　　不過，「自涼亭」移來的這副詩聯，卻奇妙地湊巧吻合了「雲錦淙」白天的情景。「綠雲深處水平鋪」，正是描述了綠水之上映出天光雲影的效果，「冰肌玉骨汗都無」原是描寫冰清玉潔美人的文字[21]，但卻也說明立於水面的清涼感受。若將前述兩句的美感綜合起來，那就是「祇許洞僊親得到」，其中「僊」即「仙」字，也就是說此處的空間詩情美感，足讓走入其中的人，都能有羽化登仙的感覺。這副錯置的詩聯，所影射暗喻的「洞僊」，卻仍巧合適切地烘托出此處的白晝間的美感。

　　然而，此間之這兩首詩，竟也都暗自吻合「天光雲影」這主題的意涵，各自反映出一「夜景」、一「白晝」的兩種詩情景觀，卻不衝突。陽光，更闡揚了祖籍閩南與臺灣兩地，皆處亞熱帶海洋的主體性。

---

[20] 蘇大山，〈板橋別墅雜詠〉之八〈自涼亭〉，〈板橋別墅雜詠〉之十一〈雲錦淙〉。收錄於，蘇大山，《紅蘭館詩抄》之《婆娑洋集》。（http：//192.83.186.15/cgi-bin/gs32/gsweb.cgi?o=dnclret&s=id=%22TCI0000797734%22.&searchmode=basic&tcihsspage=tcisearch_opt2_search）

[21] 徐麗霞，前揭書，pp.128–132。

2-3、小橋度月

　　小橋度月，題在觀稼樓書卷雲牆的八卦門頭。然而，觀稼樓本無河又無橋，故「小橋度月」之橋，乃是擬人聯想之意境。書卷雲牆八卦門，恰在東西兩側，夜影彎曲如拱，宛若兩橋。明月東升西沈，彷彿自拱門橋影處起落渡橋，是以稱之「小橋度月」。此處的天光雲影，則是指對「月光」與「牆影」的賞玩。

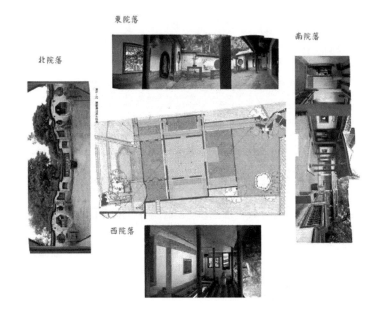

圖 25、觀稼樓的四周環繞個小院落，都分別進行著不同版本的「天光雲影」空間遊戲

圖 26　雲錦淙

圖 27　小橋度月

圖 28　月波水榭

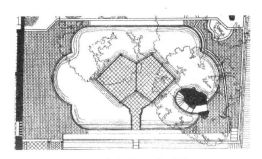

圖 29　月波水榭方勝形平面

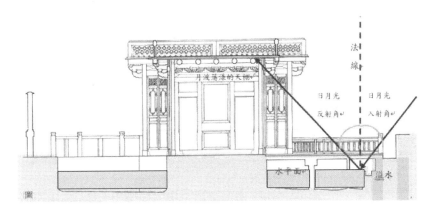

圖 30　月波水榭日月光入射角分析

2-4、月波水榭

　　月波水榭南方有有一片草坪，月夜週行的月光，可以投入環繞水榭的海棠池中，於是穿過水榭格扇窗，粼粼波影藉以反射至天花。夏鑄九曾提到：「……香玉移為鏡花，此處為水月，至於是否真能得到

月影，早受懷疑[22]。若考慮此景之「月波」，意指月光借水波反射，將粼洵波光映照於水榭棚頂，……或可做為另一種詮釋。」[23]其實以水榭窗戶高度，是看不到池中水面的；但身處水榭室內，雖未真正行舟，卻能引借反射波光搖曳，而創造出行船的搖晃與暈眩感，實為一絕。

此外，水榭呈方勝形（雙菱形相交），頻添出八個摺面，面面都有窗扇，更讓月光隨著時辰劃過南方天際之時，照射水榭的角度不斷變化，建築八個摺面更能凸顯出明月繞行的效果，「轉朱閣，低綺戶，照無眠」[24]，讓水榭內之光影倏焉在東，忽焉在西，更讓原本靜止的水榭，隨著時光流轉，憑添船身航行的錯覺感。

這種窄水圍繞的水榭，在廈門海滄蓮潭別墅也有似曾相識的遺構。蓮潭別墅一處為六角露台，圍繞著水渠；另一處則為一作假山洞府，上攀有榕樹，下繞以海棠形水池。與板橋相較，兩園雖隔海洋，乍見仿若同胞兄弟。

然而，值得一提的是，為何江南園林無此類似景致？一泓池水即可反射波光，如何辦到？這需考慮白道與黃道對赤道的接近程度，陽光與月光的入射角需高，只有在亞熱帶的才能全年辦到；至於溫帶的江南，僅能於盛夏偶爾得見。因此，月波水榭此景，甚至還具備特殊的地域性格，更指向園主的主體性身份，亞熱帶的閩南與臺灣。

---

[22] 夏鑄九，引用：漢寶德，1973，《板橋林家花園調查研究及修復計畫》，台中，東海大學。

[23] 夏鑄九，前揭書，p.38。「香玉簃為鏡花，此處為水月，至於是否真能得到月影，早受懷疑。」

[24] 蘇軾〈水調歌頭〉（http：//cls.hs.yzu.edu.tw/shenhg/pg−ci0360−drkaskmon.htm）：「明月幾時有，把酒問青天。不知天上宮闕，今夕是何年。我欲乘風歸去，又恐瓊樓玉宇，高處不勝寒。起舞弄清影，何似在人間。轉朱閣，低綺戶，照無眠。不應有恨，何事長向別時圓。人有悲歡離合，月有陰晴圓缺，此事古難全。但願人長久，千里共嬋娟」。而其中「轉朱閣，低綺戶，照無眠。」正符合明月繞轉月波水榭多面玲瓏閣樓的情景。

三、「天光雲影共徘徊」的「仰借」

透過詩詞文學，可以揮灑想像力；透過實質的園林空間，更可以凝聚這個想像力的美感經驗。亞熱帶子民，在此豔陽高照的島嶼上，與天光雲影為伴，起舞弄清影，怡然自得。在此，園主人引用了《園冶》裡的「仰借」[25]，這個「借景」手法中最難得出現的技巧，遙向陽光、雲彩、月光借景，將「天光雲影共徘徊」玩味到透徹。不僅發揮了傳統園林的空間美學，透過頗令溫帶訪客難以忘懷的炙熱陽光，更闡揚了園主以及這座亞熱帶海島的主體性。

肆、「詩情」與「畫意」的交互浮現

一、定靜堂

定靜堂一般的說法是林家的宴客廳，定靜堂右旁有廚房，又鄰近林本源園林的邊門，門樓上題了「板橋別墅」四字。此門在清代距離大嵙崁溪畔不遠，應為迎接貴客所設。

定靜堂中庭有一道穿心亭，此為官方衙門建築所特有，一般民家以「穿心」為忌諱，多不做此亭。現存遺跡以台北欽差行臺、金門總兵署衙門皆有穿心亭構造。原本霧峰宮保第也有一座穿心亭，但因民間忌諱，遭颱風倒塌後便不再修復。

定靜堂有一座「穿心亭」，正意味了此堂的官衙色彩。這裡作為宴客廳，正是充作板橋林家的「接官亭」之用。凡官員抵台北，搭船自大嵙崁溪登岸板橋莊，循「板橋別墅」門樓，進到「定靜堂」裡來。一般正官擺宴席時自然坐在正廳，而兩廂全無裝摺，正可作為僚屬跟班的設席之處。而穿心亭靠北面處，有一道屏門，門扇的正面有雕刻

---

[25] 計成 原著，陳植 注釋，1991，Jul.《園冶注釋》，P.247，台北，崇智國際文化事業。

處竟面向正廳。這正說明了「穿心亭」是一座臨時戲臺。當北面屏門門扇一闔，門扇立即成為音響反射背板，「穿心亭」立即變成一座戲臺，正廳為主客座席，兩廂為陪客座席。賓主同歡，在此邊宴飲，邊聽上臨時戲臺的一曲音樂饗宴。

「定靜堂」，字面上的「詩情」意義，不僅僅是《大學》裡「定靜安慮得」的意義，而是讓貴客們至此「定身」「靜神」，稍作歇息小憩，藉以寄舟車之勞頓。「定靜安慮得」諸字之前為「止於至善」，「知止而後有定…」，因此「定靜」二字也在隱喻「止」字。而「止」在朱熹的註解是：「必至於是而不遷」之意，也有一層意義是「到達」「停止」之意。而另一層意義，則落於「止於至善」的「至善」兩個字，隱喻此處為「至善之所」，此宴為「至善之宴」，深表主人對賓客的招待熱忱。

二、月波水榭

2-1、旱舟是遊園的啟航儀式

旱舟又稱不繫舟，將臨水建築造得彷彿一條船，是中國傳統造園中的一項重要元素，但卻不見於計成的《園冶》。因為「水能載舟，亦能覆舟」這句話，旱舟成為帝王的象徵，乾隆以後禁止宮廷以外使用旱舟，民間園林中絕無旱舟或不繫舟之名稱。但是酷似旱舟的建築，仍隱然出沒於民間園林之中，原因在於旱舟本身就是遊園的啟航的隱喻，難以全然割捨。

旱舟之建築體，彷若樓船畫舫，臨於水岸之畔，有如船隻浮蕩於水面。居於旱舟之中，是遊園的啟航，肇始於在旱舟裡的漂泊感，航行於漂渺浩瀚的江海的幻想旅程，最終到達這座園林，一個虛擬營塑的世外桃源與夢幻仙境。如果不經由這段虛擬旅程，便無法到達夢幻

世外桃源。旱舟是真實的空間，但是所創造的情境卻是幻想空間，這類空間有一說法稱之為「異質空間」（Heterotopia）[26]。

2-2、月波水榭：方勝形的旱舟

由於旱舟的隱晦性格，因此不容易認出哪一處一定是旱舟。但在板橋林本源園林裡，有可能是旱舟的，在榕蔭大池畔的「釣魚磯」和「梅花鄔」就有兩所；此外一處則是「月波水榭」了。「月波水榭」極其特別，它的屋頂是平頂，而且平面呈方勝形，座落於一個略大的海棠池中，於是水榭隔水面而獨立，無人能踏水欺近窺聽，隔牆卻也無耳。

方勝形為兩個菱形相套合，水榭之平面呈方勝形應非偶然，因為水榭窗櫺子都嵌有方勝形的卡子，方勝形即為水榭寓意之主題。方勝形為中國結之基本型，具有「永結同心」之喻，最常為婚俗物品所愛用。月波水榭位於定靜堂之旁，意義非凡。定靜堂是板橋林家宴客廳，也應是接官亭。然而這座水榭鄰近定靜堂，則似另闢小室密商之所，寓寄「永結同心」之喻，意義深長。

然而，水榭的平屋頂與方勝形，卻又如何？其實，月波水榭另有假山一座，題額名為「拾階」，階梯傍樹盤旋而上，繼之以飛梁登上平屋頂。整組結構奇特異常，頗啟人疑竇。

晚清光緒朝之後，台海官員對渡已有火輪船（蒸氣船）可乘，無須等待風信，往來速度遠較帆船為快。月波水榭莫非即為此一新式火輪船之象徵？方勝形即為船體，尖角為火輪船的尖船頭，便不再是帆船的平船頭。拾階即為螺旋梯，階頂大樹即象徵煙囪與所冒之煙，平

---

26 Michel Foucault（1986）"Texts/Contexts of Other Spaces"，Diaritics，16（1）（Spring）：22－7.中文譯本：米歇·傅寇，陳志梧 譯，〈不同空間的上下文（脈絡）〉，夏鑄九、王志宏編譯，1993，《空間的文化形式與社會理論讀本》，pp.399－409，台北，明文書局。

屋頂即火輪船甲板，水榭室內即船艙，月光波影映入天棚時，波光粼粼淘則頗似行船情境。這可是晚清時期最新鮮航行的經驗了。

　　凡此，似乎頗為符合晚清史實的政治情境。官與商宴會之後，另闢室密商，然所商議者，莫非國大計，與富國強兵之道。月波水榭這空間，似乎也創造出一種機會，讓商人透過捐輸關心國家，為國效力。然這無非是林維源胸中的塊磊與可望。

三、香玉簃

　　香玉簃的的「香玉」二字，為花卉的代名詞，暗指了女人們。這裡是招呼貴賓女眷的住所。香玉簃的「簃」，為「樓閣邊相連小屋」。香玉簃的空間形式，為二正一偏的建築，恰呼應了「移」字的發音。同時，正與偏也暗喻了婦人在家中妻妾的正偏位置，即言正夫人，也喻如夫人。香玉簃位於花園的花圃叢中，各門額陳述婦德的表徵，卻用花卉之美為隱喻，稱之：「襲香」、「籠翠」、「佳趣」、「雅懷」、「澹宕」…等等，一再引用花卉的高雅芬芳特質，讚嘆在此暫住的官夫人們的雍容華貴或恬澹幽雅的氣質。

　　香玉簃用「簃」的空間形式，用花圃的氛圍，用讚嘆花卉之美的文字門額，種種都指向對於居住者的禮讚。對於女性刻意用心，而又含蓄地讚美卻極盡阿諛奉承，而用盡所有的修辭與文藻。這是晚清官商共同體的結盟途徑之一，表達形式是文人情懷的，是詩意的，蘊涵風雅的。

　　但是蘇大山的詩聯，則是另一番局面：「長生何必求事仙，斗室之中春盎然。玉煖香溫作綺語，始知學士是枯禪。」[27]此處對於儒道釋三家的追求，認為都不如「玉煖香溫作綺語」這種現實的快樂。他轉個彎回過頭來，仍然讚頌女性美，卻是放棄了所有的禮教束縛。卻

27　徐麗霞，前揭書，pp.102–106。

為了平凡市井與田園生活，或積極的儒道釋人性提升的人生抉擇之間，提供了一個游移的選項。

四、汲古書屋與方鑑齋

園林中以「書屋」為名的不乏前人，潛園的「梅花書屋」即是一例。而這類讀書屋建築，包括霧峰「蓉鏡齋」，全台首學「明倫堂」等，都有一類似之處，就是前面有一拜亭。在有關的線索中，拜亭竟是書屋的必備空間，晴則坐亭下，雨則居屋內，師生在此授課、讀書，通風采光自由便利。

汲古書屋，「汲古」一詞出自韓愈〈秋懷詩〉：「歸愚識夷塗，汲古得修綆。」[28]意即若想讀書—「汲古」，也需預備基本設施—「修綆」。這樣的隱喻，自然指向這座三開間小屋的「汲古書屋」了。林爾嘉則進一步詮釋：「老屋三間足避風雨，黃花半畝與我周旋。」他指出三開間小屋雖小，但基本已足矣；其次則應結交君子。「黃花」其實就指「菊花」，就是君子之花。其實就林爾嘉而言，「黃花半畝與我周旋」可能還有其他寓意。李白〈贈孟浩然〉或可提供另一番線索：「吾愛孟夫子，風流天下聞。紅顏棄軒冕，白首臥松雲。醉月頻中聖，迷花不事君。高山安可仰，徒此挹清芬。」而袁氏稱帝前，曾著人請林爾嘉上「勸進表」，而被他嚴詞拒絕。或說是一種「迷花不事君」的態度，也蘊含了「黃花半畝與我周旋」的另一層意思。

方鑑齋，如前文第二章所言，朱熹「天光雲影共徘徊」的主題，以此處為起點。戲臺因為隔著水面，而有其獨有的距離。但是水池成為倒影池是一面鏡子，也映照著戲臺上的表演者，加倍強化了視覺上的表演效果。

然而朱熹「天光雲影共徘徊」的原詩標題為「觀書有感」，方鑑

齋竟是戲臺，這究竟為何？原來有這麼一則典故，或許足以說明。

> 在平涼當官的龔海峰宴請賓客，邀戲班子唱曲。他的四個公子，
> 平時被關在書齋用功，這時都想看戲。老爺子召四人前來問話：
> 「是讀書好，還是看戲好啊？你們各自據實回答。」小兒答道：
> 「看戲好。」當下被訓斥一通。大兒答道：「讀書好。」老爺
> 子嗤笑道：「老生常談，誰不會說？」二兒斟酌片刻，說道：
> 「書也需讀，戲也要看。」老爺子皺眉喝斥：「調停兩可之說，
> 就像是你平日的為人。」最後，三兒作了巧妙的回答：「讀書
> 即是看戲，看戲即是讀書。」老爺子大笑，十分滿意。[29]

正因為「讀書即是看戲，看戲即是讀書」正是方鑑齋與汲古書屋
相鄰隔壁之故。也因此，觀戲空間的方鑑齋才引用朱熹「觀書有感」
的主題做命名

伍、結語

本文目的有二：其一為，探索板橋林本源園林祖籍地的閩南園林
傳統，並尋找其造園風格脈絡。其二則，意圖追溯板橋林本源園林的
底蘊，透過空間化的「畫意」，與存在於文學層次的詩情，尋求園林
美感之所在，意圖為今日建築設計探詢民族出路。

一、臺灣園林風貌源自閩南傳統

許多對於板橋林本源園林，異於一般所認知的園林，抱持著疑問
的態度，甚至認為係屬另類風格。然而，透過相當的比較之後，能夠
令人理解：臺灣的園林建築，是源自於福建的閩南傳統。

板橋林本源園林的屏風假山，源自於閩南園林常見的「峭壁山」

---

[29] 讀書看戲哪個好（http://www.people.com.cn/BIG5/198221/198593/12401075.html）

傳統。同時又在郭熙「三遠」畫論的影響下，見到不同的「疊景」手法。有的源自於泉州施琅東園的書卷牆，有的更為板橋林本源園林自身所獨創。而這些閩南系園林藝術的發展途徑，迥異於明清主流的江南園林，所以一時難為園林界、建築史主流眼光所接納。

然而今日所見，閩南系園林藝術的總體成果仍是豐厚，只可惜諸多在地遺址逐漸凋零，即使臺灣亦保存有限，甚至有些遺跡被以江南園林眼光而誤解錯修，殊為可惜。

二、「詩情」與「畫意」的本意（Denotation）與延意（Connotation）的交織

庭園的美感，固然需透過空間處理作為主要手段，形成庭園「畫意」構成的主幹。然而，美感的觸發在於意義的展現，透過語言性的「詩情」，經由詩詞題聯的點染引介，將園主、賓客的角色引入，帶出人的主體性之處境、心境與情欲，方才觸動心絃，使得底蘊的美感油然浮現。

「畫意」的景象創造，更與賓主的主體經驗相勾連，令人會心莞爾一笑。這些景象包括援引自：園主的原鄉景致，或轉化自臺灣在地經驗，甚或借景自遊歷外鄉之經驗。「詩情」則透過詩詞題聯，聯繫園主與賓客的主體性，包括經驗的延伸與處境、心境、情欲的寫照。「詩情」更與「畫意」結合，重塑了空間形式，讓空間真正成為凝固的詩篇。

「畫意」的空間形式，原本的本意也許是生活的、機能的，卻在不同的情境脈絡的交錯下，透過語言性的「詩情」，拓展了它的延意。於是，「詩情」與「畫意」結合，讓本意與延意（言外之意，絃外之音）不斷地交織、重疊與展現，讓意義在語言與空間的夾縫中不斷湧現、翻新，無窮的意義餘音繞樑，美感的的雀躍於焉產生。

現代建築設計往往追求表現一種 Tectonic 空間的詩學。在清代，在固有文化資產中，已經可以找到足供參考的源頭，卻往往為現代人

所不解。誠如朱熹的那首詩〈觀書有感〉：「半畝方池一鑑開，天光雲影共徘徊。問渠那得清如許，為有源頭活水來。」期望板橋林本源庭園經驗，可以為後世提供源源不絕的「源頭活水」。

參考文獻

一、書籍部分

1. 李乾朗，閻亞寧，徐裕健（1996）《清末民初福建大木匠師-王益順-所持營造資料重刊及研究》，台北，內政部。
2. 計成原著，陳植注釋（1991）《園冶注釋》，P.247，台北，崇智國際文化事業。
3. 夏鑄九（2009）《樓臺重起 下編 林本源園林的空間體驗、記憶與再現》，pp.6-8，板橋，台北縣政府。
4. 夏鑄九、王志宏編譯（1993）《空間的文化形式與社會理論讀本》，pp.399-409，台北，明文書局。
5. 徐麗霞（2006）《林本源庭園文學賞析「匾聯之美」》，板橋，台北縣政府文化局。
6. 曹春平（2013）《閩台私家園林》，pp.141-151，pp.252-262，北京，清華大學出版社。
7. 許雪姬（2009）《樓臺重起 上編 林本源家族與庭園的歷史》，pp.73-75，板橋，台北縣政府。
8. 漢寶德（1973）《板橋林家花園調查研究及修復計畫》，台中，東海大學。
9. [清]江日昇，《臺灣外記》，（原書康熙 43 年），台北，文化圖書再版（1988）。
10. [清]林焜熿，《金門志》，（原書道光 16 年），台北，宗青圖書再版（1988）。

二、網頁部分

1. http://192.83.186.15/cgi-bin/gs32/gsweb.cgi?o=dnclret&s=id=%22TCI0000797734%22.&searchmode=basic&tcihsspage=tcisearch_opt2_search

2.http://cls.hs.yzu.edu.tw/shenhg/pg-ci0360-drkaskmon.htm

3.http://zh.wikisource.org/zh-hant/林泉高致集

4.http://www.people.com.cn/BIG5/198221/198593/12401075.html

第四篇

大地詩篇

第十一章、圖繪在地世界：
文化地景考掘對歷史空間規劃設計的意義
－以馬祖北竿的文化空間田野調查為例

提要

　　從空間性的角度視之，任何的地域不僅是一種實質的存在，更是一種糾結了心靈的與生活的人文性存在。這亦即說，任何在歷史、社會中辯證產生的地域，乃是一種「文化地景」，一種同時糾結了認知、想像與生活而整體存在的文化性地景。故而，對於歷史空間的規劃設計，有必要深刻地掌握此一文化地景的存在，方有機會切中意義之要害，以處理諸如地方認同之類的空間設計議題。本文主要希望以華梵建築系師生在馬祖進行文化空間田調所累積的階段性成果為例進行探討，不僅希望鋪陳圖繪在地心靈及生活地志以掌握文化地景的可能模式及成果，同時更希望因此而能深刻地揭露文化地景考掘對於歷史空間規劃設計所具有的意義，以作為進行此類空間實踐可賴以攻錯的參考。

一、緣起

　　馬祖列島，無論對於台灣或大陸，都是一處令人陌生的地方。近年在兩岸和解氣氛下，馬祖列島逐步走出戰地的侷限，揭開面紗，其豐富的底蘊值得我們慢慢去發掘。

　　由於數年華梵師生在馬祖北竿所投入的田野調查工作，更期望對馬祖的文化地景（Cultural Landscape）作進一步探索，而援引在地世界（Local World）、地域（Locality）、異質空間（Heterotopia）等觀念，將心靈空間與實質空間作套疊繪圖（mapping），意圖為馬祖的聚落保存及相關的建築設計與規劃提出觀點。此項工作曾於 2007 年，以

〈原始漂流性的深度地域戲遊－馬祖北竿的圖繪式文化地景再現及規劃展望〉[1]為題，將馬祖民間傳說、意象與地名、區域作一對一的套疊。此為一個馬祖北竿研究階段性任務的總結。本文[2]則意圖再度深入馬祖地方的社會、文化與歷史脈絡，分析民間傳說象徵意涵中的歷史與集體記憶，藉以探索北竿地方意義背後的深層結構。

　　對於「地方」意義的研究成就，首推現象學的人文地理學。他們認為地方是「在世存有」（being in the world），而地方決定了人類經驗[3]。其中地方意識為顯而易見的真實，地方知識即簡單的經驗事實[4]。但是，另一些地理學者則認為，地方是社會建構。地方是一個人生命地圖的經緯，充盈著人類的歷史與記憶的層次區域[5]。更認為集體記憶往往透過塑造特定的地方而得以具體化，地方是「競逐定義的爭論場域」[6]，地方的經營更意味了一種排外的力量，在對抗與排外的過程中建構了地方感。凡此種種論述，都將成為本文觀察地方的歷史與集體記憶——如何在建構馬祖北竿的地方感過程中發揮作用——的一項基本視野。地方的歷史、集體記憶，如何化作想像的意識型態，而且聯

---

[1] 黃愷瑞呂正暉葉乃齊蕭百興（2007）〈原始漂流性的深度地域戲遊－馬祖北竿的圖繪式文化地景再現及規劃展望〉，第四屆中國建築史學國際研討會，2007/05/07，中國上海・同濟大學。該項工作實係華梵大學師生們多年田野調查成果，發表則爰應以集體發表較為妥切。

[2] 本文曾於2011，12登載於《華梵藝術與設計學報》第7輯（pp.243-257）。也曾以相同篇名，嘗試發表於開封河南大學「2008年學術研討會」2008，10，26-30，（葉乃齊、黃愷瑞）。該文原本特意邀請蕭百興副教授共同執筆，蕭氏適逢撰稿繁忙因故婉拒。嗣又值小徒黃愷瑞馬祖北竿論文口考在即，為避免田野、圖面材料多所重疊，徒增日後困擾，爰請黃氏一同掛名；惟該文撰稿實為在下獨立完成。此文在大陸發表時，少談理論只強調歷史。本文今則意圖改弦更張，轉而強調歷史與地方概念之理論聯繫，期待為地方論述以及人文主義地理學，開啟一面小窗。

[3] Relph，E.（1976）*Place and Placelessness*，p.43，Pion，London.

[4] Lukerman，F.（1964）Geography as Formal Intellectural Discipline and the Way in Which It Contributes to Human Knowledge，*Canadian Geography*，8：4，167-172.

[5] Lippard，L.（1997）The Lure of the Local： Senses of Place in a Multicultural Society，p.7，The New Press，New York.

[6] Harvey，D.（1996）*Justice，Nature and the Geography of Difference*，p.309，Blackwell Publishers，Cambridge，MA.

繫上真實的地景與區位，將是本文闡述的目標。

　　以下茲就馬祖當地見諸文獻的歷史，繼而追溯存諸心靈的歷史，地方人士的集體記憶，並且對照呈現於建築、山、海、島嶼的種種作逐一的陳述，以作為套疊繪圖的基礎。

二、邊緣與迷蒙：霧迷津渡的的馬祖列嶼

1.歷代海疆邊陲的馬祖列島

　　我們習慣所稱的馬祖列島，包括南竿、北竿、高登等島，北至東引（東涌）、西引（西涌），南至莒光（白犬）。列島橫亙福建省連江縣境東南海域，雄峙閩江口，與黃岐半島一衣帶水，最近點僅隔約9.25 公里。早期傳聞有漁民、航船往來島嶼與大陸之間。

2.歷代官方的治理概觀

　　南竿、北竿二島，昔日分稱上竿塘、下竿塘，或稱為南、北竿塘，而往往以「竿塘」合稱兩島。依據《福建通志》 所載，南、北竿塘分屬閩縣（今閩侯前身）和連江縣，唐宋歸永福鄉崇德裡，元至清則屬二十六都。北宋時設定官兵，駐防於此。依據明代《福州府志》記載，嘉靖年間，倭寇橫行，官府僅於島上設哨、建煙墩以為警戒，並撥汛兵定期巡邏。

　　清初鄭成功倚台灣為反清復明基地，並常以馬祖列島作為反攻跳板，因此清廷於順治 18 年（1661 年）厲行海禁遷界，島民被迫遷徙至連江縣城近郊，直到康熙 19 年（1680 年）明鄭納降後，才覆界回遷。

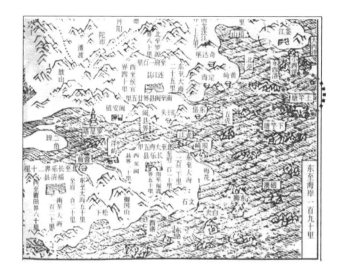

圖 01 前清《福州府志》「連江縣圖」中所見馬祖列島

圖 02 前清《福州府志》「福州府十縣圖」中所見馬祖列島

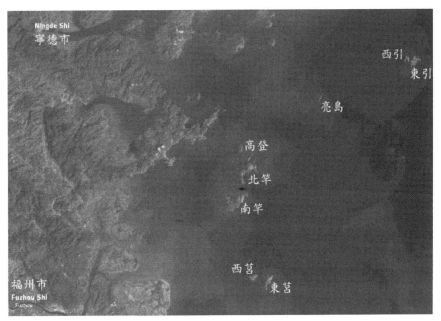

圖 03 馬祖列島嶼大陸間僅一衣帶水

　　民國初年，南北竿塘和西洋均屬連江縣管轄，設南竿、北竿塘和西洋三鄉。民國 24 年（1935 年），連江縣納入保甲制度編組，設「竿（塘）西（洋）聯保辦公處」於北竿塘岐鹽倉，不久後以轄地過廣，分設竿塘、西洋兩保，南北竿塘改屬「竿塘聯保辦公處」，西洋、東涌屬「西洋聯保辦公處」。

　　抗戰期間，民國 26 年（1937 年）9 月 10 日起，日軍即佔領南北竿，始稱為「馬祖」。民國 28 年（1939 年）秋，林義和強搶竿塘警備隊十多只槍枝自重，並與日軍廈門「興亞院」掛勾，任偽「和平救國軍」第二集團軍第一路司令，長期佔據馬祖列島，控制沿海船只往來。

　　連江縣於民國 29 年（1940 年）初實行「新縣制」，聯保辦公處改為鄉鎮公所、保長辦公處改為保辦公處，全縣 41 個聯保改編為 31 個鄉鎮 290 保，而「竿塘聯保辦公處」則改稱竿塘鄉。

　　民國 38 年（1949 年）後，國共戰爭致使馬祖在政治上與大陸歷經四十年的分隔。金馬前線的軍事管制，更使得各方面憑添神秘感。

直至近十年來，兩岸和解氣氛下，才解除數十年的軍管，開放成為「馬祖風景區」。

3.雲霧迷蒙中的神祕列島

馬祖列島不僅居於中國海疆的邊陲，更因居海洋與大陸的交界，春夏之際，冷暖鋒盤桓於此附近，造成氣候上經常性的雲霧彌漫，不時阻斷海空交通。更由於海島地形的複雜性，一島擁有多處灣澳，列島之間形成許多早期船只可以避風，蔽人耳目之處，憑添馬祖幾許神祕感。地形曲折多灣澳，常為倭寇、海盜窩藏之處，歷代官府曾強迫全島內遷，幾度荒置，並配合島嶼特有的滄海一粟的迷蒙感，霧迷津渡，更成就此一未知之感。

海島上神祇信仰複雜，詭譎多變的海象，凶險變化多端，更由不同原鄉的移民，發展出豐富多元的神只，與台灣共同以媽祖為主神的信仰模式完全不同。因此，在神話內容上顯得極為複雜神祕，搭配著馬祖列島的多霧氣候，給人一種神祕之島的氤氳蒼茫之感，成為神話之島。

三、歷史記憶：鎖國海洋政策下，所形成的沿海居民性格

1.明初的海禁政策所造成的沿海居民生計衝擊

根據《福建省連江縣志》　記載：「元朝（西元 1277 年～1367 年）年間，閩浙濱海漁民，以群島天然港澳可資避風、汲水，遂利用為漁舟泊憩之所，斯地漸增居民。」[7]同時，鐵板村發現大王宮碑文有：

---

[7] 《福建省連江縣志》，第一冊至第四冊，陳國土總編纂，1979-1986，連江縣文獻委員會。第五、六冊，2003，續修連江縣志纂修委員會編審，連江縣政府。

「林自才喜拾中統鈔二十貫」文字，如果元朝年間南竿塘已形成聚落，且興建了廟宇，則一水之隔的北竿塘，也應有相當的人口居住。

　　根據考古遺址的發現，被認為宋元世代北竿塘即已有人長期定居。《三山志》 也提及北宋時設定官兵，駐防於此：「元豐二年，添設巡檢一員於連江官澳。尋以逼近西洋、閩安，遂移置南匿嶼，以七十人為額，管福清海道。」[8]，官澳應是指官塘。

　　另外，黃仲昭的《八閩通志》 的山川篇中敘及：「下竿塘山突出海洋中，與上竿塘並峙，山形峭拔。中有白沙、鏡睦七澳，上二山在二十六郡。」[9]惟因海上盜匪為患，將民眾遷入內地。「洪武二十年，以防倭，故盡徙其民附城以居。」可是，人口匯聚形成聚落，絕非短短一、二十年可以完成。據此推論，在宋元之間，北竿（下竿塘）應已形成一定的聚落與人口規模。

　　事實上，福建地區山多平原少，可農耕土地有限，一旦太平盛世，生齒繁浩，土地不夠分發，生計即成問題。在此狀況，福建百姓往海上冒險，倚海為田，從事漁業、航海貿易，甚或拓展海外土地、市場的經濟模式，逐漸成為風氣。

　　遠在北宋中期，連江、長樂等縣的貧苦農民和漁戶，當已涉海來到竿塘島上居住謀生，持續開發至元朝末年，呈現「居民聚集，墾土成田，頗成繁盛」的景況了。然而，明初，方國珍、張士誠敗軍餘眾逃竄海上，淪為海盜。明太祖朱元璋統一福建後，曾於上、下竿塘設定「埠寨」，撥官兵駐防，但為時不久。洪武 4 年（西元 1371 年）12 月，明廷發布禁海令，訓令沿海居民「片板不得入海」。洪武 20 年（西元 1387 年），明廷決定采堅壁清野之海防策略，詔令沿海島嶼居民全

8　《淳熙三山志》，南宋福州地方志。原系陳傳良等撰寫，由梁克家署名，淳熙九年（1182）　成書。三山是福州的別稱，因而該書名《淳熙三山志》。五代時，福州曾一度升為長樂郡，　故又名《長樂志》。

9　（明）仲昭修纂，《八閩通志》（上、下），福建省地方志編纂委員會舊志整理組 ，2006 ，　福州：福建人民出版社。

數遷徙內地。又令江夏侯周德興率軍進入福建防備倭患，以竿塘埠寨在海島難援，移入北茭，撤走官兵，盡徙島上居民於內地。並於南竿塘、北竿塘沖要之地，設煙墩瞭望；東涌則設遠哨。此時，除了戍守的兵丁外，已成荒島。

凡此種種，要求沿海居民放棄海上生計，迫使原有不足農田再作細分，只有使得民眾生活雪上加霜。海禁政策表面上防堵海盜、倭寇，實際上迫使更多民眾淪為倭寇。福建沿海豐稠的漁業，使得居民罔顧禁令，陸續遷入。部分商人、漁民由於利之所趨，鋌而走險，下海為盜，與倭寇串連，於是閩海一帶島嶼，遂成為海盜、倭寇巢穴。而事實上，馬祖列島的民間，也經常流傳著有關海盜的故事。

2.清代著名海盜蔡牽出沒馬祖列島洋面

蔡牽劫掠閩、浙洋面，前後共 11 年，初入安南艇匪，被剿後納余黨壯大聲勢，鼎盛時期擁有船艦一百余艘。並於嘉慶 9 年（1804 年）起，三度進犯台灣。自封「鎮海威武王」，建元「光明」，數次被閩浙水師提督李長庚圍剿，流竄於鹿耳門、噶瑪蘭、竿塘、東涌等洋面。李長庚是蔡牽的克星，馬祖的古老傳說認為：海賊「不怕千萬兵，只怕李長庚」。但李長庚卻不幸在嘉慶 12 年的海戰中，中彈壯烈殉職。嘉慶 14 年，賊船三十余艘終被王得祿、邱良功率閩浙水師圍剿於魚山外洋，血戰一天一夜，賊船盡沒，蔡牽知身不可免，開炮炸船，與妻子黨徒皆葬身海底。　蔡牽葬身之處，史書大多記載為「黑水洋」，據推斷可能在東引島東北方海域。有關蔡牽縱橫竿塘及東涌洋面的史書記載不少，茲摘錄如下：

> 《瀛州筆談》：「嘉慶九年五月二十七日，蔡牽盜船六、七十只自台灣回閩，複有廣東紅頭艑海盜船二十余只投入蔡牽，合竄閩省之竿塘洋，其勢甚熾。」「六月初五總兵胡振聲在竿塘洋獨領二十余船首攻蔡牽，眾寡不敵，遂被賊戕害，……」「嘉慶十年正月廿五日……提督李長庚，海壇鎮孫大剛乘夜開駕湄

州、竿塘等洋堵剿蔡牽。」[10]

《明清史料》：「嘉慶十年間，蔡牽令該犯在外洋竿塘芹角山內……收取各漁戶規錢文。」「吳性弟一犯，籍隸長樂，先後代盜買米四次，運往竿塘芹角掛網。」「鄭連、柯哲、李定、曾遜、陳東五犯，訊系俱在竿塘芹角掛網，被蔡牽夥盜逼脅代挑淡水一次。」[11]

《老姜隨筆》：「其東涌之戰，則砲擊牽從子蔡添來落海死。」

李忠毅公神道碑文：「合諸鎮兵圍之漁山，再踏之竿塘，破之三盤，賊東走，逐之東涌。」[12]

　　從以上的記載中可以確定，當時北竿塘岐村「芹角」已經有漁戶居住，並向蔡牽繳「保護費」（規錢文），以及被脅迫代買米、挑淡水。而口語中的芹囝，也正是芹角一帶，現今稱為短波山。　蔡牽因為眾多大小航船，東涌北澳與燕秀兩澳口，據傳當年船只停泊之處。北澳港口至今尚存有蔡牽當時製造兵器的煉鐵爐灶遺跡。

　　至於，今天馬祖列島一系列的天后宮，一應是蔡遷手建。因為其他大部分是閩東人，不以拜媽祖為主；而只有他是閩南（同安）人，才拜媽祖為主神。更因為這些天后宮是閩南式建築，與閩東式建築截然不同。況且媽祖廟於明代稱天妃廟，清朝以後才稱天后宮。又在馬祖處處可見到小廟；若論歷史上有名的大廟只有天后宮，因為只有蔡遷這樣的海盜才有財力蓋這樣的大廟。

---

[10] 阮亨，《瀛州筆談》，十二卷，嘉慶二十五年（1820）刻本。

[11] 李光濤纂，《明清史料》，1999，台北南港，中央研究院－歷史語言研究所刊行。

[12] 陳壽祺〈浙江提督總兵進封三等壯烈伯忠毅李公神道碑文〉，《左海文集》卷九。伯忠毅李公即李長庚，剿海寇蔡牽屢見奇功。《郎潛紀聞二筆》卷十二云：「嘉慶初，李忠毅公長庚剿除洋匪，屢敗蔡牽于浙洋，以閩師掣肘，牽尚游弋海上。上聞，逮治督臣，而代者入閩中文武之譖，疏參忠毅逗留，捏報斬獲。諭密詢浙撫清安泰公，賴公力陳忠毅剿賊之勇，海戰情形之難，仁宗委任忠毅，由是益篤。當時賊中謠，有『不怕千萬兵，只怕李長庚』之語，亦達天聰。」

圖 04 山隴白馬尊王廟的側面火行山
牆，係閩東建築

圖 05 牛角村五靈公廟的立面梯
牆，為閩東建築

圖 06 馬港天后宮屋脊出燕尾，
為閩南式建築

3.竿塘梟雄林義和

出生於清光緒 29 年（1903 年）的林義和，又名石井利。世居南
竿塘西尾村，祖籍長樂縣。為人有膽識，桀驁剽悍，重義氣，善交游。
成年後從事漁商。

1937 年 9 月 10 日，日軍侵佔馬祖列島，控制閩江口海域，攔截
搶掠過往漁商船，島民常遭蹂躪。林義和於是搶劫停泊馬祖海面的日

軍所屬商船，貨物截運一空。此後，林以行商為業，往返於福州、連江、長樂、平潭等地，並同某些海匪有交往。

　　1938 年初，有漢奸海匪倚恃日軍，流竄到北竿塘，槍殺竿塘聯保主任，並常橫行南北竿塘強行勒索，甚至趁機洗劫村家。林義和為出於義憤，爰招集敢死隊，一舉擒獲出海劫掠的匪徒，押送進縣梟首正法。自此之後，縣府委林義和為海上緝私探警。但林仍不改江湖個性，於一次煙土緝獲案，侵吞過半，縣府據報嚴厲追查，林畏罪隱匿。嗣後，闖入竿塘鄉公所，搶走 10 多杆警備隊槍枝，此後專事海盜劫掠活動。

圖 07　北竿芹壁村著名的海盜屋，據傳即為林義和手下陳忠平的家

圖 08　林義和為南竿鐵板村鑿的水井，一旁立碑刻有林義和的名字

　　林義和公開為匪後，對沿海影響甚大，除搶掠外還公開向沿海漁民收取「保護費」和稅費。小股海盜多聞風向其靠攏，隊伍迅速擴展，成為閩江口和馬祖澳一霸。日軍為推行其「以華制華」的侵略政策，收羅海匪、流氓和漢奸，組成「福建和平救國軍」，分 3 個集團軍，林義和被委為第二集團軍第一路軍司令。「和平救國軍」在海上和淪陷區搶掠資財，常因利害互相傾軋。張逸舟的第一集團軍利用日本在廈門「興亞院」的勢力，與林義和勢均力敵。

　　長久以來，張逸舟一面利用「興亞院」箝制，一面逐步蠶食鯨吞林義和勢力。終於張逸舟在日艦為後盾，誘殺林義和，並吞併其多數

人馬，林義和部隊宣告瓦解。[13]張逸舟全部控制「福建和平救國軍」，稱霸閩海多年。日軍敗退後，國民黨中央軍委會於 6 月 16 日把這支雙料漢奸特務隊伍改編為「福建先遣軍」。林義和總部是在南竿的西尾村，至今所留當年遺跡已無可考。而北竿芹壁村最精緻的石頭屋─海盜屋，相傳即為一位林義和的部屬，「北竿塘支部主任」陳忠平的家屋。

此外另有一段當地流傳的插曲故事，聽來十分令人驚訝。約在 1949 年左右，進駐白犬的一支毛人鳳部隊，因為與國民政府失去給養糧餉聯絡，竟開始脅持來往海峽的外國船隻，逕自拖往白犬劫掠其物資，於是轉眼官兵變海盜。後經聯合國干涉後，國民政府才重新撥給糧餉，並撤換島上部隊。

官兵與強盜往往一線之隔。頗類似民國初年軍閥時期，某些失去給養的地方部隊，也經常靠打家劫舍來存活，官兵也會變成強盜。在沿海列島之間，經常是地方的邊陲，政治權力的三不管地帶，氤氳渺渺之間，似乎也經常隱藏著這類「正邪不分」的宿命基因。

4.歷史記憶造成了馬祖人性格

馬祖列島居民的歷史記憶中，如同蔡牽、林義和一般，曾經縱橫白犬洋、竿塘洋及東涌山的海上梟雄，可說是後浪推前浪不一而足。然而，馬祖列島歷史上不可能僅僅出現過蔡遷、林義和兩支海盜，明朝之時倭寇為患，就曾在南竿塘雲台山設定汛兵與煙台，這就意味了倭寇經常出沒此地洋面。

目前可以確定的，閩南人對於媽祖娘娘的虔誠信仰，就是藉著海盜船隊北上傳播而來，影響所至，連古老的「竿塘島」名稱，後來都

13　《馬祖通訊》（106、107），2004 年 4 月出刊。材料引自《連江縣志》，福建省連江縣人民政府出版，2001 年 8 月編印。

被改為「馬祖島」，一直沿用至今。甚或可以說，若沒有海盜，就不會有今日「馬祖」的種種面貌。海盜印象，透過神話、地名，轉化成為馬祖人的集體歷史記憶與地方認同的一部份。

百年來由於馬祖列島位處閩海交通樞紐，並且漁產富饒，自古以來就吸引了大批漁民、商人以及海盜等海上冒險家，下海追尋他們共同的發財之夢。經過百年來的交互影響，其中漁民的刻苦與魯直，商人的精明和幹練，海盜的「沒有明天」性格，「愛面子」「大嗓門」「搶付帳」「拚酒」「豪賭」等，種種拼湊起來，形成現今大多數「馬祖人」的性格寫照。

今天馬祖當地流傳著兩則順口溜，傳述著對海盜藏寶遐想：「九醰十八缸，一缸連一缸，誰人得的著，鋪路到連江。」另一則，指向藏著寶藏地點的玄機：「吾道向南北，東西藏地殼，大水密賣著，小水密三角」，福州話「淹」是讀作「密」，也就是說：寶藏就埋藏在大潮淹不到，但小潮淹三角的某處神秘地點。傳說故事正反映著過去馬祖人民某些隱晦的集體記憶，和心中的嚮往。

四、馬祖神話：地方歷史記憶下的隱喻

馬祖當地信仰十分特殊，有白馬尊王、五靈公、陳將軍等，每位神祇都有相關的故事或傳說。中國民間信仰為雜揉儒、釋、道三家精神，融入各地方風土民情，產生「通俗宗教」內涵。馬祖主要脈絡來自福州府轄下之長樂、連江、梅花等地先民傳入，並在列島上醞釀的神祇性格，呈現多元性的面貌。對於我們而言，更可以進一步檢視民間信仰、宗教、以及神話內容，流露的島民集體認知圖像之中，所反映出來的歷史記憶與生活經驗。

1.神話重述了島民蒼海漂流的共同經驗

（1）媽祖傳說的錯亂性

　　媽祖為宋代人，出生於福建莆田湄洲島，本名林氏默娘。因期望父兄平安歸航，常掌燈於澳口引航，活人無算，鄉民為之立廟以祀，尊為媽祖，累著靈蹟。由於極與救難神靈顯赫，明代封為天妃，清康熙時才又加封為天后。

　　然而，於馬祖地方的天后宮，卻有另一番理解：「（媽祖）…長能乘蓆渡海乘雲遊島嶼間，事親至孝，會父出海捕魚遇難，投海覓救，卒以身殉，負屍飄流至馬祖。」[14]

　　一般所廣為流傳的媽祖「救父尋兄」故事並非如此，[15]且宋太宗雍熙四年媽祖昇天之處，應即湄峰頂上祖廟後的摩崖「昇天古迹」，而非南竿塘的馬祖澳。而後代馬祖地區所流傳的媽祖父女漂流屍的故事，恐怕是張冠李戴。然而，這項原本時間錯置，地點也不符，毫不合理的傳說，竟使得南竿塘馬祖港因而獲名，也使得白犬、竿塘、東湧等諸島嶼，至今被稱為是「馬祖列島」的故事源頭。

　　媽祖父女漂流屍的故事，重要的不是傳說的正確與否，更值得注意的為何是「漂流」與「死亡」？若我們能深切理解海島居民的生活經驗，「漂流」與「九死一生」（近乎死亡）的孤寂，這正是航海人內心最真實的恐懼。這一類漂流屍而化為神祇的故事，在馬祖列島還很多。楊公八使也是一例。

　　（2）楊公八使與惡龍鬥法落海

　　北竿后沃村楊公八使廟碑記曰：「楊公八使法師，連江松皐人，

---

[14] 《天后宮重修碑誌》東引鄉天后宮。

[15] 救父尋兄：相傳媽祖十六歲那年秋天的一天，其父兄駕船渡海北上之際，海上掀起狂風惡浪，船只遭損，情況危急。這時媽祖在家織布，忽然閉上眼睛，使勁全力扶住織機，母親見狀，忙叫醒她，媽祖醒來時失手將梭掉在了地上，見梭掉在了地上，媽祖哭道：父親得救，哥哥死了！不久有人來報，情況屬實。兄掉到海裡後，媽祖陪著母親駕船前去大海裡尋找，突然發現有一群水族聚集在波濤洶湧的海面，眾人十分擔心，而媽祖知道是水族受水神之命前來迎接她，這時海水變清，其兄屍體浮了上來，於是將屍體運回去。此後每當媽祖誕辰之日，夜裡魚群環列湄嶼之前，黎明才散去，而這一天也成為當地漁民的休船之日。（取材自：http：//www.mazu.org/mazu01E.asp）

通祕術，時惡龍縱雨為患，與之鬥法，本以銀針穿龍鼻而降之，然其妹誤擲鐵針與法師，針穿龍翻，洶濤驟起，不幸法師捲沒海底，法體漂至本村後港，經村民安於山前之麓，即本址，先民聞其仁義事蹟，遂立廟於北竿后沃境，凡災病急凶，漁農豐瘠，禱之必應，為全村歷代遵奉之庇護神……永垂後世。」也就是說，楊公八使原係漂流屍，至本村因有靈顯，故受供奉景仰。楊公八使廟有別於一般以龍為裝飾的廟宇，因為楊公八使與惡龍鬥法而遇害，所以廟宇均以麒麟及鳳為裝飾，看不到龍相關的東西，甚至任何遊行和活動只要和龍有關（包括龍舟競賽），絕不能進入村莊。

　　楊公陳大戈八使不僅是漂流屍的故事，而是從悲慘的漂流屍，昇華成為對人類有貢獻的神格，所謂「凡災病急凶，漁農豐瘠，禱之必應」。因此，如此的神格昇華，正所以讓航海的崇奉者能，克服心中「漂流」與「死亡」的恐懼，而提昇為神聖的安詳。陳將軍（大戈）的故事大抵也是符合這個邏輯。

　　（3）陳大戈斬殺酷吏遭追殺

　　陳大戈原名陳湯銘，長樂鶴上人。約在清朝康熙年間，長樂縣令下令追緝販賣私鹽，雷厲風行，斷了私梟財路，於是有三十六路人馬聚集會商，陳大戈自告奮勇，隻身前往斬殺縣令。陳大戈闖下大禍後，便帶著妹妹逃亡海上，船沈遇難，屍體在東沙附近海面漂流，無人打撈上岸埋葬，後來有一艘漁船經過，向屍身許願說：「如果你能夠保佑我捕獲滿載無頭黃魚，我們就帶你上岸埋葬。」漁帆歸時，果然靈驗。次日又對屍身許願：「今日出海，如再獲無頭魚滿載，當為你立廟。」歸帆時又如願滿載，於是漁民將屍身抬到白犬今日陳將軍廟的位置，再也抬不動了，於是就在原地埋葬、立廟。[16]

　　其實，又如璇璣廟「朱大姐」、「高總管」、「蕭大哥」等等神

[16] 劉家國，2003-07-22，〈白犬島陳將軍，南台灣揚威名〉，
　（http：//www.matsu.idv.tw/board/board_view.php?board=15&pid=9894&link=9894&start=0）

祇，也都是相類似的被崇奉的漂流屍。這是通例，因為海上「漂流」成為航海人的生活記憶與認同，「死亡」成為海上冒險的終極；「漂流屍」成為航海人賦予自我性格神格化的的寄託。

2.邊緣性與桀驁不馴的神祇性格

以陳大戈斬殺酷吏的故事而言，所崇奉的神祇，其生前某種程度屬於一種社會邊緣人的性格。其受官方壓抑而後反抗的事蹟，非常明顯地，呈顯出邊緣化、桀驁不馴的特質。這反映出馬祖地方的地理邊緣化、生活方式邊緣化，以及許多觀念與行為，不容於正統中國社會的社會現實，以致於透過神話來標示自我，表現反抗的心聲。

這樣的情形並不僅只於陳大戈，回過來看到楊公八使鬥惡龍的故事，也見一斑。「龍」在中國傳統自古以來是皇帝、朝廷、正統的象徵，楊公八使竟與之進行生死爭鬥，不正是一種叛逆的表徵嗎？不是一種對抗朝廷的隱喻嗎？崇奉這樣的神祇，不正是沿海居民，基於朝廷為求其統治目的，罔顧島民生計，一味「遷民」「靖海」的一種抗議嗎？這些神祇行止作為，充分表徵了島民的內心慾望，以及呼之欲出的言語。

陳大戈係社會邊緣人，但尚有一些神祇是為民族反抗朝廷的英雄，例如：水部尚書陳文龍，南宋福建莆田人，咸淳五年中進士，性情耿直，不恥賈似道誤國，元兵政陷襄陽之後，上書請纓並痛砭朝政，遭忌辭官。景炎年文天祥、張世傑擁立端宗於福州，召文龍復仕兼興化軍。元兵攻佔福州，分兵進攻興化，雙方鏖戰，通判曹澄孫開城迎降，解文龍家屬往福州，元欲勸降，文龍不屈。忽必烈聞知，不忍殺害，乃遞解至杭州途中，文龍求謁岳王廟，血書「效死勿去」，並暗嚥香灰自盡殉國，年四十六，端宗聞耗，詔謚忠肅。明代以後，福州禮祀陳文龍與文天祥同時同登全國禮祀；洪武三年封為水部尚書，列為海神奉祀。

水部尚書陳文龍是為寧死不降的忠臣，但平水尊王則是一位抗元

烈士。平水尊王，生於宋朝末年，時蒙古軍南下侵宋，為避人耳目乃毀容隱姓埋名於北竿島，暗中結交忠義之士，時稱四傑八雄，共十二人義結金蘭，誓報國仇；於是見機成熟，祕密渡海潛入福州，假扮傷殘沿街乞食，以刺探軍情，不久見鎮閩王（元帝之族弟）防備鬆弛，伺機刺殺鎮閩王，取其首級以告祭先朝，閩中一帶義勇之士，見群龍無首機不可失，紛紛響應反元復宋之民族革命，元朝大為之震驚，增援官兵，終因寡不敵眾，敗逃出海，至進嶼復因船隻觸礁擱淺，尊王與隨眾潛泳登上進嶼，思退無後路，前有追兵，只得自刎以明志，臨難時大呼：「國仇未報，李某不甘願」但英魂不滅，常顯現於海島間，庇佑漁民，至今白沙村民還盛傳進嶼耳聾大王顯靈故事，耳聾大王即平水尊王。

　　桀驁不馴的走私客，與抗敵不屈的志士忠臣，都充分表現了不屈服權威的邊緣性人格特質，以及被曲解、漠視的邊陲對於正統、官方的對抗。而這些神祇乃信眾心中景仰的對象，神祇在世時的人格特質，不正是這群信眾們先祖行跡的記憶、親身經驗的寫照、以及內心慾望的投射嗎？

3.開基祖信仰的強烈影響

　　當然，福建的傳統信仰，並不僅僅止於具備反抗精神，也有一種對海疆開拓精神崇敬的思想。其中，白馬尊王的信仰足以說明這項特質。

　　白馬王信仰包含「白馬尊王」、「白馬大王」兩類。白馬尊王的源流則另有二類，一為漢武帝時閩越國王郢第三子，愛騎白馬，因當時閩縣水潭大鱔危害民間，奮勇射鱔除害，不幸犧牲而為民間祭祀，稱「白馬三郎」；每當福州久旱不雨，官員數次向其祈雨靈驗，官方

加封「孚佑王」等廟號。[17]

　　另一位白馬尊王則五代十國的閩越琅琊王王審知，晚唐走避戰亂，其攜帶中原十八姓人士入閩開墾，境內物阜民康，文治大興，被後世朝代追封為「忠懿王」，傳說善騎白馬，民間稱其為「白馬尊王」。[18]其實，據《琅琊王德政碑》所載：「閩越之境，江海通津。帆檣蕩漾以隨波，篙楫奔騰而激水，途經巨浸，山號黃崎，怪石驚濤，覆舟害物。公乃具馨香黍稷，祭祀神祇。祭罷，一夕震雷暴雨，若有冥助，達旦則移其艱險，別注平流。雖晝爭馳，而長鯨弭浪，遠近聞而異之。優詔獎飾，乃以公之德化所及，賜名其水為甘棠港。」[19]碑記說明了甘棠海港的誕生，如今甘棠鎮的近旁水系，即是白馬河、白馬港。換句話說，琅琊王以白馬港作為遠程貿易起家，帶動一方之繁榮，若因此而被尊為「白馬尊王」，這也就實至名歸了。

　　而白馬大王則多是民眾將本境大王，附會白馬尊王而成的。但兩者之信仰，皆為開閩重要人物，受當地人民景仰而常受奉祀係，屬地方神明。而以上的信仰，強調了對於為地方披荊斬棘、開拓奠基的領袖之崇敬，與福建人對地方開基祖的崇敬有關。

　　「白馬尊王」是開拓貿易帶動地方繁榮的名君；而「白馬三郎」是一位為為民除害的英雄，故能為民景仰。然而，故事中的鱔溪與大鱔，正是開拓之初人們對蠻荒大自然恐懼的一種心理投射。「白馬三郎」射鱔的故事，則代表人力對於洪荒的大自然的挑戰與克服。這項開拓過程中犧牲是勢所難免，「白馬三郎」則正是犧牲的眾多無名英雄的代表。王審知則是另一項代表，他是中原民族十八姓南遷的領導

---

[17] 王花弟，〈馬祖地區的民間信仰與宗教〉，（http：//demo20.dboem.com/index.php?act=product&CategoryID=317）其實白馬三郎所射殺的「鱔魚」極可能是篡位的王叔「余善」的隱喻。這實際上是一齣類似「哈姆雷特」的故事，「周處除三害」的故事結構是他的偽裝。

[18] 2006-01-08，〈白馬尊王廟重建記史碑〉，《北竿鄉志》【第十二篇：附錄】第一章：碑記。（http：//www.matsu.idv.tw/beigan/history/frame05.htm）

[19] 記載於《十國春秋 閩一世家》。

人，也正是這個族群的象徵性人物。而「白馬三郎」與琅琊王王審知，則在「白馬尊王」的名號下，做了完美的認同性揉合；他們同是劈榛斬棘、開闢洪荒、開物成務的英雄。而凡此種種，不正是影射了馬祖列島的海洋居民心目中，不畏自然（海洋）的危險，開拓海疆列島，賺取貿易利潤的共同經驗嗎？

4.特殊的神祇暗喻了特殊族群的自我標籤

海上「漂流」成為航海人的生活記憶與認同，「死亡」成為海上冒險的終極；「漂流屍」成為航海人賦予自我性格神格化的的寄託；「傳奇故事」成為傳頌集體記憶與凝聚航海人民認同的途徑；廟宇則是他們終日海上漂流，最後座落在陸地的心靈上的結點，精神上的「家」。廟宇也以「家」的形式出現。

至於「白馬尊王」，是作為福州一帶的開基祖、一代名君，更也是閩人自我認同、自我標示的象徵中心。但「白馬尊王」是國君，高不可攀；而「白馬三郎」則是一位為民除害的英雄，更能貼近民間自我認同的象徵性投射。

5.神祇性格與集體記憶

「媽祖」（錯置的）傳說、「楊公八使」、「陳大戈」、璇璣廟「朱大姐」、「高總管」、「蕭大哥」等神祇，也都是相類似的被崇奉的漂流屍。這是通例，因為海上「漂流」成為航海人的生活記憶與自我認同，「死亡」成為海上冒險的終極表徵；「漂流屍」成為航海人賦予自我性格神格化的的寄託；「傳奇故事」成為傳頌集體記憶與凝聚航海人民認同的途徑；廟宇則是他們終日海上漂流，最後座落在陸地的心靈上的結點，精神上的「家」。廟宇也以「家」的形式出現。

馬祖海上偏遠一隅，正是社會邊緣人尋求棲身之所。桀驁不馴的走私客，與抗敵不屈的志士忠臣，都充分表現了不屈服權威的邊緣性

人格特質。「白馬尊王」是開拓貿易帶動地方繁榮的名君；而「白馬三郎」是一位為為民除害的英雄，兩人做了完美的認同性揉合；他們同是劈荊斬棘、開闢洪荒、開物成務的英雄。

然而，這些神祇乃信眾心中景仰的對象，神祇在世時的人格特質，不正是這群信眾們先祖行跡的記憶、親身經驗的寫照、以及內心慾望的投射嗎？在這裡，神祇正影射了群眾自身。於是，透過神話故事的集體記憶作用，將傳奇性人物賦予神性的昇華，將自身特質轉化為神祇特質，轉化成為部族自我標示和自我認同。

五、山海島嶼：神話與歷史記憶的象徵凝結

透過前述馬祖居民的神話與歷史記憶，可以逐步貼近他們對的山、海、島嶼的認識方式。於是，我們將得以逐步揭開馬祖居民對於文化地景的感覺結構。

1.地名：從海到山的地理認知

海洋的子民，跨海而來，對於山海的認知也是由海而山。以芹壁村為例，就可以觀察到這樣的序列特性。

芹壁村明朝被稱作「鏡澳境」，之所以被稱為「鏡澳」，正是有一座島嶼作為防波堤，使得澳口水平如鏡。島嶼原有一株榕樹，所以被稱「芹囝」，當地話的意思是長滿植被的小丘，是當地漁夫繫船並乘涼休息的好地方，並立有碑記。國共戰爭後被駐軍砍了榕樹，改稱作龜島而成為光禿小島，致使原味盡失。

　　「鏡澳境」村落背後的山壁巍峨聳立，與「芹囝」相隔鏡澳而彼此對望，因而被稱為「芹壁」。芹壁背後的山崙，當地人稱為「虎山」「牛山」，非常富於想像空間；但卻被駐軍改稱為「芹山」「壁山」，而變得平版化。

圖 09　芹壁村的心智地圖（呂正暉、黃愷瑞繪製）

2.澳口：海、山交點之安身處所

　　澳口是馬祖列嶼的生命線，海山交界的結點。對於馬祖列嶼而言，所有聚落都是澳口，對外交通都是用船；陸上交通網，是駐軍來後所建。因此，澳口的性格與品質，也決定了聚落的主要立地條件。

　　明清以來馬祖列嶼海上交通，是以大陸漁港的對渡關係為主。北竿塘與大陸順勢對渡的灣澳應是鏡澳（芹壁），而後澳正是居於這條航線的反背位置，故名為「後澳」。因此空間上「前、後」的認知方式，以及灣澳命名，則是以大陸沿海觀點為定義。

　　以北竿塘而言，考量長年的東北風，靠南側的塘岐、坂裡、午沙

是較佳的避風澳口；至於春夏南風，鏡澳、橋仔等北側澳口，也相對
理想。近年來，由於南北竿的對渡，勝於對大陸的海上交通，竟然讓
靠西南角的白沙澳口，變成了北竿最大港。

3.廟宇：神祇們照顧澳口的家

廟宇應該是要照顧聚落的，牛角村五靈公廟是背海面山，面對牛
角聚落；鐵板村的媽祖廟則面對澳口碼頭。芹壁的天后宮則是對向龜
島「芹団」，亦即「芹団」就是芹壁的碼頭：海洋子民的生產中心。

芹壁的天后宮的這條正對「芹団」的軸線，是尊貴的，無可取代
的；其他的家屋不可以採用這條軸線。同時天后宮所在的位置，被認
為是中心所在，在此之北稱北面山，於此之南則稱南面山，而廟宇居
於中軸。

廟宇不僅表徵著聚落的中心，更表徵了各信仰人群的「自我」性
格，形成不同的認同力量。正如前章「馬祖神話」所陳述的，部族與
人群透過神話故事，強調和表徵了自身的性格。單一部族則聚落裡只
有單一的廟宇神祇；若聚落部族複雜，廟宇和神祇也跟著熱鬧起來。
例如：塘岐有蕭王府、水部尚書兩座廟，橋仔的廟宇則更為複雜，這
都呈現著不同人群的不同信仰中心。

4.山：海盜寶藏的永遠遐想

百年來在馬祖列島流傳一首「順口溜」：

> 「芹団芹連連；七缸八缽九排連；大水密賣著，小水密鼎垵；
> 誰人得的去，快活千萬年。」[20]

---

[20] 劉家國〈大海盜蔡牽北竿藏寶傳奇〉《馬祖通訊》（42），1996 年 12 月 24 日。又見於
http://blog.udn.com/76257/499925。東引流傳的順口溜與馬祖略有不同：「吾道向南北，
東西藏地殼；大水密賣著，小水密鼎垵（三角）。」（案：「密」，在福州話是「淹」的

　　亦即成甕成缸的海盜財寶，藉由順口溜的謎語，暗指著財寶埋藏的位置。當然，百年來沒人猜破謎語獲得寶藏，謎語仍繼續流傳於世。

　　在北竿在不同地點則流傳著不同的傳說。塘岐的長、短坡，傳說曾是海盜出沒的灣澳。左近有山，當地人稱老鷹窩，傳說山上有豎穴頗深，穴中藏有海盜財寶。此外，芹壁有天后宮，但當地人卻不拜媽祖，而拜鐵甲元帥。傳說中拜媽祖的，應是閩南人的大海盜蔡牽，也就是說芹壁原應是蔡牽出沒的地點。上百年的海盜與財寶的事蹟，似真若假地流傳著，憑添許多神秘氣氛。

　　此外，晚近北竿芹壁村著名的海盜屋，據傳即為林義和手下陳忠平的家。毛人鳳部隊官兵變強盜的故事，也發生在某些碉堡營房之間。當地的許多海盜故事，迴盪在這群海洋子民的集體記憶與腦海當中，並歷歷刻劃在文化地景之上。

　　意思；大「水」是大「潮」之意。）「九罈十八缸，一缸連一缸；誰人能得到，鋪路到連江。」而留下這則謎題的主人，正是一百九十多年前縱橫閩、浙洋面，三度越洋劫掠台灣，人稱為「海皇帝」的大海賊--蔡牽。

圖 10　塘岐的心智地圖（呂正暉、黃愷瑞繪製）

六、在全球化體系下，地方性與非地方之間的折衝

後現代主義社會的資本主義社會，透過網路、資本的流動、人才的流動，跨國企業在新國際分工下，把全球各地凝聚為一個世界體系。這似乎是創造了一個經濟的新榮景，但卻對各地的文化、地方性形成了相當的衝擊。

1.全球化體系下地方性的消逝

全球化體系下，跨國界的資本流動所需要的是國際化。為期與國際同步，語言、流行、時尚，甚至建築與都市的國際化。然而，國際化的結果是同質性、去地方性。

全球化經濟體系下，無可避免地趨向國際化。然而，其他的環節，尤其是過去仰賴地方而存在的傳統產業，以及被生產所結構起來的地方文化，要不是被新的國際化產業取代，不然就是處於一種文化脫落

狀態，而落居邊緣地位。

2.投資地方才是抗衡過度國際化的良方

現在有一種迷思，懷著贖罪的心情，認為要將地方建設成與現代化、國際化，以致於意圖大量地改造地方地景。其實這並不正確，因為如此一來，只有愈來愈把「地方」國際化了、「非地方了」。這反而本末倒置。

處於邊緣的地方，必須尋找回在地的「地方感」，尋找回地方動人之處，創造自身的優越性。如此，邊緣地方才有可能對抗國際化，為自己找到發展的機會。馬祖北竿的發展機會，不是在尋求國際化的流變，而是再重新找回「地方感」，並透過例如聚落保存等建築規劃設計手段，來投資「地方感」。

有趣的是，歷史上的馬祖人（竿塘人）創造一種充滿神話、氤蘊、曖昧的「地方感」，來對抗鎖國的封建王朝；如今他們卻可以運用這項歷史資產，來對抗全球化資本主義的侵蝕，塑造相對於現代性的異質空間，並且在資本邏輯裡賺到自己安身立命的活路。

3.凝聚集體記憶和文化地景是重塑地方性必要工作

然而這項找回在地的「地方感」的工作，至少在馬祖經驗裡，給予我們的啟示認為：只有重新凝聚過去在地的集體記憶。這必須同時透過田野調查、文獻歷史的耙梳，並透過對於諸多神話故事、民間傳說的解讀分析，雙向努力方可達成。

圖 11　馬祖北竿的神話心智地圖(呂正暉、黃愷瑞繪製)

　　透過前述「在地的集體記憶」的解析，方能藉以投射到山、海、島嶼，逐步陳述並描繪出心靈世界與文化地景相互套疊的地圖。迷人的「地方感」與動人的在地性，才有機會浮現在我們的眼前。這些便能成為我們，重新為落居邊緣的地方，尋回再發展優勢的一項有力工具。

參考書目

1.《天后宮重修碑誌》東引鄉天后宮。

2.《連江縣志》（2001），福建省連江縣人民政府出版。

3.吳任臣（1669）《十國春秋》，2006，福州：福建人民出版社。

4.李光濤纂（1999）《明清史料》，台北南港，中央研究院－歷史語言研究所刊行。

5.阮亨（1820）《瀛州筆談》，十二卷，嘉慶二十五年刻本。2006，福州：福建人民出版社。

6.梁克家（1182）《淳熙三山志》，南宋福州地方志，2006，福州：福建人民出版社。

7.陳國土總編纂（1979-2003）《福建省連江縣志》，第一冊至第四冊，連江縣文獻委員會。第五、六冊，續修連江縣志纂修委員會編審，連江縣政府。

8.陳康祺（?）《郎潛紀聞二筆》，1984，台北：中華書局。

9.陳壽祺（1825）《左海文集》，1912-1949，宣哲，民國刊印本。

10.黃仲昭修纂（1489）《八閩通志》（上、下），2006，福州：福建人民出版社。

11.黃愷瑞呂正暉葉乃齊蕭百興（2007）〈原始漂流性的深度地域戲遊－馬祖北竿的圖繪式文化地景再現及規劃展望〉，第四屆中國建築史學國際研討會，2007/05/07，中國上海‧同濟大學。

12.劉家國（1996）〈大海盜蔡牽北竿藏寶傳奇〉《馬祖通訊》（42），1996/12/24。

13. 王花弟〈馬祖地區的民間信仰與宗教〉（ http://demo20.dboem.com/index.php?act=product&CategoryID=317 ）

14.劉家國（2003-07-22）〈白犬島陳將軍，南台灣揚威名〉，（ http://www.matsu.idv.tw/board/board_view.php?board=15&pid=9

894&link=9894&start=0）

15.（2006-01-08）〈白馬尊王廟重建記史碑〉，《北竿鄉志》【第十二篇：附錄】第一章：碑記。

（http://www.matsu.idv.tw/beigan/history/frame05.htm）

16.〈媽祖救父尋兄〉，（取材自：http://www.mazu.org/mazu01E.asp）

17.Harvey, D.（1996） Justice, Nature and the Geography of Difference, Blackwell Publishers, Cambridge, MA.

18.Lippard，L.（1997） The Lure of the Local: Senses of Place in a Multicultural Society, The New Press, New York.

19.Lukerman, F.(1964) Geography as Formal Intellectual Discipline and the Way in Which It Contributes to Human Knowledge, Canadian Geography, 8:4, 167-172.

20.Relph, E.（1976） Place and Placelessness, p.43, Pion, London.

國家圖書館出版品預行編目資料

葉乃齊臺灣史研究名家論集 / 葉乃齊　著者. -- 初版. --
臺北市：蘭臺, 2021.06
面；　公分. -- (臺灣史研究名家論集；3)
ISBN 978-986-06430-4-6(全套：精裝)

1.臺灣研究　2.臺灣史　3.文集

733.09　　　　　　　　　　　　　　110007832

臺灣史研究名家論集 3

葉乃齊臺灣史研究名家論集

著　　者：葉乃齊
主　　編：卓克華
編　　輯：沈彥伶、陳嬿竹
封面設計：塗宇樵
出 版 者：蘭臺出版社
發　　行：蘭臺出版社
地　　址：台北市中正區重慶南路 1 段 121 號 8 樓之 14
電　　話：(02)2331-1675 或(02)2331-1691
傳　　真：(02)2382-6225
E—MAIL：books5w@gmail.com 或 books5w@yahoo.com.tw
網路書店：http://5w.com.tw/、https://www.pcstore.com.tw/yesbooks/
　　　　　https://shopee.tw/books5w
　　　　　博客來網路書店、博客思網路書店
　　　　　三民書局、金石堂書店
經　　銷：聯合發行股份有限公司
電　　話：(02) 2917-8022　　　　傳　真：(02) 2915-7212
劃撥戶名：蘭臺出版社　　　　帳號：18995335
香港代理：香港聯合零售有限公司
電　　話：(852)2150-2100　　　　傳真：(852)2356-0735
出版日期：2021 年 6 月　初版
定　　價：新臺幣 30000 元整（套書，不零售）
ISBN：978-986-06430-4-6

《臺灣史研究名家論集》

這套叢書是研究台灣史的必備文獻！

　　這套叢書是兩岸台灣史的權威歷史名家的著述精華，精采可期，將是臺灣史研究的一座豐功碑及里程碑，可以藏諸名山，垂範後世，開啟門徑，臺灣史的未來新方向即孕育在這套叢書中。展視書稿，披卷流連，略綴數語以說明叢刊的成書經過，及對臺灣史的一些想法，期待與焦慮。

三編
尹章義、林滿紅、林翠鳳、武之璋、孟祥瀚、洪健榮、
張崑振、張勝彥、戚嘉林、許世融、連心豪、葉乃齊、
趙祐志、賴志彰、闞正宗

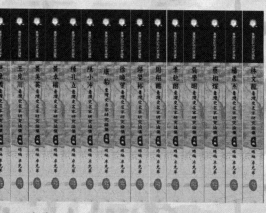

二編 ISBN：978-986-5633-70-7

尹章義、李乾朗、吳學明、
周翔鶴、林文龍、邱榮裕、
徐曉望、康　豹、陳小沖、
陳孔立、黃卓權、黃美英、
楊彥杰、蔡相輝、王見川

臺灣史名家研究論集二編（精裝）NT$：30000

一編 ISBN：978-986-5633-47-9

王志宇、汪毅夫、卓克華、
周宗賢、林仁川、林國平、
韋煙灶、徐亞湘、陳支平、
陳哲三、陳進傳、鄭喜夫、
鄧孔昭、戴文鋒

臺灣史研究名家論集（套書）　定價：28000

100台北市重慶南路一段121號8樓之14　　E-mail：books5w@gmail.com
TEL：(8862)2331 1675　FAX：(8862)2382 6225　網址：http://5w.com.tw/